死亡可以
教我們什麼

圓滿生命的五個邀請

FRANK OSTASESKI

法蘭克・奧斯塔薩斯基——著　許可欣、鄭襄憶——譯

THE FIVE INVITATIONS

Discovering What Death Can Teach Us About Living Fully

各界好評推薦

「法蘭克．奧斯塔薩斯基是正念安寧療護的先驅，他在這本神奇且引人入勝的書中，體現了智慧和慈悲。你會立即感受到這點，因為這是真的，而且真正關乎你和你的人生。」

——喬．卡巴金（Jon Kabat-Zinn），正念減壓課程（MBSR）創始人，著有《完全災難生活》（*Full Catastrophe Living*，暫譯）和《正念的感官覺醒》

「這些動人的教誨能打開你的心，改變你的人生。幾十年來，法蘭克，奧斯塔薩斯基一直是位慈悲的引路人，帶領數以千計的人面對死亡。在《死亡可以教我們什麼》一書中，他動人地分享了自己不朽的智慧，這是所有人的福氣。」

——傑克．康菲爾德（Jack Kornfield），國際佛法教師，著有《踏上心靈幽徑》

「作為一名醫師，我經常遇到人們把死亡看作終極的孤獨經驗、永遠被單獨禁錮，那是最嚴重、最黑暗的恐怖。在這本卓越、動人、有力量的書中，法蘭克．奧斯塔薩斯基告訴我們如何將這種黑暗轉化為（全然的）光明，回到源頭、回到最根本的親密、療癒和意義——也就是愛的本質。還有什麼比這更好的呢？」

——狄恩．歐尼斯（Dean Ornish）醫師，著有《紐約時報》暢銷書《歐尼斯光譜保健法讓你的基因變得更好》

「我在籌備公共電視網（PBS）死亡和臨終系列《依己之意》時，打電話給法蘭克・奧斯塔薩斯基。他是禪安寧療護計畫的共同創辦人，也是公認充滿智慧且溫柔的臨終牧羊人，我認為這節目要是不找他當顧問，就算不上完整。要拍攝另一個人的死亡，又要保持那一刻的神聖性與個人尊嚴，法蘭克一開始對此持保留態度，他知道這樣做會違背安寧療護工作的私密性。最後他同意了，他在鏡頭前分享的經驗極為動人，也使這一系列極具啟發性。命運的交會無法解釋，事實上，在其中一個在訪談的過程中，我得知自己居住在遠方的母親去世的消息，我會永遠記得他那深摯的慈悲與安慰，就像你們，親愛的讀者，你們絕不會忘記這本書。」

「本書集結了這位慈悲的牧羊人在死亡與臨終領域一生的經驗。」

——比爾・莫耶斯（Bill Moyers），美國記者，社會評論家，《依己之意：莫耶斯談死亡和臨終》（*On Our Own Terms: Moyers on Death and Dying*）製作人

「非常深刻且真實得讓人揪心，我不確定在這數位時代是否有比它更有智慧的書了。法蘭克・奧斯塔薩斯基所說的故事讓我了解到，想全心投入生活，就必須擁抱死亡，將它當作一場冒險，而非一個對手。」

——奇普・康利（Chip Conley），著有《紐約時報》暢銷書《新CEO：做自己的情緒總管》，AirBnB全球餐旅及策略部門主管

「我們對死亡敞開心胸時，生活和愛的能力才能完全覺醒。法蘭克．奧斯塔薩斯基站在起點，以他自己完全沉浸在旅程中得來的光明智慧帶領我們，請將自己全然交託給《死亡可以教我們什麼》，書裡的教導揭示了我們本質存在的神祕和美麗。」

——塔拉．布萊克（Tara Brach）博士，著有《全然接受這樣的我》和《真正的避難所》（*True Refuge*，暫譯）

「法蘭克．奧斯塔薩斯基是我的摯友。我和他在死亡和臨終領域有緊密的合作，這本書是他多年心血的精華。他告訴我們，如果你想有意識地死去，現在就要做好準備。這本書充滿愛與慈悲地提醒了我們，全然投入生活就是對死亡的最好準備。」

——拉姆．達斯（Ram Dass），國際知名精神導師，著有《活在當下》（*Be Here Now*，暫譯）及《當老發生時，只能絕望嗎？》

「我的好友法蘭克．奧斯塔薩斯基彙整了他的人生智慧和慈悲，以及多年陪伴臨終者的經驗，寫下這本充滿力量的書。他這本非凡的著作充實、啟發了我們，使人了解到面對死亡能如何豐富生命。」

——羅西．瓊．哈利法克斯（Roshi Joan Halifax）博士，烏帕亞禪修中心的創辦人暨院長，著有《與死同在：培養慈悲心與面對死亡的無懼》（*Being with Dying: Cultivating Compassion and Fearlessness in the Presence of Death*，暫譯）

「這本書深刻、正確且難得。《死亡可以教我們什麼》中所分享的經驗令人信服，且對任何階段的人都很珍貴，無論面對自己或摯愛的臨終、面對危機，或是想要更全心地擁抱和享受生命，你都會發現這本書所提供的智慧鼓舞人心又充滿啟發。」

——薩克（SARK），《美味又瘋狂的愛》（*Succulent Wild Love*，暫譯）的繪者暨共同作者

「法蘭克．奧斯塔薩斯基是古老佛教智慧和實踐的偉大導師。多年來，他的教導影響了我的禪修和臨床實務。現在透過《死亡可以教我們什麼》這本書，法蘭克的真知灼見、真誠的觀點和實用的指導能夠嘉惠更多人了。這是多麼珍貴的禮物啊！」

——艾拉．碧阿克（Ira Byock）醫師，國際緩和醫療領導人物，普羅維登斯衛生與服務部人性化關懷照護學會（Institute for Human Caring of Providence Health and Services）醫療總監，著有《直視死亡的勇氣》

「史蒂芬對法蘭克．奧斯塔薩斯基的善心深信不疑。身為法蘭克的老師和多年好友的他，鼓勵法蘭克分享自己有意識地活著和臨終的智慧，於是我們有了這份送給世人的禮物。這本書是一個美好、充滿愛的禮物，也是一生無私奉獻和慈悲關懷的體現。」

——翁德烈亞．萊文（Ondrea Levine），與史蒂芬．萊文（Stephen Levine）合著《生死之歌》

「身為一名醫師及神經外科醫師，我知道那些真正活過的人都了解，死亡也是生命中不可或缺的一部分。在法蘭克．奧斯塔薩斯基這本深奧的著作《死亡可以教我們什麼》中，他分享這個現實，分享關於死亡本質的洞見和智慧，但更重要的是，他告訴我們如何真正活著。」

——詹姆斯．多堤（James R. Doty）醫師，神經外科教授、史丹佛大學醫學院慈悲和利他主義研究及教育中心（Center for Compassion and Altruism Research and Education）的創辦人兼主任，著有《紐約時報》暢銷書《你的心，是最強大的魔法：一位神經外科醫師探索心智的祕密之旅》

「《死亡可以教我們什麼》是本了不起的書，我們所有人都非常需要它。《死亡可以教我們什麼》讓我們更完整地過活、活在當下，並且一直如此。法蘭克．奧斯塔薩斯基投入超過三十年的時間，創造並參與安寧療護行動，傳授不朽的智慧，我們每天都應該溫習如何擁抱不確定性，如何帶著愉悅、平靜與接納心過活。這不是一本關於死亡的書，而是關於活著、關於生命的書。買下它、分享它、實踐它——我知道我會這麼做。」

——亨利．洛奇（Henry S. Lodge）醫師，合著《抗衰老，更年輕》

「如何死亡、如何陪伴臨終，是每個人都會碰到的問題。本書中，偉大的臨終諮商者提供了敏銳且富洞見的解答。」

——史都華．布蘭德（Stewart Brand），《全球型錄》雜誌（*Whole Earth Catalog*）創辦人

「〔法蘭克．奧斯塔薩斯基〕發現了一個空間，死亡的覺察在其中成為豐富生命的強力靈藥，他也在這本具有里程碑意義的著作中，出色地分享了這個祕密。如果你想活出更完整的人生，並且遠離恐懼，讀它，給自己及所愛之人這份難得的禮物！」

——羅伯特．圖爾曼（Robert A. F. Thurman），哥倫比亞大學宗教學教授，著有《無限生命》（*Infinite Life*，暫譯）

「法蘭克．奧斯塔薩斯基鼓勵我們藉由全心擁抱生命的所有面向，包括我們的死亡，活出喜悅人生。身為一名佛法教師和安寧機構創辦人，他三十年來秉持著由衷的慈悲和智慧，幫助人們了解到愛最為重要。」

——陳一鳴，在Google擔任「開心好夥伴」（Jolly Good Fellow）一職，著有《喜悅，從一個呼吸開始》及《搜尋你內心的關鍵字》

「真是一本瑰寶！法蘭克．奧斯塔薩斯基畢生投入激勵人心的服務事業，擁有深層的靈性智慧，他給了眾人一本發自內心的禮物。」

——詹姆斯．巴拉茲（James Baraz），靈岩冥想中心（Spirit Rock Meditation Center）共同創辦導師，著有《覺醒的喜悅：通往快樂的十步驟》（*Awakening Joy: 10 Steps to Happiness*，暫譯）

「法蘭克．奧斯塔薩斯基的文字具有清晰的智慧和深切的慈悲，他分享數十年來與臨終病患共事的故事和見解，他最終的啟示是：能否敞開心胸、能否優雅地活在當下，無論對生或死來說都非常重要。他的話語發人深省，他對眾人的付出也值得我們深深致敬。」

——凱思林．辛（Kathleen Dowling Singh），著有《好走：臨終時刻的心靈轉化》及《當我老去：迎接平靜覺醒的晚年》

此書獻給那些在離世時帶給我祝福的男女老少。
他們是真正的導師。
也獻給真心的朋友史蒂芬。

目次

推薦序

所有暴風雨都像肚臍一樣，中間有個洞，
海鷗能平靜地穿過它飛翔。

——哈洛・威特・賓納（Harold Witter Bynner）

我是醫師，我學到死是生的相反，是生理變化的一種物理事件；我受的訓練是要去「管理死亡」，盡可能地延長生命，不能的話便控制疼痛和受苦。生者的痛最難控制，但遲早，多數人都能因為想到有來世而得到些許安慰，並找到方法繼續前進。因為看過太多臨終或死亡經驗，我和同事對死亡幾乎沒有太多情緒反應，當然也不好奇（對此好奇似乎顯得病態）；「死亡可能帶給生者重要意義」這想法也會被認為是古怪的。我們的專業立場以一種比較不極端的方式，反映了這個文化對臨終和死亡的態度。

法蘭克．奧斯塔薩斯基（Frank Ostaseski）就是在這樣的環境下展開了他勇敢且具開拓性的工作，他利用自身的天分，率先開始將每個死亡視為獨特且有意義的事，不只為臨終者，也為生者提供獲得智慧和療癒的機會。他在這本書中所提及的深層體驗，只有無畏者才有能力累積，這些人已經找到通往平靜和存在的道路，他們擁有與他人心靈和靈魂相連的能力，也被賜予分享旅程故事的天賦。《死亡可以教我們什麼》充滿了深刻的故事，這些故事是指南針，告訴我們如何在通往未知目的地的陌生道路中前行。我們可以把書中的許多真實故事解讀為寓言、智慧故事，讓人在各種不同的情況下，更有目標、更明智地生活。

我第一次面對死亡是在我出生時。九五〇克的我住進保溫箱裡，不能被人觸碰，在生死邊緣掙扎了六個月。十五歲時，我再次面對死亡，慢性病在夜晚突然發作，我失去意識，被緊急送到紐約市醫院，然後幾乎昏迷了一年。我所認識的大多數人都曾經歷生死邊緣，他們像我一樣，深切地希望從中看到最真實的東西。法蘭克．奧斯塔薩斯基就是其中一人——他是我的同事、我的旅伴、我的老師。他寫下《死亡可以教我們什麼》這一本談論生命邊緣的好書（其實這書是關於生命的一切），他也邀請我們和他一起進入生死之間的空間，安坐在未知的桌前，一起思考、一起變得更有智慧。

我的祖父是個卡巴拉主義者（Kabbalist），本質上是個神祕主義者。對他來說，生命是與世界靈魂的持續對話，所有事件都是通道，世界不斷在其中展現自我。他能從最平常的事件中得到最深刻的體悟。多數人沒有這種天賦，我們需要更大的事物，強而有力地打破我們觀看或聆聽事物的習慣，挑戰我們慣有的感知及思維方式，以了解事物真正的本質。死亡就是這種通道，覺察力（awareness）則是死亡的絕佳禮物。對許多人來說，真正的生命始於死亡之時——不是自己的死亡，而是別人的死亡。

簡而言之，生命的本質是神聖的。我們一直置身神聖之境，然而這卻很少成為我們日常經驗的一部分；對多數人而言，神聖體驗就像曇花一現，像一口迅速吸進胸臆的氣，出現在兩次不經意的吐氣間。日常瑣事覆蓋了最真實的事物，卻又經常遭人誤認為那是最真實的，直到某天，有什麼將一切撕開一個破口，露出世界的真正本質。然而，萬事萬物都在邀請我們變得更有覺察力。在修馬克（E. F. Schumacher）的傑作《小即是美》一書中，他提出我們只能看見自己想看見的，他認為，人們對於世界的本質是什麼爭論不休，但爭論的核心其實不在本質差異，而在於能力差異，每個人的眼睛能看到的東西都不同。

你手裡的這本書，提供了簡單但有力的練習，讓你能在最熟悉的環境中看見最真實的事物，這是一個從平凡中看見不凡的機會。這本書和近來許多談論生死的書不一樣，它不談理論或宇宙觀（無論是傳統觀點或個人觀點），它不是某個人對於「臨終是什麼、有何意義」的想法和信念。這本書是一位非常敏銳的觀察者與你我分享其深刻的體驗，它邀請你我擦亮雙眼。

我的祖父曾教我，老師並非智者，但他能引導我們的注意力，讓我們看見身邊的真實樣貌，法蘭克．奧斯塔薩斯基就是這樣一位老師。這本書將提醒你許多事：它提醒了我——真正重要的事情很少卻非常重要，我們置身豐足之中但精神層面卻往往是匱乏的，以及，我們身邊其實圍繞著許許多多的老師，他們耐心地提供我們活得好、活得有智慧所需要的一切。它讓我了解——死亡和愛一樣，與我們密不可分，而那種親密程度讓我們能深度學習。它也讓我了解——一個真老師的單純以及故事的力量，能將我們納入一張彼此相連的網，這張網比那些分裂我們的膚淺事物更為深刻。最後還有，它提醒了我——我們都受邀參加這場盛會。我深深地感謝它邀請我全心投入生命，你也將有相同感受。

說到底，死亡是與未知的親密個人接觸，許多在科學技術下死而復生的人告訴我們，他們所感受到的經驗，讓他們了解生命的目的不是求取富貴、名聲或權力，人生的目的是在智慧中成長，並更懂得如何去愛。如果這是你的目的，那麼《死亡可以教我們什麼》就是給你看的書。

瑞秋．娜奧米．雷曼醫師（Rachel Naomi Remen, M.D.）

《餐桌智慧與爺爺的祝福》（*Kitchen Table Wisdom and My Grandfather's Blessings*，暫譯）

前言

死亡具有讓人轉變的力量

愛和死亡是我們收到的最佳禮物，
大多數情況下，它們未拆封就被轉送出去了。①
——萊納・瑪利亞・里爾克（Rainer Maria Rilke）

生與死是成套的交易，你不能拆散它們。

在日本禪宗裡，しょうじ（shoji）意思是「生死」，生和死之間緊密相連。

如果沒有時時覺察死亡的存在，我們無法真正地活著。

死亡並非在漫長路程的終點等待我們，它總是在我們身邊，在我們的骨髓裡，無時無刻。她是躲藏在顯眼處的神祕老師，幫助我們發現最重要的事物，幸好，死亡所能帶來的智慧，不必等人走到生命終點才有機會明白。

在過去三十年中，我曾和數千人坐在死亡的懸崖邊，有些人滿是沮喪地面對死亡，其他人則如花綻放，充滿好奇地踏進那扇大門。兩者的差異在於他們是否願意深入探究身而為人的意義。

如果你以為，我們在臨終前還能有力氣、有穩定的情緒和清明的腦子來完成這個得花一輩子來完成的事，那就太可笑了。這本書是一封邀請函——其實是五封邀請函——邀請大家和死亡面對面，和她喝杯茶，讓她引領你活出更有意義、更有愛的人生。

對死亡的反思可能帶來明顯且正面的影響，不只影響我們如何死去，也影響我們如何生活。在死亡面前，我們得以輕易分辨出哪些稟性習氣能引領我們合而為一（wholeness，或稱為「整體」），哪些讓我們走向分離及苦痛。「整體」一詞關乎「神聖」和「健康」，但它不是個模糊、同質的整體，更好的解釋是「彼此連結」。我們體內的每個細胞都是有機整體的一部分，彼此依存，必須和諧運作才能維持良好的健康。同樣的，每個人、每件事都存在於持續交織的關係網絡之中，他（它）們影響所及擴及整個系統的其他部分。當我們忽略了根本的真實，我們便會受苦，並創造苦痛；當我們全心地生活其中，便會得到生命整體的支持，也支持了生命的整體。

我們習以為常的生活方式有一股巨大的動力，推動著我們走向死亡那一刻。因此，這問題很明顯：我們想創造什麼樣的習慣？腦子裡怎麼想並不是無害的，想法能操縱行為，因而發展成習慣，習慣最終強化成性格；我們無意識的想法可能形塑了我們的知覺，引發反應，預先決定了我們和自己的人生事件會演變出怎樣的關係。透過注意自己看事情的角度和信念，我們可以克服遵循這些模式的惰性，如此一來，我們便能有意識地去質疑這些習慣偏好。僵化的觀點和習慣會使我們的心靈沉默，讓人生進入自動導航模式；疑問則會打開我們的心靈，表現出生而為人的活力。好問題是有生命的，它會自深層的愛中升起，發現真實。如果不去探問那些讓人不安的問題，我們絕不會知道自己是誰，以及我們為何在這裡。

沒有死亡的提醒，我們將會視生命為理所當然，無止盡地追求自我滿足，迷失其中。當我們時時刻刻覺察到死亡，它會提醒我們不要緊緊抓住生命，或許不要那麼認真看待自己和自己的想法，我們會更容易放下。當我們認知到每個人都會死，我們會了解到所有人都在同一條船上，這將有助我們對其他人表現出更多的仁慈和溫柔。

藉由駕馭對死亡的覺察，我們可以對活著充滿感恩，激勵自己去探索自我，釐清自我價值，找到意義，並產生正向的行動。正是生命的無常給了我們洞察力，當我們接觸到生命不穩定的本質時，才能了解它的珍貴，才不會浪費一分一秒。我們會想完全投入自己的人生，負責任地利用人生。死亡是人生路上的好夥伴，讓我們好好生活，不帶遺憾地死去。

死亡的智慧不僅與臨終者和他們的照顧者有關，它也可以幫助你面對失去，或是在你鑽牛角尖或覺得失控時助你一臂之力——無論是經歷了分手或離婚、面對疾病、裁員、夢想破碎、車禍，甚至是和孩子或同事吵架。

著名心理學家亞伯拉罕．馬斯洛（Abraham Maslow）曾經歷一次幾乎致命的心臟病發作，不久後，他在一封信裡寫道：「對抗死亡，而且逃過死亡，讓一切看來都如此珍貴、神聖、美麗，我比以往更強烈地想要愛它、擁抱它、被它淹沒。我的河流從未看來如此美麗……死亡，那隨伺在側的死亡，讓人更能去愛、熱烈地去愛。」②

我對死亡沒有浪漫的想法，它不容易，或許是我們這輩子最困難的任務，它的結果不見得是好的，它可能傷感、殘忍、混亂、美麗且神祕。重要的是，它很普通，每個人都會經歷。

沒有人能活著離開這裡。

※　※　※

身為臨終之人的陪伴者、慈悲關懷導師，以及禪安寧療護計畫（Zen Hospice Project）的共同創始人，我陪伴過的人大多都是平凡人，他們面對自己想像中辦不到或無法忍受的事，走向自己的死亡，或是照顧即將死去的摯愛。然而，多數人在自己心中、在死亡的經驗中，發現了能力、頓悟、力量、勇氣和慈悲，以非凡的方式迎向這些看似做不到的事。

我陪伴過的人之中，有些人的生活情況很糟糕——住在鼠輩猖獗的旅社，或是睡在市政廳後的公園長凳上，他們酗酒、賣淫、無家可歸，在社會邊緣苟延殘喘。他們經常帶著自我放棄的表情，或是對自己的失控感到憤怒，許多人對人性已經失去所有信任。

有些人來自我不了解的文化，說著我無法理解的語言；有些人深信信仰能帶他們走過困難的時刻，有些人則是已經放棄宗教。阮氏怕鬼，但以賽亞則因為死去母親的「來訪」而感到心安。還有一名罹患血友病的父親因為輸血而感染愛滋病，在他生病最初幾年，他和自己的同志兒子斷絕關係，但在生命的最終，父子都將死於愛滋，他們共用一個房間，兩張床彼此相依，接受父親的妻子、也就是兒子的母親艾格尼絲的照顧。

我陪伴的許多人在二十出頭、幾乎還沒開始他們的人生就死去，但有位我曾照顧過的女士，名叫伊莉莎白，九十三歲的她卻問我：「死亡為何這麼快就找上我？」有些人頭腦清明，有些則連自己的名字都想不起來；有些人被所愛的家人朋友圍繞，有些則完全孤身一人。沒有親友扶持的艾力克斯因為愛滋引起的失智症狀，變得意識混亂，有天晚上，他爬出火災逃生口，活活地凍死。

我們照顧過拯救了無數生命的警察與消防員；照顧他人疼痛及呼吸困難的護士；曾宣告病人死亡，如今受同樣疾病摧殘的醫師。照顧過政界名人、有錢人、有良好健康保險的人，也照顧過衣衫襤褸的難民。他們死於愛滋、癌症、肺病、腎衰竭和阿茲海默症。

對某些人來說，死亡是偉大的禮物，他們和失聯已久的家人和解，放手表達自己的愛和寬恕，或是找到自己追尋了一輩子的溫柔和接納；然而，有些人卻懷著放棄和無望，背向世界，永遠無法再回頭。

他們都是我的老師。

這些人邀請我進入他們最脆弱的時刻，讓我能夠親近死亡。在這過程中，他們教會我如何活。

※　※　※

活著的人沒有一個能真正理解死亡是什麼，不過，有位曾經瀕臨死亡的女士對我說過這麼一句話：「我比你們更能看清出口標誌。」在某種程度上，你無法為死亡做好準備，然而你這輩子做的每一件事，對你造成影響的每件事，以及你從中學習到的一切，都能有所幫助。

諾貝爾獎得主泰戈爾（Rabindranath Tagore）曾在一則美麗的短篇故事中，描述過印度村莊之間的蜿蜒道路。赤腳孩童在自己想像的畫面或蜿蜒小溪的引導下，繞過美麗的眺望台，或踩過尖銳的岩石，在鄉間曲折的小徑中穿梭；等他們長大了，穿上了涼鞋，開始背負重任時，他們走的路徑也就變得狹窄、筆直且具有目的性了。

我也曾這樣赤腳行走過許多年。我不是從一開始就打定主意要做這份工作，而是彎彎繞繞地前進，這是一趟持續探索的旅程。我受過的訓練不多、沒有相關學位，唯一的那張紅十字會救生證想必也已經過期了。我依循點字法，一路憑感覺前進。我不偏離自己的直覺，相信傾聽是建立連結最有力的方式，我召喚出靜默帶來的庇護，讓自己的心靈敞開。我就是用上述方法找到那些真正對我有幫助的事物。

死亡一直是我的夥伴。十幾歲時，我母親去世了，幾年後，父親也走了，但我在他們死前好幾年，就已經失去他們了。他們都酗酒，所以我的童年歲月一團混亂，飽受忽略與暴力，我對錯誤的事展現忠誠、罪惡感和自卑感。我變得非常小心謹慎，我成為母親的知己，懂得去哪裡找被藏起來的酒瓶，我與父親發生衝突，還學會保守祕密，被迫提早長大。所以就某方面而言，他們的死亡讓我鬆了一口氣。受苦是雙面刃，我在羞愧、害怕、孤獨且不被愛的感受中長大成人；然而也因為受過苦。我能對他人的痛苦心懷慈悲，而這也召喚我前往那些其他人想避免的處境。

佛教修行強調無常，強調各種可能的體驗隨時在生起滅去，這對我來說是一個重要影響。在佛教傳統中，面對死亡是很基本的事，它可以使智慧及慈悲變得成熟，使我們更致力保持覺察。死亡被視為成長的最後一個階段。我們日常對正念和慈悲的練習能培養有益於心理、情感和生理的特質，好讓我們為不可避免的事做好準備。透過應用這些巧妙的工具，我學會了不因早年生活的苦難而喪失能力，而是讓它成為我內心的慈悲基礎。

我兒子蓋伯快要出生時，我想明白如何將他的靈魂帶到這個世界，所以我參加了瑞士知名心理學家伊莉莎白·庫布勒·羅斯（Elisabeth Kübler-Ross）的工作坊，她最著名的便是關於生死的開創性研究。她幫助過許多人離開這一輩子，我想她或許會教導我如何邀請我的兒子進入他的這輩子。

伊莉莎白很喜歡這個想法，並將我納入她的研究陣營。多年來，她邀請我參加更多計畫，不過她給我的指導並不多。我會靜靜地坐在房間後面，觀察她輔導那些面對死亡的人，或是因失去至親而悲傷的人，藉此學習。這形塑了我後來在安寧療護場域陪伴人們的基本方式。伊莉莎白很有技巧、很憑直覺、經常固執己見，但最重要的是，她展現出如何去愛她所服務的人，沒有保留也沒有依戀地愛。有時候，房間裡的痛苦過於強烈，我就會進行冥想，好讓自己平靜下來，或是做些慈悲的練習，想像自己可以如何轉化眼前的痛苦。

某個特別難捱的一天結束後，我在雨夜中走回房間時，因為太受震撼而半途跪倒在泥濘裡，開始哭了起來。我努力想排除參與者心痛的感覺，這是種自我防禦策略，一種試著保護自己不受折磨的方式。

就在那個時候，伊莉莎白走了過來扶起我，將我帶回她的房間，給了我一杯咖啡、一根香菸，「你必須敞開心胸，讓痛苦穿越你。」伊莉莎白說：「這些事你不需要留在心裡。」沒有這次的學習，我不認為自己能以健康的方式和未來幾十年我將目睹的苦痛相處。

是詩人、也是佛法教師的史蒂芬．萊文（Stephen Levine），是另一位影響我一生的人。三十年來，他是我主要的老師，也是好朋友，他叛逆卻富有同情心，也是一個直覺行事又真誠的嚮導，他接受過多種宗教傳統的洗禮，卻巧妙地避免了任何一方的教條。史蒂芬和他的妻子安德拉（Ondrea）是真正的開創者，在臨終照護路上發起一場溫和的革命，我們在禪安寧療護計畫裡所創造的大部分內容，都是他們教義的具體展現。

史蒂芬讓我了解到，我可以累積生活中的苦痛，將它們當成磨坊的磨刀石，煉成無私奉獻的燃料，而且不覺得這一切有什麼大不了。一開始，我像虔誠的學生那樣，工作方式（有時連行為也是）全都模仿他。他非常仁慈且慷慨地幫助我，直到我走出自己的路。

我們要怎樣才能找到自己呢？生命會累積，讓我們有機會學習，還有，如果我們有幸懂得留意這些機會。

三十歲出頭的我在墨西哥和瓜地馬拉旅行時，擔任志工幫助承受巨大困難的中美難民，在那裡我目睹了可怕的死亡。一九八〇年代愛滋危機橫行舊金山時，有將近三萬名居民被診斷為愛滋病帶原者，③我在第一線擔任居家照服員照顧這些朋友，許多人後來都死於這種致命病毒。

很快我便清楚地知道，單憑自己的力量去做是不夠的。所以在一九八七年，我、摯友瑪莎．德巴洛斯（Martha de Barros）及其他朋友，共同展開了禪安寧療護計畫，事實上，創建此計畫是瑪莎的主意，這真是個很棒的想法。她在舊金山禪修中心（San Francisco Zen Center）的支持下，催生了這個計畫。

禪安寧療護計畫結合了內在領悟和實際的社會行動，是全美第一間佛教安寧療護機構。我們相信，那些透過冥想練習培養「傾聽之心」的禪宗修行者，和那些需要被聽見的臨終者是天作之合。我們沒有時間表，只有一些計畫，但最終我們成功訓練出了一千名志工。雖然我在此分享的故事主要是我個人的經歷，但禪安寧療護計畫不是我一個人隻手創造的，我們是大家一起完成的，一群好心腸的人響應號召，投身為同一目標服務。

我們想利用的是禪宗兩千五百年傳統的智慧，而非推銷任何教條，或是推動嚴格的佛教死亡方式。我的口號是「在他們的所在之處與他們相遇」。我鼓勵照護者支持病患探索自身的需求；我們很少教人冥想，也不會將自己對死亡或臨終的想法強加在對方身上。我們認為，每個服務的對象都會讓我們知道他們需要什麼樣的死亡。我們創造一個美好、包容的環境，讓住民感覺到被愛、被支持，感覺他們可以自由探索自我和自己的信仰。

我了解到，照護行為本身是很平凡的，煮湯、擦背、更換床單、幫忙餵藥、聆聽曾經活生生但即將結束的人生故事，以及，以平靜但慈愛的方式出現在他們面前。沒什麼特別的，單純只是人性的良善，真的。

然而，我很快地發現，將這些日常活動當成覺察的練習，可以幫助我們從僵固的觀點和習慣性的逃避中覺醒。無論我們是鋪床的人，還是臥床的人，都必須面對生命本質的不確定性。我們於是意識到一個根本的事實：每個想法、每次做愛、每段人生，一切事物都會生起滅去。我們看見萬物皆有死，而排拒這個事實會帶來痛苦。

其他非常重要的經歷塑造了我面對苦痛的方式，告訴我死亡可以教導我們什麼樣的人生課題。我加入其他靈性導師的行列，協助促成在奧斯威辛（Auschwitz-Birkenau）納粹集中營舉辦靜修活動，深深地進入人類的苦難之中。我主持悲傷團體的聚會，為無數末期病患提供諮詢，帶領為罹患致命疾病的人所辦的靜修營，並且協助舉辦過很多很多的追悼儀式。

同時，我還是四個孩子的父親，幫助他們長成了不起的成年人，他們現在也有了自己的孩子。我可以告訴你，要同時養育四個青少年經常是比照顧臨終患者困難多了。

二〇〇四年，我成立了慈心禪工作坊（Metta Institute），提倡正向和富有慈悲的臨終關懷照護。我聚集許多好老師，包括拉姆・達斯（Ram Dass）、諾曼・菲舍爾（Norman Fischer）、瑞秋・娜奧米・雷曼醫師等人，組成了一支世界級的團隊。我們的這個延續傳統計畫，旨在喚起照護行為的靈魂，並且重建與死亡的關係（在這關係中，死亡是肯定生命的）。

我們訓練了上百名健康照護專家，並且為那些面對致命疾病的人們，建立一個由臨床人員、教育人員及倡議者組成、全國性的支援網絡。

最後要提的是，我也在幾年前親身遇上一場健康危機——讓我實際與死亡面對面的一次心臟病發作。這次經驗讓我看到，從另一面來觀看是多麼地不同，讓我在看見學生、病患、朋友和家人臉上的掙扎時，更能同理他們。

在生活中，我們能做的往往超越自己的想像，而突破那道界限能推動我們走向改變。曾有人說：「死亡不是走向你，而是另一個人，那個上天已經為他做好面對死亡準備的人。」我覺得這種態度很真實。今天的我，活在這個故事裡的我，和未來將死的那個我並不完全相同。生與死將會改變我，我將在某些層面徹底地與過去不同。為了能夠從內在產生某些新的自我，我們必須對改變敞開心胸。

※ ※ ※

總的來說，整個社會已經比過去幾年更願意討論死亡問題。有許多書籍談論這個主題；安寧療護被整合進健康照護的一環；我們有預立醫療指示，也有拒絕搶救同意書。如今，在美國某些州和某些國家，醫師輔助死亡（physician-assisted death）也是合法的了。

然而，主流觀點仍認為死亡是醫療事件，我們最多只會期待，這件壞事能有個最好的結果。我曾親眼目睹臨終者的痛苦，他們認為自己是命運的受害者，因為自身不能控制的種種因素而遭受折磨，或是更糟的，相信這一切問題是自己咎由自取。因此，太多人帶著苦惱、罪惡或恐懼死去。對此，我們可以有所作為。

如果你的人生被你死亡的實際情況照亮，它將影響你的選擇。多數人都想像自己臨終時躺在家中，有所愛之人圍繞四周，有熟悉的人安慰著我們。然而，事情很少如此。十個美國人之中，有七個會說他們想在家中度過最後的時光，④但七〇％的美國人死在醫院、護理之家或是長期照護機構。⑤

有句老話說：「我們會死，正如同我們知道怎麼活。」依據我的經驗，這句話並不完全正確。但是，假設我們的人生能正視死亡要教我們的事，而不只是試圖避免這件不可避免的事呢？當我們能安然面對死亡，我們便能學到如何全心活著。

假設我們不再把死亡從生命中切割出來、獨立看待；想像我們將死亡視為成長的最後一個階段，能為轉變帶來前所未有的機遇；我們是否能像個大師直視死亡，問它：「那麼，我該怎麼活？」

我們使用的語言在我們與生死的關係中扮演重要的角色。我不喜歡用「臨終」這個詞，臨終是人們經歷的經驗，但不是他們的自我認同。如果我們將經歷過特定經驗的人都歸為一組時，就會錯過每段經驗的獨特性，以及每個人經歷過的經驗內容。

死亡是無法避免且非常私密的。我曾看過平凡人在生命的盡頭獲得深刻的領悟，展開一個強而有力的轉變過程，幫助他們成為一個更大、更廣闊、更真實的人，而不是過去那個小小的、單獨存在的自我。這不是與過去受的苦相矛盾、童話式的幸福結局，而是對悲劇的超越。經常有人在人生的最後一個月、最後幾天，甚至是最後幾分鐘，發現這種能力。

你或許會說：「太遲了。」我也許同意。然而，寶貴的不是他們經歷這種體驗的時間有多長，而在於這種轉變存在的可能性。

選擇直視死亡的人，就能從死亡學習到一些事情。我曾親眼見證，臨終者以及他們的照護者敞開心胸，發現了內心深層的愛，那份愛他們本來就能觸及，只是過去不知道而已。他們發現了對宇宙的深刻信任，也相信人性的可靠良善，那良善的人性絕對不會拋棄他們，無論他們受過什麼苦。

如果那種可能性存在於臨終之時，它也能存在於此時此刻。

我們將在此一起深入探索這種潛力：存在我們每個人心中，愛、信任、寬恕與平靜的內在能力。這本書是要提醒我們原本就已經知道的事，那些偉大宗教試圖體現、卻經常遺落在翻譯中的事物。死亡遠遠不只是醫療事件，它是成長的時刻、是轉變的過程。死亡讓我們看見人性最深層的面向，死亡使人覺知「同在」（presence）的本質，喚醒我們與自我以及所有生者的密切連結。

偉大的精神和宗教傳統為那不可名狀的力量加上許多名字：絕對者（the Absolute）、

上帝、佛性、真我。這些名字都太小了，事實上，任何名字都太渺小，它們只是指著月亮的手指。你可以將我所使用的名詞代換成任何詞彙，只要它們能幫助你與你內心所知道的、最相信的相連結。

我將利用「存在」（Being）這個簡單的詞彙，來指涉那比我們人格更深、更廣闊的東西。所有靈性教導的核心，就是理解到「存在」是我們最根本、最仁慈的本質。我們平常有的自我感覺、平時體驗生活的方式，都是學習來的，我們成長過程中形成的種種制約可能會掩蓋了我們內在的良善。

「存在」具有某些屬性或基本特質，是我們每個人都擁有的潛能。這些特質能幫助我們變得成熟、更有用、更有生產力，它們填補我們的人性，為我們的生命增添豐富性、美麗和能力。這些純粹的特質包括愛、慈悲、力量、平靜、清明、知足、謙遜和沉著等等。透過沉思和冥想等練習，我們可以讓我們的思想、心靈和身體獲得平靜，因此，能夠更細緻、更透澈地感知經驗。在這份尋得的寧靜之中，我們能夠感知到這些內在特質的存在。儘管我們起初會把它們看成是情緒，但它們不僅是情緒狀態；如果將它們視為能夠帶領我們獲得更多幸福感的內在指引系統，或許會更有幫助。

我們本質的這些面向和「存在」是無法切割的，就像潮濕不能沒有水；換句話說，我們已經擁有了這段旅程所需的一切，它們全都存在於我們心裡。想接觸到我們的內在特質，並且利用它們來得到更大的自由與轉變，我們不需要是特別的人。

※　※　※

我最早是在堪薩斯州上空三萬英尺的飛機上，在一張餐巾紙的背面寫下這五個邀請。那時我正要前往普林斯頓大學，和其他評論人一起錄製一部片長六小時的紀錄片，片名叫做《依己之意》（*On Our Own Terms*），談的是美國的臨終議題。屆時，房間裡會有全國各地的重要健康照護專家、提倡醫師輔助死亡的人士、支持修改醫療保險政策的人士，以及一群頑固務實的記者，他們對佛教的用詞遣字可不會有興趣。紀錄片的製作人比爾·莫耶斯（Bill Moyers）將我拉到一邊，問我能否說說陪伴臨終之人時最重要的是什麼。

輪到我說話時，我拿出在飛機上的那張紙巾。

一、莫待未來

二、欣然接受一切，不推不拒

三、全心感受經驗

四、在過程中找到安歇之地

五、培養不知心

我曾在那麼多臨終者床榻邊學到了許多事，因此我想用這五個邀請表達我的敬意。這是五個互相支持的原則，全都洋溢著愛。它們成為我應對死亡時的可靠指引，而且事實證明，它們同樣能引導我們活出完整的人生，適合應用在各式各樣的轉變和危機——搬到新的城市，建立或結束一段親密關係，或是習慣孩子離家後的生活。

我認為它們是沒有盡頭的五個練習，可以不斷探索、深化。把它們當作理論是沒有意義的，如果想理解它們，就必須透過行為付諸實踐於生活之中。

「邀請」是指我們請求某人參與或出席某個特別的活動。在此，這個活動是你的人生，而這本書是給你的一份邀請，邀您全心參與人生的每個面向。

第一個邀請

莫待未來

我們一生的所作所為，造就我們去世時的模樣，而且每一件事，絕對是每一件事，都算數。①

——索甲·仁波切（Sogyal Rinpoche）

傑克海洛因成癮已經十五年，平時都住在車子裡。有天他感冒，去了舊金山綜合醫院的急診室，被診斷出肺癌，三天後，他搬進禪安寧療護計畫中心，一直未能再回到他的車。

傑克有寫日記的習慣，偶爾會和我及其他志工分享，他寫道：

我拖延多年，以為自己總是還有大把時間可用。至少我已經成功完成一個重要計畫了：我完成了摩托車技師的訓練。現在，他們卻告訴我，我只剩不到六個月可活。我要耍耍他們，我要活得比那還長……

啊，我想騙誰啊？說實話，我感到害怕、生氣、疲倦又困惑，我才四十五歲，卻覺得自己像一百四十五歲。我還有好多事想做，現在根本連睡覺的時間都沒有。

人們在臨死前，很容易意識到每一分鐘、每口呼吸都很重要。但事實上，死亡總是與我們同在，和生命融為一體。萬事萬物都不停在變化，沒有什麼是永恆的。這個想法既讓我們害怕，也能帶給我們啟發，如果我們仔細聆聽，我們會聽到這樣的訊息：**莫待未來**。

「（使用）『耐心』（patience）一詞會有個問題，」禪宗大師鈴木俊隆（Suzuki Roshi）說：「它暗示我們在等待事情好轉、等待好事降臨。這種特質更準確的詞彙是『始終如一』（constancy），一種時時與實相共存的能力。」②

接受「所有事物必然會結束」的真理，讓我們不再等待，以便深深投入每一個當下。我們不再將生命浪費在沒有意義的活動上，學習不再苦苦執著於自己的想法、欲望，甚至是自我認同。我們不再將希望寄託在更好的未來，而是聚焦於現在，並對目前擁有的一切感恩。因為了解了人和人之間的連結如此重要，我們更常說出「我愛你」。我們變得更友善、更慈悲、更寬容。

莫待未來是通向幸福完滿的途徑，也是悔恨的解藥。

一、通往各種可能性的大門

這話可說是老生常談，然而我們還是要不斷強調：一切都是創造、是變化、是流動、是變換。③

——亨利・米勒（Henry Miller）

我幫喬洗背時，他轉頭看了我一眼，無可奈何地說：「我從來沒想過會是這樣。」

「怎樣？」我問。

「快死了。」

「那你認為會是怎樣？」

他嘆了口氣，說道：「我想，我從來沒有真的思考過這件事。」喬後悔自己從來沒有仔細想過自己的死亡，這一點比肺癌末期更讓他感到痛苦。

韓國禪宗大師崇山行願（Seung Sahn）的名言：「快死了。」這是一句風趣的警語。死亡是大家都不願多談的問題，是件我們都知道、卻全體同意不去談論的事實，我們努力和它保持距離，嚴重地恐懼它、嘲笑它，試圖用委婉的言詞控制它，盡可能地迴避它，或是乾脆不談它。

我們可以跑，但躲不了。

威廉·薩默塞特·毛姆（W. Somerset Maugham）在他的劇本《謝佩》（*Sheppey*）中敘述了〈相約薩馬拉〉（Appointment in Samarra）這則古老的巴比倫神話。一名巴格達商人派他的僕人去市場上買東西，不一會兒，那人兩手空空地回來，臉色蒼白，驚恐地發抖。他告訴他的主人，人群中有個女人撞了他，他仔細看那女人的時候，認出她是死神。

「她看著我，擺出威脅的姿勢。」僕人說：「現在請把馬借給我，我要離開這座城市好躲避我的命運，我要去薩馬拉，在那裡，死神就找不到我了。」

商人便把馬借給他的僕人，男人飛也似地狂奔而去。

後來，商人自己上市場買東西，在那裡，他也看到了死神，他問死神之前為何要威脅他的僕人。

死神回答：「那不是威脅，我只是嚇了一跳。我很驚訝會在巴格達看到他，因為今晚我和他在薩馬拉有約。」④和喬一樣，當我們對那無可避免的死亡視而不見時，它反而會讓我們措手不及。然而，即便奔往相反方向，我們還是會來到她的門前。只因為我們沒有注意到她隱藏在眾目睽睽之下的線索，才會覺得死亡偷偷潛入身邊。

多數時候，我們認為死亡晚點才會來，現在擔心那麼多實在無稽。「晚點」創造出擁有安全距離的舒適幻覺，但恆變和無常卻不會晚點來，而是此時此刻。變化一直都在發生。

當我們執著地希望事情永不改變時，只會讓自己大失所望，那是對人生不合理的期待。我年輕時，父親經常提醒我要「享受每個當下，時間稍縱即逝。」我以前不相信，幾年後，母親去世了，我沒有機會向她道別，無法如願告訴她我愛她，我像是活在夢裡，多年來一直活在這個遺憾的禁錮之中。

喬治・哈里森（George Harrison）的歌〈萬物必將消逝〉（All things must pass）唱出了真理，這一刻會讓位給下一刻，一切都正在我們眼前消失，這不是什麼魔術，而是真實人生。無常是一種融入生活之中的重要真理，它無法避免、完全自然，也是我們最忠實的夥伴。

聲音來了，又走了；想法出現了，又很快地消失了，你看到的、嚐到的、聞到的、摸到的、感受到的——都一樣無常、短暫、轉瞬即逝。

我的金髮早就不見了，重力在我身上起了作用——我的肌肉鬆弛、皮膚缺乏彈性、身體功能也變慢了。這不是哪裡出了錯，而是老化的自然過程。

我的童年在哪裡？昨晚的一夜情在哪裡？今天的一切將只是明日的記憶。理智上，我們可以理解母親珍貴的花瓶終有一天會從架子上掉下來，汽車會故障，我們所愛的人也會死去。而我們的任務是將這份理解從我們的理智中移出來，並將其深深植入我們的內心。

演化揭示了這個不變的法則，也揭示了從微觀到宏觀不同尺度上的變化。電子顯微鏡能放大顯示人體細胞的神奇結構，原子核、振盪磁場、節律波、質子、中子，甚至是不斷變化的更小粒子，時時刻刻都在生滅。

透過哈伯望遠鏡，我們也觀察到同樣的動態變化，我們不斷擴張的宇宙也受限於同樣的過程。的確，星球的壽命比人類細胞長，太陽的光和熱或許還會持續數百萬年，但即使是最巨大的星系，無常仍是它的特徵。它們由大量的氣體形成，原子結合在一起，然後在某一刻恆星誕生了，隨著時間推移，有些星體會消失，有些星體會爆炸。和我們一樣，星系誕生後存活了一段時間，然後死去。

※ ※ ※

多年前，一個朋友和我創辦了一項小型的學前計畫，我們偶爾會帶三到五歲的幼兒到附近的樹林裡，叫他們找出「死掉的東西」，孩子們喜歡這個遊戲，他們會很高興地收集掉落的樹葉、斷裂的樹枝、生鏽的舊車零件，偶爾還會出現烏鴉或小動物的骨頭。我們會在冷杉林裡，將發現的這些東西放在一塊藍色大油布上，進行一番展示和討論。

孩子們並不害怕，只感到好奇。他們會仔細檢視每項物品，用手指頭摸一摸、聞一聞

——近距離以自己的方式探索「死掉的東西」，然後分享自己的想法。有時候，他們會為一件物品的過去編出十分精彩的故事，生鏽的汽車零件如何在星星或太空船飛過天空時掉落地面，老鼠如何利用葉子當毛毯，直到夏天來臨再也派不上用場。

我記得有個孩子說：「我覺得從樹上掉下來的那些葉子真是善良，它們讓新的葉子有地方生長，如果樹不能長出新的葉子，那就太可憐了。」

雖然我們大多將無常和悲傷、結束聯想在一起，但無常不全然代表失去。在佛教中，無常經常被說成「變化和生滅的法則」（Law of Change and Becoming）。這兩個相關的原則提供了平衡與和諧，正如「毀滅」持續不斷發生，「形成」也持續不斷在發生。

我們依賴無常。今天的寒冷不會永遠持續下去，無聊的晚餐派對也會結束，邪惡的獨裁統治會瓦解，由繁榮的民主國家取代，即使老樹也會被燒毀，好讓新樹可以成長。沒有無常，生活根本過不下去；沒有無常，你兒子無法踏出他的第一步，女兒不能長大去參加舞會。

就像多條大河的匯合，我們的人生是由一連串不同的時刻所構成，它們串連在一起給了人們一種連續不斷的印象。我們從因進展到果，從一件事進展到另一件，從某一點來到另一點，從一種狀態來到另一種——表面上，人們感覺人生的進展是連續且一致的。但事實並非如此。今日之河已不同於昨日之河，就像聖人說的：「我們無法踏入同一條河流兩次。」⑤

每一刻都有生與死，而且我們以一種非常真實的方式出生和死亡。所有無常都有一種美。在日本，人們每年春天都會慶祝櫻花短暫的盛開；在愛達荷州，在我教書的小屋外面，藍色亞麻花只活一天。為什麼這些花看起來比塑膠花華麗得多呢？它們的脆弱、短暫和不確定性吸引著我們，邀請我們欣賞它們的美麗、奇妙，並且心懷感激。

創造和毀滅是一體兩面。

一九九一年，達賴喇嘛尊者訪問了舊金山，西藏僧侶為了準備迎接他的到來，在金門公園（Golden Gate Park）的亞洲藝術博物館（Asian Art Museum）創作了一幅沙壇城[1]，他們利用小小的工具，在地上悉心用彩沙鋪出一個複雜的設計。這幅代表時間之輪（Kalachakra）的神聖藝術作品直徑長達一．八公尺，是多位僧侶花了數日不眠不休才完成的。

但沙壇城完成後不久，一個精神失常的女人跳過圍繞著脆弱創作品的天鵝絨繩索，像個龍捲風般衝過曼陀羅，瘋狂地踢沙，徹底摧毀了僧侶們一絲不苟的手藝。

博物館員和警衛都嚇壞了，他們抓住女人，報警逮捕了她。

然而，僧侶們泰然自若，他們向博物館員們保證，自己很樂意再創作出另一幅沙壇城，畢竟，原本那一幅沙壇城本來就打算在一個星期後的撤除儀式中摧毀的。僧侶們平靜地將被毀的壇城沙灑到金門大橋上，然後重新開始。

帶領僧侶作畫的洛桑覃蘭（Ven. Losang Samten）告訴記者：「我們沒有任何負面情緒，也不知如何評論她的動機，我們會用愛與慈悲為她祈禱。」⑥

對僧侶來說，沙壇城已經達到了它的目的，它的創造與毀滅，從一開始就是一堂關於生命本質的課。

博物館員工認為沙壇城是一個無法取代的藝術品，一個珍貴的物件；對僧侶來說，沙壇城是一個過程，其價值和美麗存在於它所傳達的無常和無依戀。

在日常意義上，僧侶在製作沙壇城時所做的一切，和我們做飯時的經歷相同。我喜歡烤麵包——測量、混合、攪拌、揉捏、麵糰發酵、在烤箱中變得金黃、切麵包、塗上奶油。然後麵包不見了。我們以開心地享受每道精心準備的美食，來參與這場慶祝無常的小型活動。

※　※　※

剛開始，無常這項訊息通常會引起大量的焦慮，因此，我們試圖讓事情變得穩固且安全，我們竭盡所能安排種種生活條件，操控環境，好讓我們能夠快樂。

我喜歡躺在床上，特別是在寒冬早晨，床罩既柔軟又溫暖，我的身體得到良好的休息，享受躲在毯子下的感覺，我的心很寧靜，但還是得起身做當天該做的事。有一段時間，世上的一切都是對的，那是個完美的時刻。

然後我不得不上廁所。

1 壇城，又稱為曼陀羅（mandala），是藏傳佛教中一種獨特的圖像表達方式，通常是以彩沙悉心雕琢鋪陳而成。

抗拒了一陣子之後，我快速跑向廁所，獲得暫時的解放，然後我又跳回毯子下，想重新創造那份完美，但我再也找不回剛剛那種感覺了，我無法創造出能對抗改變、提供持久快樂的條件。

就像多數人，我對那些美好的情況心懷感激。我很幸運，有足夠的食物，有支持我的家人和出色的朋友，和一個相當愉快且安逸的生活。所以我不是要倡導禁欲苦行的生活方式，我指的是學習和不斷的變化和諧共處。

通常，我們會以趨吉避凶的方式來規劃這個世界、尋求幸福。這似乎很自然，對嗎？我們愚弄自己，因為有時我們可以操縱生活的條件，給自己帶來短暫的快樂。這一刻感覺很好，但此刻一過，我們就尋找下一個令人滿意的體驗或感覺。我們變成了「餓鬼」，像那些鼓著肚子、有長細脖子和小嘴巴的神話人物，永遠不會滿足。

生活的真理在於，生活中唯一不變的就是變化。就算再仔細觀察，也沒有什麼別的了？

如果不與這個真理和諧相處，便會導致無窮無盡的苦，這會使我們愈來愈無知，養成了渴望、防備和後悔的習慣，這些習慣變成了性格，往往在臨終之時顯現出強大的阻力，阻礙人們獲得平靜。

有一天，三個體型龐大的中年猶太婦女來到禪安寧療護計畫的小辦公室找我，她們是姐妹，其中一個是城裡很有影響力的政治顧問，她們的母親快死了，而她的醫師，一位腦癌專家，叫她們來找我。

我開始和她們討論我們的照護特色、我們做的事、我們如何尊重每個人的信仰，但我看得出來她們並不吃這一套。她們佔據了我辦公室有限的空間，幾乎快要裝不下了。

顧問琳達直截了當地問道：「我們為什麼要帶媽媽來這裡？直接把她放在費爾蒙飯店的好房間裡，再雇用一名看護二十四小時照顧她就好了。我們可以負擔得起，為什麼不那麼做？」

我回答：「當然，妳們可以那麼做，我也可以推薦一些人幫妳們。」然後我停頓了一下，拿起我們安寧機構的相簿，說道：「但我能請妳們做一件事嗎？讓妳媽媽看看這些照片，她就能知道這裡是什麼樣子，聽聽她的意見。」

她們很快地離開了，而我以為自己再也不會看到這三個女人，但四十五分鐘後，電話鈴聲響起。我馬上認出琳達那尖銳、有力的聲音，她說：「媽媽想見你。」

我被叫去那位母親在舊金山最高檔院所的病房，在那裡，我不只看到這三個女兒，還有她們的拉比（猶太教教士）、腦癌專科醫師和一名精神科醫師。一股壓力襲來。

我向那位母親（名為阿比蓋爾）自我介紹。她平靜地坐在床上，翻著那本相簿，對我提出各種問題。「我能帶我的瓷器去嗎？」

「當然，妳可以帶一些過去。」我說。

「那我的搖椅呢？我真的很愛我的搖椅。」

「當然，妳可以帶搖椅去。」

突然間，阿比蓋爾停住了。「等等，我房間沒有私人廁所？你要我去大廳上廁所？」

我看著她的眼睛，說：「告訴我，妳最近是否常常起身上廁所？」

阿比蓋爾躺回她的枕頭上。「不，我不會去廁所，我不能走了。」然後她轉頭告訴她的女兒們：「我要跟他走。」

我相信阿比蓋爾喜歡的是我沒對抗她的暴躁，或是試圖改變她，她欣賞我的誠實，她可以相信我。她不知道該如何走過這段臨終過程，但她相信我知道，她知道她和我們在一起會感到安全。

阿比蓋爾隔天就搬進來了，待了一個禮拜便過世。她的女兒們在她去世時，都陪在她身邊。

當阿比蓋爾願意正視眼前的事實時，她的態度就改變了——誠實、不畏懼、不拒絕。她了解人生無常，她人生中所有條件都在不斷變化，她開始順應變化和生滅的法則。為當下發生的事命名是非常強而有力的舉動，我們不再執著過去，而是與當前環境的事實產生聯結，然後我們就能放棄不再抵抗。

我們為何要等到快死了，才能不再掙扎呢？

※　※　※

無常使人謙卑，這是確定的，然而無常的表現方式卻完全無法預測，我們能控制的部分很少。我們可以瑟縮在這種困境帶來的恐懼之中，也可以選擇不同的反應。

無常的恩賜是它讓我們活在此時此地。我們知道生的盡頭便是死，反思這一點會讓我們珍惜此刻，使我們對當下的生活有更多欣賞和感激。我們知道所有積累到終了都是消散，反思這一點會幫助我們練習簡約，並發現真正有價值的東西。我們知道所有關係的盡頭都是分離，反思這一點可能會讓我們免於給悲傷擊潰，並激勵我們區分愛與依戀。

注意那持續不斷的變化，有助於我們為「身體將有一天會死去」的事實做好準備，然而，這種反思更直接的好處是，我們學習更自在地與無常相處。當我們擁抱無常，生活就能帶著某種優雅，我們能珍惜各種經驗，可以深刻、毫無保留地去感受。我們可以自在地品味生活，完整觸摸每一瞬間的質感，無論此刻是悲傷還是喜悅。當我們深入理解生命中萬事皆無常，我們就更能容忍改變，就會變得更感恩且更有韌性。

卡洛・海曼（Carol Hyman）在《生與死：佛教觀點》（*Living and Dying: A Buddhist Perspective*，暫譯）一書中寫到：「如果我們學會放手去面對不確定性，相信我們的本質和世界的本質並無二致，那麼，事物並非一成不變的事實，就不再是威脅，而是一個解放的機會。」⑦

一切都會瓦解，我們的身體、我們的人際關係或是生命中的一切皆是如此。瓦解一直在發生，不僅僅是在落幕的時候。合久必分，別為此困擾，這就是生命的本質。

我們的生活並非永恆不變的，深入了解這一點，就是我們為死亡、為各種失去做的準備，也是我們完全接受變化會不斷發生的方式。我們不僅僅是自己的過去，我們也在成長。我們可以釋放怨恨，可以寬恕，在我們死去之前，我們可以讓自己從悔恨中解放出來。

莫待未來。我們需要的一切就在我們面前。無常是通往可能性的大門，擁抱它，就是擁抱真正的自由。

二、存在同時也在消逝當中

讓自己當起學徒，學習自己的消失曲線。⑧

——大衛・懷特（David Whyte）

醫院裡最常用於量測死亡的儀器是一台和電視相似的監測器，它以電子嗶嗶聲表示呼吸的速度，以上下擺盪的線條追蹤心跳的節律。任何看過醫療劇的人，都很熟悉以下描述的場景：一個人英勇地在進行心肺復甦術，或醫師在病患心跳異常時電擊病患的心臟，試圖拯救他的生命，最後仍無力阻止心跳變成一條直線，無數家庭在醫院等待的就是這條可怕的直線。監測器以持續的高音宣告身體已經停止活動，死亡確實發生了。

可悲的是，我們與實際的死亡經歷嚴重脫節，我經常觀察到家屬在親人死亡時，眼睛看著監測器螢幕，而不是看著他們心愛的人的眼睛，也不發自內心用自己的身體去感受死亡。

不過，還有其他比監測器的嗶嗶聲更細微的訊號宣告著死亡的到來，那些訊號使我們彼此相連，而非切斷我們的連結；那些訊號讓我們參與其中，而非被動等待。

在東南亞，年輕男子的求學過程經常會有一年的時間投入僧侶生活，有時候一年可能變成了一輩子。在加入這個群體時，他們會有剃髮儀式，並且被授予明亮的藏紅花色新僧侶道袍。在某些森林裡的偏僻寺院，這些年輕僧侶會被叫進叢林裡，靜坐冥想，直到知道自己的歸屬。

年輕僧侶需要找的「歸屬」不只代表他是某個僧侶團體的成員，而是鼓勵他們思考更根本的歸屬感，包括消除分歧。

這與死亡過程中自然發生的情況類似。我們定義「自我」的方式，我們承擔了許久的身分——母親、父親、經濟支柱或照護者、個性孤僻或善於交際、富貴或貧窮、成功或失敗——這些描述全都漸漸地遭疾病與年老剝奪而去，或是優雅地投降退場，然後我們發現了更根本、更有凝聚力的東西，也就是人性的基本真理。

許多精神傳統和宇宙觀，包括古希臘人，都認為所有的生命是由四個基本元素所組成：土、水、火、風。《光明篇》（Zohar，一份寫於十三世紀的神祕猶太文獻）將四元素視為所有物質的基礎。包括印度思想及中國哲學在內的其他世界觀，也訴說著相似的五或六個基本元素。佛教指出每個元素都是一個不斷變化的過程，而非靜止的事物，據說所有成分在我們離世時，會在一個身體和心智彼此影響的過程中消失。四元素不僅僅是物質形式，它們也是情感和精神狀態，是一種創造的過程。它們的特性有一個範圍區間：土的堅硬和柔軟，水的流動和凝聚，火的涼爽和高溫，風的靜止和運動。

關於人在走向死亡時會有的跡象和症狀，醫學解釋有時太過枯燥乏味，讓人很有距離感。我經常覺得，家庭成員日日夜夜守著正在死去的摯愛時，可以想想四元素模式。這是一種理解我們如何釋放自我及其組成部分的方法；身體、思想、感知、感覺、各種制約等所有物理元素都在消失。

※　※　※

莎曼珊四十幾歲時是荒野的嚮導，她先生傑夫臨終前的那個漫漫長夜，我和她坐在一起，她問我，她能做什麼事情來幫助他。

我問她：「妳的孩子們生病時，妳怎麼做？」

她說：「這個嘛，我會靜靜地坐在他們床邊，有時候我會靠在他們身邊，不怎麼說話，大多是聆聽，讓他們知道我陪著他們，不斷告訴他們、觸摸他們，讓他們知道我愛他們。」

「真美，」我說，「還有呢？」

我可以看出她正在回憶她已經知道的事。

她非常小聲地說：「我努力創造出一種和善的環境，這樣他們就不會害怕。我盡力做些簡單的事情，我保證自己不會離開他們，告訴他們，雖然現在生病，但是沒關係，不會永遠這樣的。」

她開始放聲哭泣，流下淚來：「但我以前沒遇過死亡這種事，我不知道會發生什麼事。」

當我們面對親人死去時，崩潰是很自然的，沒有必要阻止這種感覺。我們舊有的因應機制在這種新狀況下，通常無法發揮作用。然而，找到我們的立場，或是回憶最有意義的事物，能幫助我們停留在正在經歷的當下。對某些人來說，是氣息或彼此關係的力量；對其他人來說，是文化傳統或宗教信仰。莎曼珊的教堂則是荒野。

我知道莎曼珊和傑夫是在一趟背包旅行中墜入愛河的，所以我問她，最愛戶外活動的什麼。

她說：「身在荒野中，荒野的一切——我攀登的岩石、滲入我骨頭的雨水、寒冷的夜空、掠過山脈把氣味和聲音帶到我腳邊的風，那是我真正的家，是我真正的歸屬。」

莎曼珊和傑夫住在大自然裡，他們知道自然的法則和語言，自然和他們融為一體。我冒險建議她這麼看：傑夫或許「身在其中，所有這一切之中」。他的身體是由土、水、火和風用非常基本的方式組成的，所以死去時，他只是回到他們深愛的大自然之中。

傑夫的身體變得十分僵硬，土元素分解時也是如此。在即將死去的早期階段，人們可能會抱怨他們的腿或腳麻掉了，他們可能變得難以喚醒，反應遲鈍。

「你能在傑夫身上看到土元素嗎？他是個可靠的人嗎？」我問。

莎曼珊牽起他的手，親吻了他的頭。她笑了，然後溫柔地說：「他總是那麼死腦筋又固執，但他卻有最柔軟的外表。」她說的不只是生理特徵，也是他的人格特質，她看著這些特質逐漸凋零。

「是的，」我說：「堅實固定的形體正在失去它的力量，能量消耗殆盡，再無法支持自己。」我想起馮內果（Kurt Vonnegut）在《貓的搖籃》（*Cat's Cradle*）中的幾句話：

而我是那些坐起來環顧四周的泥人，
幸運的我，幸運的泥人[9]

當土元素——形體——分解，它將位置讓給了水。臨終之人或許會感覺無法吞嚥液體，出現尿失禁或大便失禁，以及血液循環減慢。

在前幾天，莎曼珊讓傑夫喝了幾口水，後來是給一些碎冰，現在則只能用海綿沾濕他的嘴，因為他無法吞嚥了。她談起她和傑夫在規劃荒野旅行時，充滿創意的想法如何自由流動。莎曼珊說，過去這幾天，她能看見傑夫的身心都開始因恐懼而瑟縮。我提醒她水元素的特徵是流動又凝結的，我們聊到大河，一些在特定季節會乾涸的河流，還有阿拉斯加冰川的冰崩解後，破裂的邊緣如何滑入水中。

波斯詩人迦利布（Ghalib）寫道：「對雨滴來說，愉悅存在於入河之時。」[10]

現在水元素已經分解，讓位給了火。發生這種情況時，體溫會開始波動。感染或許會導致發燒，新陳代謝減慢則可能使肌膚變得冰涼潮濕。

隨著傑夫更加靠近死亡，他的手腳變得冰涼，熱度集中於身體中心的大心臟附近。莎曼珊回憶起他們愛情的熊熊烈火、他們爭論時的怒火，還有在床上冷淡轉身背向彼此的可怕感覺。她從頭到腳將他吻了一遍，並為了與他爭吵而道歉。

科學家有這麼一套理論：在很久以前，我們的星系中有顆恆星爆炸了，噴出大量的氣體和塵埃，經過數十億年，這顆超新星最終形成了我們的太陽系。詩人會說，我們曾是明亮的星星，現在已經冷卻，由陽光凝結成人的形狀。

火元素分解了，輪到風。在這生理死亡的最後階段，人們的呼吸模式經常發生劇烈的變化——呼吸變得時快時慢，吸氣與呼氣的間隔很長。有時候，房裡唯一剩下的就是呼吸。在這方面，死亡和出生非常相似，大家的注意力都自然集中在簡單的呼吸上頭。

傑夫不再掙扎或躁動，影響最後這幾天的焦慮、頭腦不清和混亂都不見了，只剩下他不穩定的呼吸。時間流逝，莎曼珊靜靜地坐著，進行一場非正式的冥想，感受那曾經明顯、現在卻在衰退當中的生命奇蹟。

艾略特（T. S. Eliot）曾寫到：「在轉動世界的靜止點，既非肉體亦非無肉體，非來亦非往；在此靜止點上，有舞蹈……除了那點，除了那靜止點以外沒有舞蹈，只有舞蹈。」⑪

傑夫嚥下最後一口氣的前一刻，莎曼珊對他說：「我在這裡，我要進入內心深處見你最後一面。」她閉上眼睛，變得平靜。傑夫和莎曼珊似乎在一個深邃無底的空間裡相遇了，過去的已經過去，那裡沒有未來，只有現在。

傑夫又吐了幾口氣，然後就斷了呼吸。

一股寧靜和輕鬆環繞著我們，我感受到了它的溫暖，感受到了一種光輝，一種輝煌。過了一段時間，莎曼珊大聲說起話來，不是在對我說，倒更像是在跟空間說話：「我以為我失去他了，但他無所不在。」

土分解融入水，水分解融入火，火分解融入風，風分解融入空間，空間分解融入意識。

很多時候，死亡並不是突然發生的，而是一個生命力逐漸從形體脫離的過程，當我談到四大元素的分解時，我說的不全是物理形式，相反地，我指的是那些不可名狀卻又觀察得到的生命特質，這些東西在人死去、只留下沉重的軀體後，明顯地消失無蹤。有些東西能夠超越四大元素而存在——精神、靈魂或活力。我們的儀器和設備當然可以測出身體的崩解，但同時發生的內在分解過程是細微且無聲的。

它們全都在分解中——包括元素和相關的狀態，因此，自我也在分解當中。這事其實一直在發生，只是在臨終時浮出表面讓我們看見。

現在，你是誰？

即使像莎曼珊這樣不相信來世或任何細微心識（subtle consciousness）的人，都能感受到一種愈來愈光明的存在（這是數世紀以來，精神大師一直在談的），他們只需要敞開心胸迎接它。當一個人愈接近死亡，似乎就愈能來到生命存在（existence）明亮而細微的這一面。雖然無法解釋，但隨著身體的固態與密度逐漸消融，一般人也能感覺得到、憑直覺知道，並且輕易地體驗到這一面。

我們沒有適當的語言來描述這種無法理解的經驗，所以我們稱之為「神祕」（Mystery）。多年來，我發現，我們能直接體驗或了解的那些東西，或許比我們解釋或測量那些東西的能力來得重要許多。

和臨終之人坐在一起時，我們無法否認脆弱和無常存在於生命的本質中，所有一切永遠會聚合，然後分解——不只是生命的物理特質，也不只在死亡之際。

而我們可以用愛和慈悲來包容一切。

※※※

有趣的是，雖然我們幾乎都同意生活不斷在變化，但我們卻更傾向於相信自己是以一個堅固的實體穿越這個不斷變化的世界。我們會對自己說，「除了我之外，一切都變了。」

但我們錯了，我們不像自以為的那樣只是一個小小的、固態的我。

我們不是會計師、不是老師、不是咖啡師、不是軟體工程師、不是作家，也不是這本書的讀者。至少不全然是我們所想像的那樣。我們並非獨立分離出來，而是同樣在變化當中。我們是由舞動的元素組成，我們和萬事萬物一樣，存在的同時也在消失當中。

我們就像我曾經住過的百年農舍的窗戶，窗格玻璃看起來和其他一般窗戶一樣堅固，敲玻璃時，我可以聽到指節和玻璃接觸時發出的響亮聲音。但仔細觀察，窗框底部的玻璃顯然比頂部還要厚，玻璃不完全是固態的，它是一種流體，會受到重力的影響。過去數十年裡，這扇看來如此堅硬、恆久不變的窗戶，一直在移動改變，玻璃在往下沉。

我們的自我感（sense of self）就和窗戶玻璃一樣無常，它有一個目的，但不固定，別被其經久不衰的外表給騙了。

雖然疾病可能使我們限縮在一種更小的自我感之中，但許多生病或臨終之人都說，他們不再被自己以前熟悉的舊自我認同所限制，看見了更廣闊的風景。正如發現美景時的震撼，疾病以一種奇異的方式撼動我們、讓我們成熟，並開始走向更深層的存在。這並不是說生活變得非常甜蜜又有秩序，生活中還是有許多瘋狂和混亂的狀況，然而，我們已經成功包含了更廣泛的自我認同，讓內在生命和外在世界彼此滲透、融合。

查爾斯是個優雅的男人。他搬進禪安寧療護計畫中心時，還帶了精美的香檳水晶杯，以及西班牙普羅文修（Spanish Provincial）的成套銀器。他會在週五晚上驕傲地為朋友們舉辦小型晚餐派對。而且他每天都穿著義大利西裝和絲質領帶……直到他再也不能這麼做。慢慢的，他的衣著只剩下睡袍，後來，他也取消了那些親密的晚餐聚會。

隨著時間過去，他自我形象的其他元素也開始消失，他開始抓女人的胸部，然後像水手一樣滿口髒話，想當然爾，這讓他的朋友們很生氣，他們被他不恰當的行為嚇壞了。「真不像他的性格！」他們小聲地嘟囔著。和行為有這麼激烈變化的人相處並不容易，也不有趣。

當查爾斯愈來愈疲憊、搞不清狀況後，他離開了過去的社交圈，只邀請一位他信得過的老朋友，這人也曾經是他的情人。或許只有這個人真正了解，查爾斯這種迥異的行為並不是因為愛滋病併發的失智症所引起，而是他的潛意識世界入侵了他的意識、他的日常生活。

我們很早就學會了把不想要的東西蓋上蓋子，我們打從初生時期就開始塑造自己，因為我們希望得到父母的愛，而且我們的生存也得仰賴他們。不可避免地，我們採納了他們無意識的假設、偏見和歧視（不論那些是好是壞），還有我們特定的文化和宗教教養；我們也可能起而抗拒。但無論哪種情況，我們打從生命非常早期的時候就已受到制約，以某種方式行事。這種尋求認可、避免批評的適應模式，持續了我們整個求學生涯，也在我們與雇主和朋友互動中不斷出現，並成為我們未來親密關係的模板。

簡言之，我們將害怕威脅生存的一切，藏在我們意識得到的表面之下，我們認為哪種樣貌能幫助自己得到需要的東西，我們就把那樣貌呈現在世人面前。數年後，模式變得根深蒂固，形成並維持了我們的自我形象，轉而產生個人的自我認同感。

如果我們像查爾斯那樣罹患重病，光是站立、上廁所或是執行日常生活中最簡單的小事，就會耗盡我們的所有精力。疾病能打破我們對控制的錯誤觀念。我們沒有意識到，但其實一生的壓抑也耗費能量，當我們沒有力量再壓抑了，潛意識就開始溜出來，它往往會嚇到我們。

事實證明，當這些遭壓抑的傾向浮上檯面、當身分認同改變時，人不會認不出自己或是朋友；同時，不再壓抑這輩子曾經引以為恥，或是覺得沒有價值的事物之後，人會感覺到自由。曾經創造的雙重面貌和虛假界線也能就此消散。若是給真實一些空間，真實便能為人所知，並納入更為廣闊的自我感之中。

有時候我們壓抑的不是原始的性能量、羞恥感或罪惡感，而是我們善良的天性。

尚恩因刺殺姐姐十七刀而入獄服刑，保外就醫後加入了禪安寧療護計畫。尚恩是終身監禁的囚犯，受到監看和隔離，有暴力傾向。

一開始，安寧機構的環境對尚恩來說是很大的挑戰，這裡太過親密了。他將我們拒於門外，如果他要求吃最喜歡的垃圾食物，而我們不能馬上滿足他時，他就會變得暴躁易怒。他很少談論自己的人生，卻會批評志工太過吵鬧，但我們仍然用尊敬與愛對待他，就跟對待旁人沒有兩樣。

我喜歡和尚恩待在一起，聊聊天、抽根菸。慢慢地，我知道他在寄養家庭長大，十三歲就進了少年感化院，他成年後有大半時間都受到監禁。如果他在那些日子裡曾經尋求他人的幫助，或對任何人表現出仁慈，他就會受到嘲笑，甚至被殺。

有天，我們坐在後院，尚恩說：「法蘭克，今天我讓他們幫我了。」

「你讓他們做什麼？」我問。

「我讓護士幫忙我走進浴室。」進浴室，而不是幫他洗澡。尚恩穿著衣服讓護士幫助他進入淋浴間，這樣他就能在護士離開後，才脫掉衣服。幾十年來，這是他第一次接受任何人的幫助。

漸漸地，安寧機構充滿善意和接納的環境放鬆了他的防備，尚恩漸漸自由地探索和表達自己——他的自我認同裡，那些長久以來遭到隱藏、保護的部分，溫暖和慷慨等特質開始出現。

在近二十年來的禪安寧療護計畫推展過程中，尚恩是唯一一個為我開驚喜生日派對的人。他堅持出錢，用自己微薄的政府補助金。他想雇用脫衣舞孃從假蛋糕裡跳出來，但在護士的勸阻下打消念頭，最後他準備了汽球和真正的蛋糕。

所有志工和護士一起推著蛋糕進來，點上蠟燭，開始對著我唱生日快樂歌。我不知道有這場安排，也是後來才知道這全是尚恩的主意，我非常感動，這是他對我做過最善良的事。

尚恩在死前拍了一段影片給他兒子——一個他從不認識的兒子。他說：「你知道我一直不在，你根本不知道有我。但我要告訴你，我的生命快要結束了，這些事很重要。」他繼續對兒子娓娓道出作為一名父親的教誨，關於善良和寬恕的教誨。

這是最奇妙的轉機，當尚恩放下防備，打開他的心房，他內在的熱情、愛和柔軟都表現出來了。這不是因為我們試圖改變他、啟發他或改變他的信仰，只是因為我們愛他。有了愛，尚恩終於可以放下他那狠狠築起、用以自我保護但最終自我限制的身分認同，放下「他是一個罪犯、一個壞人，對這世界沒有什麼好處」的想法了。

※　※　※

心臟病發作破壞了我的自我感。一天前，我還是受人尊敬的佛法教師；隔天，我只不過是一個穿著病人服、光著屁股的病人。在接下來的幾個月裡，我感覺自己被剝奪了曾經定義過我的心理防禦和自我認同，我感到卑微無助。有好幾天的時間，我都在哭泣、渴望、悔恨、恐慌中度過，緊抓著那些能短暫給我控制感的熟悉故事不放。

一開始，失去自我形象讓我感覺害怕。我總是一個強者，是照顧別人的人，我現在一身瘀青，從來沒這麼虛弱過，沒人幫忙就無法洗澡或綁鞋帶。我感到虛弱無力、得事事靠別人，而且沒來由地恐懼自己可能永遠再也無法工作，或是無法為這個世界提供服務。一部分的我認為我可以努力復原，但我需要做的卻正是相反——我需要臣服於這個過程。

我想起古老的蘇美人神話，女王伊南娜（Queen Inanna）落入地獄，地獄即是深層潛意識的隱喻。這個故事是一段邁向「完滿」的典型旅程，她擁抱自己黑暗、陰暗的一面，擺脫過去的自我束縛，領悟死亡的本質，以求能對生命循環有更完整的理解。一開始的她穿著華美的長袍，戴著天神的皇冠；在往地獄的路上，她必須穿過七道門，每一道門都需要放棄一個力量的象徵：金戒、胸甲、青金石權杖……直到她什麼都不剩。

我體驗到那種赤裸裸的感覺。

我們會習慣性地將各種塑造正面自我形象的閃亮裝飾，和自己綁在一起，有時會誇大了自身的能力或重要性。相反地，我們也可能會對負面自我形象推波助瀾，放大了自身的缺點和弱點。我們心裡知道，自己所建構出並投射到世界上的詮釋，並不是真實的，但我們還是賦予力量，並且誤以為那是實相。

然後，某件事發生了，讓那看似堅固的一切露出破綻。我們意識到，我們的感覺和表現不斷在改變；而我們的故事只不過是口水、膠水和習慣黏著在一起的產物。我們了解自我不是一個靜止不動的狀態。

產生自我認同是一種內在行為，我們在自己的內在進行的一系列步驟。我們幾乎可以認同任何事情——工作、國籍、性取向、關係、修行的進展或一閃而過的想法。同樣重要的是，我們也可以藉由變得更好奇來開始放下各種自我認同。現在，我們注意到自己的態度、反應，還有那些讓我們變得依附自我認同的偏好了。一旦了解這一點，我們便能允許自我認同的存在，而不加排斥。我們不需要去與之對抗，它會漸漸消散，因為它也無常。

這就是禪宗大師鈴木俊隆所指的：「我們所說的我只是一扇搖擺的門，一扇隨著我們一呼一吸而擺動的門。」[12]

當這些自我認同軟化時，我們就會比較沒有束縛，感覺到更多自由、更多臨即感（immediacy）和臨在（presence）。但一開始，我們經常會覺得脆弱。

多數禪堂的入口處都有塊鐘板，一個實心大木塊，僧侶們會用木槌敲打它，喚學生前來打禪冥想。板子上有用黑墨汁所寫下的箴言：

了解生死的大事
生命飛逝，
醒醒，醒醒！
別浪費這趟人生。

師生們每天早上都會走過這塊板子，提醒我們無常的基本事實。經過多年，木槌撞擊橡木塊的地方磨損出了一個洞，看似如此堅實的東西也變得單薄、脆弱。

上面的字消失了，木塊本身成了一段箴言。

這似乎正是脆弱能帶給我們的。當我們不再執著於自己珍視的信念和想法，不再奮力抵抗生活的打擊，停止控制不確定性，也放鬆對自己的掌控，我們就會變得較不固著，沒有一個那麼固定不變的自我認同。

心臟病發作後的幾個月，我發現到，我愈是允許自己表現出更多脆弱，就愈不再執著於成為某個人。我不再整天忙於產生自我，我可以感覺到支撐自己個性時的疲憊。有時候，我的個性似乎像個大汽球，為了不斷充氣，而難以呼吸；當我接受了自己人生的脆弱，反而能敞開心胸。我覺得自己成了一個多孔的東西，更透明、更具滲透性。

我對高中生物課的少數幾個記憶之一是滲透作用，解釋分子如何穿過半透膜進出我們的細胞。我覺得我們的意識就像這種半透膜，我們最深層的本質能透過非常類似滲透作用的過程滲透我們。

多虧我們是脆弱的，了解最基本自我的這種可能性一直都在，我們無須等待某種時刻，或是完美的條件，或是死亡才能了解那個自我。事實上，人常常是因為受到自己想迴避的非常情況所刺激，在最意料之外的時刻體認到自身的無常。

在休養期間，一切都能滲透到我心中，世界卓絕的美和恐怖都能暢行無阻地進入我的意識之中，我全盤接受，欣喜歡迎。我和自己的任何一部分，或是和這個世界都沒有隔閡，我只是**存在**。

我回想起自己曾照顧過一個年老的臨終病患希德，她剛到我們這裡時既頑固又無禮。

「早安！」一個志工對她說。

「我得癌症快死了，有什麼好的？」希德會這樣吼回去。

但在死前最後幾天，希德從一個強硬的壞女人，變得愈來愈透明，人們幾乎可以看穿她的皮膚，她的整體存在也是。她瘦了許多，好像一陣風就能把她給吹飛，她不再虛張聲勢，被一種平靜又充滿愛的態度取代。這種演變似乎讓她的本質更能展現出來，因為她不再老想著要緊抓著那用到快爛了的生命敘事。

我變得愈透澈，就愈能了解人類只是一連串不斷變化的條件所組成。我們應該更輕鬆一些對待自己，過於嚴肅地對待自己，是人受苦的原因，我們告訴自己，掌控局面的人是我們：「準備好！完成這件事！」事實上，我們是相當無助的，受制於周圍發生的事件。但無助感讓我們接觸到自己的脆弱，這種脆弱性可能是通往覺醒的大門，擁有與實相更深層的親密關係。

心臟病發後，我的自我感並未完全消失。我還是法蘭克，但我的個性不再像過去那麼強勢。在休養的那幾個月之中，很多時候我就坐在一張老舊的皮椅上，看著美麗的大海。前門通常沒鎖，這樣如果有人來訪，我只要大叫請進，他們就可以自己開門進來，我不用辛苦地起身開門。

然後有一天，大約是手術後六個月，聽到門鈴響起後，我本能地跳起來應門。穿越客廳時，我感覺到自我感又回到我身上了，好像電影《變體人》（*Invasion of the Body Snatchers*）的其中一幕，我的自我帶著復仇感重出江湖了。

「我回來了，別擔心，現在又換我作主了。」它說。

聽來或許奇怪，這件事發生時我並不高興。事實上，這更像是一種損失。我擔心自己可能會回到以前習慣的方式，也擔心，我新感受到的那種無限本質可能再也感受不到了。

幸好，事情並未那樣發展。

我發現自己可以是法蘭克，可以是把世間事都做得妥妥當當的那個人，也可以繼續感覺到在復原期間發現的廣大存在。我意識到內心平靜的可能性，無論生活起了什麼波瀾，我都可以放手、可以改變、可以找到滿足。

幸運的是，我們不必等到生病或臨死前，再來擁抱自己的無常。任何改變人生的重大事件都能提供我們這個機會，想想新手父母該如何擴大對自我的看法，以納入為人父或為人母的角色？舉例來說，失去了成功事業的女強人，如果她對自己職業婦女的身分太過依戀，她可能會有好幾個月、甚至好幾年的時間感到茫然不知所措。只有當她能放下，接受自己不只擁有工作，而是一個有熱情、興趣、恐懼和傷痛的人，會隨著時間成長和發展，她才能開始復原，並為自己開闢一條新的道路。

當我們的自我感變得更貼近「存在」，我們的行事便能超越無常，不因無常而起舞。不只如此，就如同我經歷心臟病發作之後那樣，我們能意識到無常之外的事物，意識到那個湧現生命的永恆源頭。鈴木禪師曾寫道：「活著……代表一分一秒以小小的存在死去。」[13]他的意思是，自我並非一個單獨的靜態物，而是一個過程，或者實際上是一個許多過程交織而成的網絡。當我們明白這一點，我們就會發現，自己總是有機會以突破窠臼的方式去回應眼前的情況。沒有什麼能阻止我們改變，現在沒有，過去也不曾有過。

擁抱我們自己的無常是一趟帶領我們更深入事物本質的旅程。首先，我們要接受周遭的一切都會改變，然後了解自己也是不斷改變的：我們的想法和感覺、態度和信仰，甚至是我們的自我認同。

美好的是，無常將我們與其他人連結在一起，透過對無常的欣賞和相互連結的理解，人會產生同理心。我們不是單獨存在的個體，雖然我們曾經這麼以為。事實上，我們與每個人、每件事物都有深深的連結。

三、希望的成熟

希望激發了善的出現。

——匿名（一說來自愛蜜莉．狄金森〔Emily Dickinson〕）

在中西部一棟由鋼筋、玻璃構成的大型醫療中心裡，我一邊快步走過寬闊的走廊，一邊沉思著今日醫療照護系統的冷漠本質。就在此時，醫院的廣播系統開始播放起布拉姆斯（Brahms）的《搖籃曲》。

我問護送我去會診談話的護士長，為何播放這美妙的音樂。

她微笑著說：「有一個寶寶剛剛誕生了。」

這個答案讓人驚訝，於是我請她多提供一些細節。

她解釋說，只要醫學中心有寶寶出生，產科都會播放布拉姆斯的《搖籃曲》。音樂將放送到每個房間。

「病房也有？」我難以置信地問。

「是的，還有所有部門：骨科、心臟重症監護室、急診室、手術室、行政辦公室、自助餐廳，甚至是安全指揮中心。」她自豪地說。

「每次出生都會播嗎，連難產的也有？」我驚訝地問。

她回答：「是的，每次出生都會播放：自然產、早產兒或剖腹產。」

環顧四周，我看到趕著赴下一場約的人們都停下了腳步，對話也停止了，大家露出了淡淡的微笑。在這個充滿緊張和壓力的地方，出現了片刻的喜悅和輕鬆。

醫院是痛苦的磁鐵，這個環境充滿了大量身體疼痛、恐懼、焦慮和各種不適。工作人員傾向陷入照護的技術細節，對患者的痛苦和他們的無力應對感到不知所措。

布拉姆斯的《搖籃曲》是一種慰藉，愉快地提醒著人們，新生命可能出現於任何時刻，鼓舞人們提振精神，即使面對逆境也要繼續前進。這音樂不僅僅宣告了一種樂觀情緒，在這短暫的片刻裡，希望洋溢在空氣當中。

希望是一種心靈和思想的態度，它很微妙，有時候是無意識的，它是人類生活的重要資源。這種原料為我們提供了早晨起床的動力，並對新的一天有哪些可能性懷抱期待。這是對美好未來的期望，南非的道德良知和種族隔離批評家德斯蒙．杜圖（Desmond Tutu）曾經說過：「希望是，人在一片黑暗中仍能看到光明。」[14]

專家們對於希望是一種情感、一種信仰、一種有意識的選擇，或者三者皆是，看法不一。捷克共和國首任總統，同時也是哲學家的瓦茨拉夫．哈維爾（Václav Havel）認為，希望是「精神的基本信念」。[15]我則認為希望是存在的一種內在特質，是開放且積極地相信人生、拒絕放棄。

我們能確定的是，希望使我們超越理性，有時候，這對生存而言是無價的，然而其他時候，當我們誤解希望時，它會使我們陷入幻想，成為面對現實生活的障礙。

為了辨別希望的真正價值，我們必須區分「希望」和「期望」的差異。希望是讓我們、讓一切生命邁向和諧的積極力量，它不是來自外在，而是一種持久不變的存在狀態、一道隱藏於人們內在的泉源。當思緒平靜且清醒時，我們可以更清楚地看見實相，並且視實相為一種活躍、動態的過程。積極的希望帶著富有想像力的勇氣，幫助我們與一切生命合而為一，並找到能力去秉持著希望採取行動。我們能感受到這種希望的輕盈與樂觀，以及它產生的熱情和積極性。它能讓我們有能力投入各種可能豐富未來的活動。這種希望是人類的基本需求。

然而，一般常見的那種「希望」卻僅止於一廂情願的想法，它經常與一種近乎幼稚的信仰連結在一起，人們有時候甚至會盲目地相信，外在的因子或權威能帶來我們所渴望的東西。人對不同的環境條件有所好惡，在這種好惡的驅使下，一般觀念裡「希望」便成了拒絕接受此時此刻在我們面前的一切，是恐懼的另一面。

希望一般會偽裝成「期望」，想要得到某種特定的結果。這種希望和想在未來得到某種結果的欲望混為一談，是有目標取向的，它使我們遠離了自己。尷尬的是，如果結果沒有實現、目標沒有達成，我們的希望就破滅了。

把幸福快樂寄託在特定的結果之上，會為我們招致各種痛苦。為了解決這個困境，我們會努力控制周遭的一切。但我們無法控制婚禮當天的天氣、他人的情緒、能不能中樂透，甚至無法控制會不會得到癌症。一如人們所見，無常的法則勝過我們最好的計畫。

置身不斷變化的人生風景之中，我們的希望如果寄託在結果之上，只會產生焦慮，干擾我們體驗當下生活經驗的能力。我的人類學家朋友安琪拉·阿爾里安（Angeles Arrien）建議，我們應該「對結果抱持開放的態度，而不是依附結果。」她寫道：「開放而不依附的態度，能幫助我們找到人類的智慧及客觀性。」⑯

※　※　※

佛瑞德來禪安寧療護計畫探望他妻子瑞秋時，我就在旁邊。她得了結腸癌，佛瑞德每天都來餵她吃西瓜，不是吃一點點，而是一次吃掉幾乎一整顆西瓜。

「哇，妳一定非常愛吃西瓜！」有天我對瑞秋說。

「事實上，我不是特別喜歡西瓜，」她回答：「佛瑞德在網路上看到西瓜有助抗癌，所以我吃，讓他快樂點。」

西瓜，我知道，聽起來很荒謬。對絕望的人來說，尋求各種治療方法並不罕見，甚至偶爾會成功。

佛瑞德愛瑞秋，所以無法接受妻子即將死去的事實。他幻想自己發現了一種祕密癌症療法而緊抓不放，這是一種盲目的希望。

那晚，我請佛瑞德讓我看看西瓜療法的網站。他興沖沖地大聲念資料給我聽，然後，他突然變得很沮喪，用雙手將臉捂住，因為他意識到，之前是自己誤解了這個網站的意思。該網站並不是說西瓜有什麼神奇的療效，而是食用水果有助於水化作用，而水化是治療的重要部分。

等他從破碎的西瓜夢中平復了之後，我問佛瑞德，在瑞秋最後的日子他有什麼希望。他毫不猶豫地回答：「我希望能全心全意地愛她。沒有保留地愛每一部分的她，讓她知道，能和她結婚我有多麼幸福。」

在瑞秋人生的最後一週，佛瑞德與她片刻不離。

像佛瑞德一樣，那些自己或摯親罹患重病的人，在開始踏上死亡旅程時，經常一廂情願地希望奇蹟發生——例如希望能完全治癒癌症，或是所有身體和心智能力都能完全恢復。在這種情況下，我們口中的「希望」，表達的其實只是我們的恐懼。我們在這種狀態下想不出可靠的解決方法，因為那些方法源自我們困惑、混亂的狀態。

希望是人類與生俱來的特質，能正面地促進人的幸福感，拋棄希望似乎不太可行，或許我們需要的是重新琢磨我們對希望的理解和應用。

我發現，在慈悲心的支持下，這種希望會變化，不再試圖控制不想要或無法避免的症狀，而是去探索存在現有情況中的價值。通常，它會轉變成我所說的「成熟的希望」，這種希望帶領我們進入自己的內心，並尋找這些經歷中的美好。

成熟的希望既需要有清晰的意圖（intention），同時也須放手。這種希望不會執著結果是什麼，事實上，希望和不確定性緊密相連，因為我們永遠不知道接下來會發生什麼事。「希望」是我們可能覺醒並用醒悟之心因應外在，而非事情發展成了某種樣子。希望是內心的方向，以人性良善的價值和信任為基礎，而非以我們可能達到什麼目標為基礎。這種根本的信任感引導了我們的行動，讓我們能與他人合作並堅持下去，不去執著要得到什麼特定的結果。面對疾病，即使無法治癒，成熟的希望也能幫助我們變得完整。

當我們放寬對未來的單一願景時，放棄「事情只能這樣發展」的想法，我們便不再受到一般觀念裡的「希望」所束縛，有多餘的空間接受驚喜的發生。就像佛瑞德，只要保持彈性和善念，即便在看似絕望的情況下，我們也能重新想像希望的面貌。成熟的希望具有激勵人心的特性，能幫助我們對各種可能性保持開放，當生活不如我們一開始的期望時，我們從未想像過的機會也可能會出現。

自然災害、地震、火災和洪水，都清楚地表明了，這些具強大破壞力的事件會劇烈地擾亂日常生活，讓人失去家園、失去生命。這種意料之外的混亂以極為不同的方式對我們造成衝擊。然而一次又一次，我們看到人們以正向積極的方式聚在一起，彼此幫助、勇敢行動，幫助陌生人，表現出最好的自我。或許一部分是因為，我們被猛地推進了生命的臨即感之中，這和致命疾病的診斷所帶來的打擊沒有什麼不同。人們以優雅的姿態迎接不可能的故事，使我們振奮起來，在人類的基本良善和利他主義之中激發出希望。

面對舒適或真理，多數人會選擇舒適，但請仔細想想，在舒適圈裡我們無法成長或改變。只有在了解自己無法控制生命中所有情況時，我們才會成長，只有接受挑戰才能改變自己，當我們不再緊抓著過去不放，或是不再追求自己「應該是」什麼樣子，才能放手擁抱此刻真正的樣貌。

成熟的希望所擁抱的真理是：無論我們做什麼或不做什麼，事情都會改變。改變是恆常且無法避免的。若是希望世界永恆不變，人很快就會失望，因此，我們需要相信自己和相信彼此，相信正確的行為和一試再試、永不絕望的毅力。

我曾經認識一個種下一萬棵橡樹的男人，他已經七十歲了，他不知道有多少小樹長成大樹，也一定看不到任何一棵樹完全長大。他說，「希望」是他、樹，和將會爬上橡樹粗壯樹枝的孩子們之間的共同承諾。

※　※　※

我從未見過克莉絲托。有天，她突然打電話給我，問我可不可以為她臨終的老師朗讀

《西藏度亡經》（*The Tibetan Book of the Dead*），她老師是一位世界知名的心理學家。我向她解釋，這是一部非常深奧難懂的作品，有些意象對不熟悉的人來說可能非常可怕。我不知道克莉絲托為何會覺得，她的老師會希望我在她的病榻旁讀這本書給她聽。

克莉絲托說：「她是個了不起的老師，這輩子也很了不起，我們希望她的死亡也同樣了不起。」

我意識到這種期望可能會讓她的老師倍感壓力，於是回答道：「也許她想要一個非常普通的死亡。」

克莉絲托掛上電話，我想她是決定要打電話給其他人。

後來，她又打回來解釋，她和其他學生討論過後，他們明白自己真正想做的只是幫助老師平靜地死去。

我答應幫忙，前提是我們盡可能地去了解老師真正的需求，我要求她仔細觀察並聆聽老師想告訴她的話。

「喔，但我沒辦法，」克莉絲托回答：「她已經陷入半昏迷狀態了，她不能說話了。」

「那麼就更仔細觀察，她有沒有出汗？」我問。

「有。」克莉絲托說。

「那麼去拿條冷毛巾，輕輕放在她頭上，她正在告訴妳她發燒了。」

「好。」她說。

我問：「她有沒有表現出任何明顯的疼痛跡象？」

「沒有。」克莉絲托回答。

「太好了，那我們來試試下一步。」我建議道：「她的呼吸怎麼樣？」

「非常快，但有點不穩定。」她說。

「靜靜坐在她身邊，跟著她呼吸的節奏，她吸氣時妳也吸氣，她吐氣時妳也吐氣，不必導引她，跟著她就好。這樣，妳就能提供仁慈、充滿愛的存在，耐心地關注她每個瞬間所經歷的變化。」

克莉絲托照這種方式做了二十多分鐘，電話那端的氣氛明顯地改變了。

「現在狀況怎麼樣？」我問。

「她的呼吸還是很快，但我現在比較平靜了！」克莉絲托回答，然後她笑了。這和她一開始打來時的語氣有很大的不同。

所以我說：「繼續這樣傾聽，繼續觀察她皮膚的色調、聆聽她的呼吸聲，看看她的眼睛顫動時發生了什麼事。仔細觀察她，把這一切看作是她與妳的交流，讓她為妳指引方向，她會帶領妳，她知道怎麼做這件事，人已經經歷死亡數十萬年了。」

然後，我對克莉絲托的悉心照護表達欽佩之意，然後結束了通話。隔天，她打來說她的老師在夜裡非常平靜地離開了，當時大部分的學生都不在房間裡。

我們的文化喜歡編造故事來說明什麼是「好死」。我們懷抱著一種浪漫的希望，希望人在過世時，一切都處理得乾乾淨淨，所有問題都將得到解決，他們將得到完全的平靜。

但這個幻想鮮少成真。「好死」只是神話，死亡是混亂的，臨終之人經常在離開時拖著腳跟，留下滑行的痕跡；有些人則是轉身遠離他人，絕不回頭看。對許多人來說，他們不曾質疑自己維持了一輩子的習慣，而且帶著恐懼的心緊抓那些習慣不放。對另一些人來說，他們挑戰那些習慣，像在追求某種榮譽獎章，想奮戰不懈。極少數的人會迎向死亡的巨大挑戰，並在那裡找到平靜和美麗。但又有誰能評斷他人該怎麼死呢？

在我的經驗中，對好死的浪漫期待會讓臨終之人承受巨大且不必要的負擔。如果一個人不是在夜晚平靜地離世，或許就會被我們視為失敗。「喔，我母親沒有看到那道光，她死亡的時候很恐懼，那真是可怕的死亡。」我曾聽過一個男士如此抱怨。許多人認為，第一時間就死去是一種失敗，因為我們的文化太習慣「奮鬥到最後」。我們為什麼要用臨終者離世的方式，給他們增加負擔呢？正如克莉絲托所發現的，讓我們的摯愛在離世時擁有他們需要的體驗，對他們或對我們來說都是非常重要的解脫。

當我坐在臨終者的床邊時，我最主要的目標就是保持一顆開放的心。我覺得自己有責任支持他們，無論他們身處旅程的哪個階段。我會為他們指出他們內在具有哪些能力，試著讓他們看見自己早已擁有、但可能沒有發現的能力。有時候，人們可以看到我眼中的仁慈，這會讓他們也想起自己的仁慈，突然間，他們就能用全新的方式看待自己。

愛蜜莉因乳癌加入禪安寧療護計畫時，只有三十四歲。在她進入朋友所稱的「半夢半醒」狀態（Twilight Sleep，人很少能從這種睡夢狀態中醒來）之前，她和我分享了兒時曾受到她母親露絲的嚴重虐待。

當愛蜜莉的情況愈來愈危急，露絲長途跋涉來到女兒的床邊。她們已經好幾年沒有說話，彼此關係非常不好。母親坐在那裡，不斷為過往的行為道歉，祈求她唯一的女兒原諒。愛蜜莉還是沒有說話、沒有回應，她處於這種狀態已經好幾天了。

突然間，愛蜜莉從床上坐起身來，直視母親的雙眼，然後，非常清晰且有力地告訴露絲：「我恨妳！我一直都恨妳！」然後她死了。

那間房裡充斥著巨大的痛楚，露絲很震驚，她最可怕的夢魘成真了，愛蜜莉的臨終遺言如此苛刻，實在令人揪心。

在那種地獄裡，我們很難敞開心胸，然而，一旦敞開心胸，我們就不會只看到眼前的痛苦，也會注意到其他的可能性。愛蜜莉終於可以對母親說出真話，她這一輩子都不敢說出口的話。這話很可怕，但卻很真實。人如果想在未來獲得療癒和成熟的希望，將實話說出口似乎是必要的。

愛蜜莉「不得好死」嗎？許多人或許會說，是的。而我已不會去評斷他人。一個人的「好死」是另一個人最可怕的夢魘，有些人希望生命可以突如其來結束，有些人則希望自己慢慢死去。有些人希望被摯愛的家人圍繞，有些人則害怕其他人善意的干擾。

愛蜜莉去世後的那幾個月，我輔導露絲、扶持她走過悲傷。這是一條困難的路。然而，為自己過去的行為負責，以及正視愛蜜莉的恨意，是她原諒自己的過程中不可或缺的一環。這對創傷癒合、調解她和女兒長久以來問題重重的關係至關重要，她無法希望有一個不同的過去。露絲在明白自己無法改變情況，無法改變愛蜜莉臨終前發生的事，或回頭當個不一樣的母親時，才終於得以接受現實，並且與之和平共處。

※ ※ ※

生時抑或死時，我們應該「希望最好的」還是「期待最差的」狀況發生呢？要是我們能培養出一種不帶批判性的注意力，投入當下發生的真實，會是如何呢？要是我們能不選邊站，而是培養出清醒的頭腦、穩定的情緒以及全心全意的存在，不再受到境遇起伏的擺佈、不再在希望及恐懼之間循環呢？這種不偏頗任何一方的平靜狀態，能讓人產生一種流動而非僵固的韌性，這種韌性願意相信、能適應變化，而且反應迅速。或許這樣一來，我們便可以接受自己的過去、我們自己、他人，「如是」地接受生命中不斷改變的狀況——沒有好或壞，一切都是可行的。

此時，投靠「無常」是有幫助的，不期望事情會轉變為我們希望或害怕的，而是接受「無論我們怎麼想事情都會改變」的事實。

我們常講「活在當下」，但「當下」要去哪裡找？是介於過去和未來之間的十億分之一秒嗎？套用聖奧古斯丁（St. Augustine）的話，此刻不在時間裡，也不在時間外。難以捉摸的當下並不能由人類發明的時鐘來測量，也不能和過去或未來分割，時間不是線性的，至少不是我們通常認為的那樣。

我們都曾經歷過永恆的感覺，那一刻擴大了，變得有點像夢境。當我想起四十五年前過世的母親時，不就是過去出現於現在嗎？此刻包括過去，也包含了未來的潛力。我的孫女現在還是個小寶寶，所以她還沒意識到此時此刻正在形塑她的未來，然而，未來的潛力正存在於她體內，就像它存在於你我每個人體內一樣。

希望的力量就在此處——希望不是一個將被實現的願望，或是被規劃、執行的計畫，而是我們如何面對不斷變化的時時刻刻。「此刻」包括所有時刻，它包括了一切。對「此刻」最貼切的描述便是「生命之流」，「生命之流」一直在形塑著我們，而我們也透過正視它、回應它來形塑它。

莫待未來是鼓勵人們完全投入生活，別為了等待下一刻的來臨而錯過這一刻，最重要的事現在就做，別等待。別為了期望擁有一個比現在更好的過去或未來而停滯不前，活在當下。

※ ※ ※

大衛有嚴重的帕金森氏症。一開始，身體的退化讓他感到沮喪且恐懼，他注意到自己想改變身體的願望是如此地強烈。

他會想著：如果能延緩疾病的進程就好了；他會擔心：我的病什麼時候會惡化？會怎麼惡化呢？他的所思所想大多是等待情況有所改變，希望有不同的未來，而且心中充滿了焦慮。

還好，大衛是個忠實的冥想愛好者。一段時間後，他便能改變自己的想法。他的思緒平靜了下來，他可以放鬆，變得更寧靜、更能反省自己。他說這種時刻是「超越時間的」，而且他告訴我：「我現在明白，一直期望事態有其他發展，會讓我看不見帕金森氏症的正向體驗。現在我把注意力放在感謝那些照顧我的人，我相信我有能力面對即將到來的各種挑戰。」

大衛說：「在我平凡的心裡，我希望自己可以改變疾病，疾病是我恐懼的對象，我想控制那種恐懼。但這樣做注定會讓自己失望，我迷失了。當我進入更寧靜的狀態，這個恐懼的對象便直直走到我的面前，讓我看見它真實的樣子：那是『一個可怕的想法』。然後我明白了一件事：如果我能覺察到那個想法以及隨之而來的恐懼，那麼，恐懼就不會是當下的一切，覺察也同時存在於當下。有了這個認知，我便可以選擇自己的行為要從恐懼出發，或是以覺察出發。」

他又說：「就像我們第一次從月球上看到地球一樣，我們可以用以前不可能辦到的方式了解自己。當我沒有那麼充滿期望時，我可以看到更多畫面，看到以前錯過的機會。這不是一種被動、無助的狀態，或是心裡的空缺，它是具有內在活力的純粹開放性，充滿了好奇和新發現。」

大衛所生動描述的，是**莫待未來**這個概念中一個更為細微的面向，我稱之為「非等待」狀態（non-waiting）。它是一種開放、樂於接受的心理特質，能幫助人逃脫期望設下的陷阱。在非等待狀態下，我們允許目標、經驗、思緒狀態和我們的心，在不受我們干擾的情況下，展現在我們面前。

莫待未來和**非等待**之間的差異，就像「脫離」和「不依附」的區別。「脫離」代表將自我和特定的物體或經驗拉開距離，它可能給人一種冷酷的感覺，就像我們在撤退或抽離一樣；「不依附」則只是代表不堅持、不緊握、不糾結，也就沒有必要與自己拉開距離。

同樣的，「非等待」是放鬆下來，並且給予寬敞的空間；那是一種允許經驗來到我們身邊，但不必伸手抓住它的方法。我們不勉強從經驗中找到某種意義，或者操縱經驗、讓它變成我們想要的樣子，又或者，以我們過去的所知來阻礙它；我們就只是在這些經驗揭露的過程中，認識了它們。「非等待」是一種安靜的歡迎，更像邀請而非要求。當我們不再藉著期待某種結果而投靠下一個經驗，或是期望改變過去而緊抓過去不放時，我們才能放手去完全了解此刻。

「非等待」提供我們一個新的觀看角度。有點像是谷歌地圖，這一刻，我們或許只看非常有限的街景，可能專門只看特定某個東西，例如一棟房子的地址。然後，我們退到一個更全景的角度，看見這棟房子只是這座城市、這個國家、這個半球裡的一個小點。當我們看見更大的圖景，我們便可以納入更多的選擇。

非等待不是有耐心。有耐心暗示著懷抱期待，等待下一刻，只是等待的方式比較平靜而已。經歷「非等待」狀態，更像是不斷接觸現實，我們是警醒的，並且充滿活力。無論經驗是好是壞，無論喜歡不喜歡，我們都全神貫注，對現在正發生的事全神貫注。

生時，就像在死時，我們若是懷抱「希望」而非「期望」，不依附結果，就會和現實發展出明智的連結。我們直接參與生活的開展過程，參與整趟旅程，而不是等待抵達終點。

以非等待的態度抱持希望，人能擁有永恆的涵容胸懷、愉快的開放態度，並且樂於接受，不論環境條件為何。這種希望來自於與人類生命仁慈的直接連結，而且多虧有它，我們才可以在沒有這麼多干擾的狀況下，繼續我們的生活。成熟的希望有點像是布拉姆斯的《搖籃曲》，甜美地提醒我們要放鬆，並領會那不斷注入此時此刻的新生命潛力。

四、一切的核心

寬恕不是偶發行為，而是持續的態度。⑰

——馬丁・路德・金恩（Martin Luther King Jr.）

寬恕能鬆動累積在我們內心的結石，於是，愛可以更自由地流動。這是布雷茲和特拉維斯教我的。

布雷茲是第一個加入禪安寧療護計畫的人，也是第一個過世的人。她被診斷出癌症末期時，獨自住在骯髒的SRO飯店房間裡，一名社工帶我到舊金山綜合醫院和布雷茲見面，她不能回家，也很明顯需要有個人來愛她，所以我們邀請她搬到舊金山禪修中心。這不是一個經過深思熟慮的邀請，當時那裡還沒有安寧病房，但布雷茲需要一個地方住，我們中心有空的學生宿舍。我想不管怎樣都會有辦法的，那時候我還年輕，滿懷理想，有點天真，做事不太有計畫。

就我們所知，布雷茲沒有朋友，但她抵達後不久，便請我們尋找她哥哥特拉維斯，他們已經超過二十五年沒有見面了。這不是件簡單的事，當時還沒有網路，而且特拉維斯是個表演牛仔競技的牛仔，從來不會長時間待在同一個地方。我們聯絡上職業牛仔競技協會（Professional Rodeo Cowboys Association），最後找到了他。

「你妹妹快死了，她想見你。」我透過電話告訴他，但沒期待他會有什麼回應。

後來，某天深夜，特拉維斯出現在禪修中心的前門，他氣勢逼人，穿著全套牛仔盛裝：牛仔帽、超大尺寸的銀帶扣和蛇皮靴子。

「這是什麼地方？你們把我妹放在這裡？」他環顧四周後問。

「她在樓上，」我回答：「你想去見她嗎？」

他說：「當然。」所以我帶他到布雷茲的房間。但我們到房門口時，特拉維斯顯然害怕到不敢走進去，只是緊張地在走廊上踱步。

過了一會兒，我建議他先稍事休息，明天再試試。我為他在禪修中心安排了一個房間，他也同意留下來過夜。

隔天早上，我看見穿著牛仔裝的特拉維斯出現在餐廳裡，周圍盡是剃了頭、穿著黑袍、正在吃豆腐的僧侶。這畫面真是奇怪。

過了一陣子，他說自己準備好上樓，可以進布雷茲的房間了。我安靜地坐在角落觀察。這對兄妹終於團聚了，他們平靜的樣子讓我很驚訝，他們沒有談論布雷茲的病，或其他嚴肅的事，他們只是閒聊些天氣、牛仔競技表演，還有聽廣播裡傳出漢克．威廉斯（Hank Williams）的音樂。

特拉維斯每天都來，慢慢地，他們的對話愈來愈深入，布雷茲談起她住院和看醫師的事，還有罹癌是什麼感覺，也談起一些有趣的過往，分享了一些回憶。

特拉維斯抵達十天後，布雷茲的情況急轉直下。她休息的時候，特拉維斯和我走到院子裡。我們有時候會在院子裡閒聊，他抽菸，而我聽他說。那天似乎沒什麼重要的事，所以我站起身準備回家。此時，特拉維斯低聲喃喃地說：「我想告訴她，但我不能告訴她。」

我又坐下來。「特拉維斯，你也知道，如果有話要告訴你妹妹，就要快，不要等，布雷茲沒多少時間了。」

「我不會說話。」他回答。

我說：「如果你不能告訴她，那要不要告訴我？」

特拉維斯講了一個很長的故事。他說，他和布雷茲小時候就遭到拋棄，在西部各地的孤兒院和寄養家庭裡長大，有時候一起，有時候分開，生活得相當悲慘。特拉維斯比布雷茲大一歲，曾經好幾次狠狠傷害了他的妹妹，他說，自己對她做過非常糟糕的事，用許多方法虐待她，所以他們才這麼多年沒有見面。

我一開始的反應是，我何德何能聽到這段告白？我不是神父、不是治療師，也沒有心理學學位。

但我想起過去和人本心理治療大師卡爾・羅哲斯（Carl Rogers）的一次會面，他也是我一個好朋友的祖父。後來，我曾研究他治療病患時的影片，我注意到他很少說話，但他聆聽時非常虔誠，能像治療藥膏一樣，吸引病人吐露出真相。他寫下的這段話一直停留在我腦海中：

> 在每次療程前，我會花點時間去記得自己的人性。沒有什麼經驗是這個人不能和我分享的，沒有什麼恐懼是我不能理解的，沒有什麼痛苦是我不在乎的，因為我也是個人。無論傷口有多深，他在我面前都無須感覺羞愧。我也同樣是脆弱的。正因如此，我有足夠的能力。無論他的故事是什麼，他都不需要再獨自面對，因此他可以開始讓自己復原。[18]

分享自身的故事能幫助我們復原，直覺上，在那一刻我感覺到自己能給特拉維斯的最大禮物，就是全神貫注。不帶評論的聆聽或許就是最簡單、卻重要的連結方式，這是一種愛的表現。

當特拉維斯終於說完自己的故事，他覺得心裡很亂，而且滿懷歉意，我想他和我一樣，都對他突然說出一切感到驚訝，「這些就是過去發生的事情，現在我該怎麼辦？」他問。就他而言，很顯然地，他能做的就是去承受他可怕行為的後果。

我建議他，我們可以去和布雷茲談談。

我們來到她房間後，特拉維斯拉了張椅子坐在布雷茲床邊，然後說：「妹，妳也知道，這些年我一直有些話想跟妳說，可是妳也知道，我一直找不到合適的說法……我只是想說……我做的那些事……」

布雷茲像交通警察般舉起手阻止他，然後平靜地說：「特拉維斯，在這個地方，有人餵我吃飯、幫我洗澡，我被愛包圍，沒有什麼好抱怨的了。」

剛才目睹的事讓我震驚，一輩子的痛苦，在一瞬間得到寬恕。這個寬恕他人的行為如此強大，將過去的恩怨一筆勾銷。我們都哭了，隨後是一片釋放後的寂靜。

我記得在特拉維斯抵達禪修中心前的某一天，我坐在平時沉默寡言的布雷茲身邊，她問了我一個問題：「這些人來我房裡，叫我要愛人，還有些人來我房裡，叫我要放下。我該先做哪件事？」

我停了一陣子沒有回答，然後我說：「布雷茲，妳會知道該怎麼做的，妳可以相信這一點。不過事實上，這兩件事幾乎是同時發生的，因為愛，所以我們放下。」

愛和放下是分不開的，你不能同時愛人，又緊抓著不放。我們常常會誤以為愛是依戀。

在佛教中，慈心（metta）是一種崇高的存在，一種天堂般的境界，它是胸懷寬大的、雅納萬物的、善解人意的、具連結性的。依戀偽裝成愛，它看起來、聞起來像愛，但只是一種劣質的仿冒品，你能感覺到依戀緊抓著需求和恐懼，也受之驅使。愛是無私的，依戀則是自我中心的。愛是釋放，依戀則是佔有。當我們付出愛時，我們會感覺放鬆，不會緊抓不放，自然也更容易放下。

關於放下，布雷茲有些體會。在原諒特拉維斯時，布雷茲並非忘了曾發生在她身上的事，也不是縱容她哥哥做過的事。基本上，她是告訴他：「聽著，如果你下半輩子都想帶著這份痛苦，請便，但我受夠了。」在接近死亡的時候，她想擺脫跟隨了她幾十年的所有怨恨和焦慮，那段過去不再定義她，她不想在爭吵中死去，她想要自由，想要充滿愛，而她明白唯一的方法就是完全寬恕她哥哥。問都不用問。

兩天後，布雷茲去世。

※　※　※

寬恕之所以至關重要，有兩個理由：它能讓我們放下過去的痛，因而得到療癒，以及它能幫助我們敞開心胸去愛。

為了得到自由，我們必須寬恕。我在這裡說的自由，不是什麼大徹大悟，而是更實際、更迫切的東西：是免於譴責、互相指責和評價的自由，它們曾帶給了我們那麼多的痛苦。緊抓著痛苦不放，並不符合我們的最佳利益。

拒絕寬恕就是拒絕生活，我們可以是自身痛苦的死忠支持者，然而我們若是緊握著過去，抓住的就不只有回憶，還有伴隨回憶而來的緊張和情緒狀態。拒絕寬恕就像抓住一塊熱煤，說道：「我不會讓你走，直到你為對我做的事道歉並付出代價。」我們努力想懲罰他人，但在過程中，我們才是那被燒死的人。

寬恕之所以能讓人放下痛苦，靠的不是為痛苦裹上正面思考的糖衣，而是容許那些痛苦經驗站出來，如此一來，我們便能以慈悲心去接觸那份痛苦。我們不必再讓過去的傷害定義此時此地的自己是誰，我們可以讓過去消散，讓它留在過去，對舊傷口道別。藉由寬恕，我們可以讓自己從事件發生以來一直束縛住我們的痛苦中釋放出來。

在寬恕中，我們能更深入了解自己的痛苦，特拉維斯在訴說往事時便是如此。特拉維斯這輩子第一次從背包裡掏出舊傷痛，撣了撣灰塵，仔細地觀察。此時，他才能得到布雷茲的寬恕。

寬恕能超越阻絕在你我之間的事物、融化我們心中那副由恐懼和悔恨構成的武裝，是那副武裝讓我們和其他人、和自己、和生活拉開了距離。有個罹癌的年輕婦人，她遭家人拋棄而流落街頭，我曾問她是否認為寬恕需要勇氣？「是的，」她說：「但對我來說，我也能藉由寬恕他人，知道自己是否有能力再去愛人。」寬恕從憤怒和其他負面感覺的瓦礫堆中救出我們的心，清出一條通往愛的道路。

就像過去的日本女性珍珠潛水員，如果我們深入自己的傷口，或許就能帶著珍寶重新現身。這些女潛水員裸露著上半身，只穿一件短圍裙、一個面罩和一雙蛙鞋，深吸一口氣，就勇敢地從水面消失，潛入寒冷、黑暗的海水中，幾分鐘後才帶著珍珠浮上來。探索我們自己的傷痛，除了有助於我們的療癒，也能幫助我們以同理心去對待承受過類似傷害的其他人。

※ ※ ※

有時候，累積已久的巨大疼痛可以在一瞬間釋放，就像布雷茲和特拉維斯的狀況，但寬恕通常不是那樣發生的。可以說，寬恕為我輔導過、百分之九十九的人帶來了好處，而他們每個人的作法都不同。那經常是一個漫長、困難的過程，往往，是傷口周圍的環境條件、當事人和加害者的關係、缺乏動力等原因攔截人們走向寬恕，也或許單純是時間就這麼流逝了。

我們都同意寬恕有許多好處，那麼，我們為何要抗拒它呢？

寬恕是一種激烈的行為，需要真正的力量，要人們願意去面對困難。它要求我們面對自身的惡魔，要求絕對的誠實。我們必須願意看到事情的真相，見證那些發生在我們身上、造成痛苦的行為，或者是我們對他人造成的傷害。有時候，我們需要憤怒；有時候，我們需要與罪惡感搏鬥；有時候，我們需要陷入深深的悲傷之中。寬恕不是壓抑這些情緒，而是仁慈地面對它們，仔細觀察到底是什麼在阻礙我們放下。

根據我的經驗，人們如果意識到「我不希望這干擾我去愛人的能力，我不希望這是我身後留下或留給孩子們的影響」，通常就會開始寬恕。我們寬恕，是因為等待適合的時機才放下自己肩上的重擔是沒有意義的，因為舊怨而停滯不前、浪費時間也是沒有意義的。寬恕，是因為我們不希望生命走到盡頭時，內心充滿了嘆息和悔恨。寬恕，並非因為不寬恕「不好」，而是因為太過執著於我們的傷痛，會讓人無法全心去愛。

※　※　※

有位名叫瑪格達的九十歲婦女參加了我主持的一場靜修活動。那一週，她花了很多時間抱怨她和九十一歲老公耶日的關係。他們已經結婚六十年，但現在他老了，身體愈來愈虛弱，他開始在他們之間創造距離。他告訴她，他要搬出他們家，搬進安養院，或是回他的家鄉波蘭，他的行為讓她覺得生氣，也覺得受到了傷害。

「我們在一起這麼多年，他怎麼能這麼對我？」她問。

當我們談到寬恕時，我能感覺到瑪格達十分抗拒。她在等耶日道歉，她還沒準備好放下受委屈的感受。但即使通往寬恕的阻礙看似堅不可摧，只要人的心防存有一道最細微的裂縫，愛就能趁虛而入。

幾週後，我收到瑪格達的來信：

我在靜修時學到，人難免一死。耶日要死了，我不想把他最後的日子浪費在對他生氣，我必須改變自己對他的看法，克服自己憤慨和憤怒的感覺，我開始理解他一直威脅要搬出去，其實是他保護自己的方式。我知道我愛他，我必須原諒他。我想珍惜和他在一起的每一刻，我不想把剩下的時間拿來吵架。

慈悲地走向我們自己或他人的醜陋面，是很困難的。寬恕的美妙之處在於，了解失去連結、疏離、恐懼和憤怒等感受，使我們能夠以仁慈的心去感受這些痛苦的情緒，並重新發現我們共同的人性。

我們心裡都有黑暗面，也都有寬恕的能力。

※　※　※

我從自己的親身經歷，學到寬恕是多麼高難度的事。我曾在一九八〇年代前往瓜地馬拉的山區旅行，那個國家當時正遭受內戰蹂躪。我在一個臨時醫療診所當志工，那裡的醫師成員都來自瓜地馬拉市，是一群好心但年輕又缺乏經驗的實習生。

有天晚上，一對馬雅夫妻抱著五歲兒子衝進來。我不會說馬雅語，他們也只會說一點點西班牙語，不會說英語。檢查之後，那男孩明顯是罹患了某種不明但嚴重的腹痛，或許需要緊急進行手術，問題是，離那裡最近的醫院開吉普車也要八小時，如果這孩子不能盡快接受治療，他一定熬不過今晚。

在那之前，我認識了負責該區政府軍隊的瓜地馬拉上校，他曾向我吹噓軍隊為當地原住民做了多少豐功偉業，所以我跑到他家，請他利用鄰近的軍隊直升機載這個男孩到醫院救命。

上校應門時面帶怒容，在我用破西班牙語描述完情況後，他做了個不屑一顧的手勢，好像在說：「你為什麼大半夜把我叫醒，只為了跟我說這個不相干的原住民男孩？」然後便在我面前甩上門。

我很憤怒，只能空手回到診所。

我抵達診所時，那孩子正痛苦地扭動著肚子，他媽媽用西班牙文哭喊著：「發發慈悲心吧，聖母瑪麗亞！」那對父母以為我是醫師，卻不知道我根本無計可施，我只能用兩手撫摸著小男孩滿是汗水的頭，他父親和我輪流抱著他，同時，母親餵她兒子吃糖漿玉米糊，那是一種自製的藥方。整晚，他們都低聲念著馬雅祈禱文。

我無助地坐在那裡好幾個小時，這對父母抱著他們的五歲兒子，看著他可怕地死去（可能是胰臟破裂了）。然後他們用一張破爛的手織毯子將他包裹起來，父親將男孩的身體放在肩膀上，帶他離開了。

這件事讓我氣到想殺人，我對那個上校感到憤怒，他原本可以阻止這場可怕且沒有必要的死亡。我真的認為，如果我有槍，或許會殺了他，我覺得這是自己第一次感覺這麼憤恨。

我離開瓜地馬拉回到加州後，繼續代表難民遊說國會修改政策，並公開談論內戰一直持續下去會有怎樣的後果。但幾個月過去了，小男孩極度痛苦地躺在那裡的景像，以及我完全束手無策的絕望感，仍然困擾著我。

有天晚上，我聽到廣播在播放有關瓜地馬拉戰爭和中美其他區域的新聞節目，突然間，我的憤怒再次浮現。我在自己還沒意識到之前，就開始對著廣播大吼大叫。然後我轉身，很驚恐地看見自己兩歲的兒子蓋比蜷縮在角落。他蹲在地上，用手遮住臉，嚇壞了。

我想，我們做父母的都體驗過類似的時刻，都曾在那些時刻對自己說：**噢，我對我的孩子做了一件可怕的事**。這可能徹底傷害一個人的靈魂。那時我明白了一件事，我必須停止戰爭——不是瓜地馬拉的戰爭，而是我自己心裡的戰爭。我永遠不會饒恕那個上校所做的事；那是錯的，而且永遠是錯的。他的行為是邪惡的，我永遠不會忘記。但我內心與他的戰鬥正在撕裂我，並且傷害我和我兒子的關係。

終究，我對兒子福祉的關心，激勵我面對自己不想正視的事——我對上校的極端憤怒——並且在最後放下這份憤怒。我意識到，下一步是練習寬恕，這並不容易。我必須停止憤怒，它太傷我的心了，是愛驅使我寬恕。

當我因憤怒而心亂如麻，當障礙出現時，我的目標便成為指南針，指引我回歸寬恕的正途。有時候，我無法做到寬恕，因為抗拒的心太過強大所以招架不住，又或者因為心有懷疑而受到引誘，我會對自己說：「這是行不通的，寬恕只是我編給自己聽的故事。」但我一次又一次回想自己對蓋比的愛，回歸自己想放下傷痛的強烈意願，用正念和慈悲心來觸摸自己混亂的心，告訴自己：「我不想再被困在這種怨恨裡了。」

為了提醒自己這個目標，我請書法大師寫下我在佛經裡很喜歡的一句話：「不能以怨恨，止息世間怨，唯慈能止怨，乃不易古法。」這件藝術品在我靜修房的中央放了超過三十年，如今仍在那裡。那是我每天靜坐冥思時第一眼看到的東西。

靜修房的佛經箴言旁，我放了一張那位上校的照片。當我開始以冥想練習寬恕時，我會看著那兩件東西，然後靜靜地默念一段話：「無論你以想法、言詞和行為對我造成什麼傷害，我原諒你。」然後我會讓心中的醜陋面全部浮現。

老實說，我經常覺得自己很不寬容，我生氣惱怒的次數比接納的時候多，心裡充滿復仇想法。這種時候，我不會逼迫自己去寬恕——反正那也不可能做到。我知道自己必須以更真實的方式去體驗它，所以我直接去感覺這件事對我的傷害有多深，好保持那種疼痛感，然後讓自己感覺悲傷痛苦，感覺憎恨和厭惡熊熊燃燒。試圖掩埋或忽略這種不愉快的事是徒勞無功——它的意志將重新出現，就像死者變成殭屍，就像那天我對著收音機大叫一樣。所以我讓那些感覺浮上表面，然後帶著慈悲心觸碰它們。

有時候，當我覺得自己絕對不可能原諒他的時候，我允許自己先別管上校的事。我想起老師在幾年前的忠告：「當你走進健身房，別拿五百磅重的啞鈴，先從二十磅重的開始。」於是，我先從練習原諒最小的錯誤開始：那個在高速公路上突然超我車的駕駛，用尖銳的話語反對我意見的同事。我透過解決每天的抱怨，來鍛鍊寬恕的能力。

這一路上，我喚來慈悲、仁慈和愛這幾個盟友。這些特質成為我練習寬恕的基礎、可以利用的資源。在看著上校的照片時，我可以想像我對摯友、老師、家人和兒子的愛，然後有意識地培養正向的情緒。

有時候，我會發現自己執著於怨恨和鬱悶。我總會幻想，有天世界會主持公道，證明我自以是的觀點是對的；但我也知道，那天可能永遠不會到來，上校絕不會為馬雅男孩的死付出代價。

人們常常心甘情願懷抱怨恨，有些人寧死也不寬恕他人。我們身體的每一部分或許都在吶喊：「不！我不要原諒！」同時，許多人甚至不記得自己一開始為什麼這麼生氣。我們所記得、所堅持的，到頭來不是事件本身，甚至不是那些傷害，而是我們因此產生的怨恨。

我發現，人如果不去妄想得到一個理想的結果，就可以得到解放。一開始，我整個練習很簡單，就是讓自己充分感覺內心的感受：我必須為那小男孩的離世而悲傷，我必須憎恨讓這件事發生的上校。重點是，以開放的心態去了解這一路上的每一步會遇到怎樣的阻礙。教導人們靜修時，我常問：「你的身體、頭腦和心裡感受到什麼樣的怨恨？你的肩膀是否緊繃？你是否緊咬著下巴？你腦子裡有什麼想法？你是否想像著復仇的情節？是否重播著和你指責對象之間的爭論、說著但願自己當時說了的話？這會讓你覺得自己很重要嗎？你心裡真正的感覺是什麼？不只是憤怒，而是在憤怒下的無助、受傷或悲傷的感覺？請深入了解這種怨恨。」

我們把寬恕和遺忘混為一談，我們害怕如果一旦寬恕，就會遺忘，那麼傷害就會再次發生。然而，我們不必對精神緊繃和情緒痛苦執著不放，以為只有這樣做才能從中學到什麼。我們不必為了不遺忘，就懲罰自己——或任何人。我們不必以憤怒來證明自己受到了委屈。

同樣的，我們誤以為寬恕代表縱容別人的不良行為。我曾輔導過的一位中年男士是這麼形容的：「不放棄自己握有的任何武器，這樣一來，其他人才無法因此脫身。」但寬恕並不會讓他人不必為自己的行為負責，也未必會改變他們的行為。它是一項工具，能移除通往我們心靈的路障，讓我們不再為了舊有痛苦帶來的破壞所苦。寬恕是為了寬恕者而做的。

許多人堅持認為，在寬恕發生之前，必須先有懺悔、加害者的道歉、正義的伸張，甚至懲罰。這是一個很有爭議性的話題，這種策略的問題在於，在某些情況下，我們或許得等待很久，正義才會出現，如果它真有到來的那麼一天。在我心裡，寬恕不是正義——除非我們說的是修復式正義（restorative justice），修復式正義的目的在於公平和修復關係。寬恕是釋放我們心中的憤怒，重新發現內心的平靜。

憤怒的確可以促成改變，但懷抱惡意的憤怒卻是一種自我中心的行為，是一種反射動作，也是真正力量的劣質替代品。當我們接觸到隱藏在憤怒之內的力量，我們就有能力採取有力的行動和解決之道，並在有必要的時候，站出來強力對抗不公。

當我以憤怒的立場公開發言、從事反中美洲戰爭的遊說行動時，人們比較不願意聽我說話，他們就像我瑟縮在角落的兒子蓋比那樣，想躲開我的憤怒。當我原諒上校，我的政治行動變得充滿了愛。我不只完成我正在做的事——甚至更多——因為我愛瓜地馬拉人，不想看見他們受苦。

認同舊傷痛，會讓寬恕沒有機會萌芽。因為帶著這份疼痛太久了，我們沒有辦法想像去掉疼痛的自己會是什麼模樣？我們的怨恨、只把自己看成受害者、覺得自己是對的一方——這些感覺儘管是一種負擔，卻變得很熟悉。我們知道，**就是這種感覺，我就是這樣。**我們寧願保持現狀，也不願放下負面念頭，這種想抓住「我曾受到委屈」的欲望可以持續一輩子。

一位年近八十歲的女士告訴我，她從小就被自己的怨恨困擾，她父親總是對她說：「妳似乎一直沒達到最好的自己。」為了取悅他，她變成偏執的佼佼者。但隨著時間的推移，她開始怨恨起父親的不懂欣賞如何影響了她的一生。一直到晚年，當她終於允許自己對父親生氣，她才終於原諒了他。

寬恕並不代表和解，也不代表需要和解。寬恕可能促使彼此的心靈在某個時刻交會（例如，孩子長大成人後，原諒了他父母並不完美的事實），但不一定會以和解作結。和解是雙方的事，它需要重新建立信任。當你們和解時，你們也針對未來達成了協議。想想看，當你和朋友或伴侶吵架了，吵架後，你們雙方都說：「對不起，我知道我傷害了你，我想對我的行為負責，我愛你、尊重你，所以我不會再那麼做了，就是這樣。」這就是和解。

我們不能依賴他人鼓起勇氣邁出脆弱和愛的那一步，有時候他們不想要這麼做，有時候則是一切已經太遲，他們已經永遠從我們的生命中消失了。幸好，寬恕只需要一個人就能辦到：你自己。放下自己的痛苦是一種有益行為，要原諒一個人，我們不需要和他對話，這個人可能已經死了，但我們還是來得及寬恕他。

寬恕並不要求我們迎接對方重新回到我們的生命當中，我們還是可以跟虐待我們的人說：「不，我不想再見到你。」但寬恕讓我們有能力脫離困境：「我內心不需要一直帶著這些緊繃、憤怒、生氣和痛苦。」

※　※　※

寬恕要我們更貼近自己承受的苦，而這麼做，人可以發現更大、更慈悲的自我，可以用仁慈和理解去碰觸自己的傷口。慢慢地，我們從那個害怕疼痛的人，變成可以擁抱疼痛的人。因此，寬恕的行為打開我們的心胸，讓我們擁有慈悲心。

在過程中，我們不只從受傷的時刻掙脫、重獲自由，也重新認識自己，不再讓痛苦定義我們。我們獲得釋放，變得更像真正的自己，無所限制，可以成長、可以重新想像自己的樣貌。出乎意料的是，我們變得比過去任何時候都更像自己。

我每天在靜修房裡凝視上校照片時背誦的寬恕之詞，有近兩年的時間聽起來很沒有真實感，但我還是持續重複背誦……那些話終於在某天有了真實感。我可以對上校敞開心胸。他的行為確實令人憎惡、不可原諒，但隨著時間過去，我可以把那個人看得更清楚。我終於了解，上校的行為是他生命中不為人知的原因和境況所導致，他因此變得無知，那份無知造成了問題，而我不會讓無知延續自己對他的仇恨。理智上，我一直知道這點，但在能夠真正放下之前，我需要從各種角度體驗自己內心的抗拒。

最終，我明白自己不願寬恕，其實是因為我在對抗自己挫敗的感覺，我怕如果原諒了上校，就是再次放棄這個男孩。但事實上，這場戰役已經打完了，而我輸了。就像在茫茫大海中、被藤壺盤據的遠古船隻裡找到隱藏的寶藏，我發現深埋在憤怒底下的問題關鍵在於：我必須寬恕自己。我把男孩的死怪在上校頭上，但我也同時覺得是自己辜負了那個孩子，是這種自我厭惡在阻礙我，害我放不下。我必須接受自己只是人，我已經盡了全力，而情況超乎我所能控制的範圍。

我又花了一年，才原諒自己有想殺了上校的念頭。

兇手和受害者住在我們每個人心中，如果我能寬恕上校的無知，那我一定也能寬恕自己。隨著時間過去，寬恕的練習讓我明白，能從寬恕中獲得好處的**總是**我們自己。我們或許會寬恕他人，或向他人請求寬恕，但這主要還是一種利己行為，而不是去改變對方。寬恕他人時，我們等於給了自己最有效的一帖藥，允許我們以一種徹底接受自我的態度來觸碰自我。

寬恕不是靠理解，我們必須全心感受，直到它深入骨髓。走過仇恨將能教我們如何更深刻地去愛。

※　※　※

布雷茲死後，我們在舊金山北部佛教靜修中心的綠色峽谷農場，舉辦了一場追悼會。在前往追悼會的途中，特拉維斯請我在一家街角的商店停車，讓他買一瓶琴酒，還有一些玫瑰花，我們抵達他妹妹的追悼會時，他已經喝掉大半瓶的琴酒了。

這是我們第一次為安寧病房的病患舉辦追悼會，我們也不確定該怎麼做。參與的多半是照顧過布雷茲的志工，他們都來到這裡致意。一開始，我們請大家分享他們與布雷茲的回憶。

輪到特拉維斯時，他在房間裡走來走去，為每位志工送上一朵玫瑰花。他不知道大部分人的名字，但他知道他們照顧過他妹妹，為此他深表感激。遞出玫瑰時，他說：「有些玫瑰是為了表達感激，有些是為了表達愛。」然後他停在我面前，直直地看著我：「有些玫瑰，就只是玫瑰。」

我不知道特拉維斯是不是受我們影響，也學到了一些禪宗思想，他表達的是「經驗的平凡性」（the ordinariness of the experience），也就是禪宗傳統所說的「沒什麼特別的」（nothing special）。當我們逐漸看到並接受外在環境的樣貌時，就會產生一種洞察力，特拉維斯現在就是用這種方式看待自己——自然的、不完美的、沒什麼特別的——就和這些玫瑰一樣。

誰能料想到，幾個禮拜前出現在門口的那個粗獷牛仔會有這種智慧和柔情呢？布雷茲送他這份寬恕的禮物後，特拉維斯的某些部分改變了，他的心打開了。

而這一切會發生，很大一部分也是因為特拉維斯已經準備好接受妹妹的寬恕。他在禪修中心的院子裡訴說往事時，分享了每個痛苦的細節，這讓他終於鼓起勇氣以寬恕的心去面對自己隱藏了大半輩子的事。布雷茲能寬恕他人，確實是心胸十分寬大，這也讓她在去世之前得到自由。但特拉維斯獲得療癒的真正原因是他寬恕自己的能力。

所有的寬恕都是自我寬恕，這種自我接納的形式非常特別，它讓我們釋放出巨大的痛苦。寬恕是去明白：抱著憤怒、怨恨、委屈不放只是在傷害自己。除非放下，否則這重擔會一輩子跟著你，你將永遠得不到自由。

莫待未來。切莫等到你發現自己大去之期將至，才開始寬恕那些傷害你的人，或是你傷害過的人。允許生命的脆弱本質告訴你什麼是最重要的，然後採取行動。最大的傷害其實是拒絕他人或自己進入我們的內心。

第二個邀請

欣然接受一切，不推不拒

穀倉燒毀了——
現在我能看到月亮了。①

——水田正秀（Mizuta Masahide）

我妻子汪達是英國人，曾經對美國人「不客氣」（You're welcome.）的用法感到困惑，在她的家鄉，回應「謝謝你」這個詞時更常用的是「不用謝」（Don't mention it.）。我想，這和法文的 de rien、西班牙文的 de nada 或是在千禧世代中常用的「沒什麼」（no problem）相似。問題是，一個人的善舉被這些其他表達方式輕輕帶過了，而「不客氣」卻是正面承認那個善舉的存在。You're welcome. 中的welcome（歡迎）有邀請之意。我第一次嘗試向妻子解釋「不客氣」的意思時，我大大張開雙臂，表示自己接受她每一個部分。

在歡迎一切的時候，我們不必喜歡發生的一切，事實上，事情發不發生並不是由我們來批准的。「歡迎」一詞逼我們面對，要我們暫時停止像平常那樣匆匆下判斷，單純開放地接受即將發生的事。我們要做的是，將注意力放在即將出現於門前的事物，用熱情好客的精神接受它。

我有個朋友曾受邀去一個知名精神科醫師家中吃晚餐，那位醫師名叫辛德尼。辛德尼聰明非凡、見解獨到，且舉止優雅，然而從前幾年開始，他的阿茲海默症便侵害了他的短期記憶和辨識人臉的能力。

朋友抵達後，她按了門鈴，辛德尼去開門。一開始，他露出困惑的臉，但很快地又停止困惑說道：「抱歉，我這陣子以來記不太得別人的臉長什麼樣子，但我知道我們家隨時歡迎客人來訪，如果你來到我門前，那麼我便歡迎你，請進。」

我們喜歡熟悉的事物，喜歡確定性，喜歡事情符合自己的偏好。事實上，多數人學到的都是，得到想要的，同時避免不要的事物，就是確保幸福快樂的不二法門。然而，我們無法避免生活中發生意外——一個意想不到的改變、失業、家庭成員生病、摯愛寵物的死亡——我們希望盡一切所能推開這些事情。面對不確定性時，我們第一個反應是抗拒。我們試圖驅逐生活中的這些困難，彷彿它們是不受歡迎的客人，這些時候，想展開雙臂歡迎似乎是不可能，甚至是不明智的。當我說我們應該接納面前的一切，是代表我們應該聽從宿命的安排嗎？

並非如此。

當我們保持開放的心胸、樂於接納一切時，我們就有了選擇，可以自由地去探索、調查，並學習如何巧妙地回應遇到的任何事。如果拒絕生命中的任何一部分，我們便無法得到自由。帶著歡迎的心，人不論在愉快或不愉快的環境中都能迎上前去處理面對。透過練習，我們會慢慢地發現，自己的幸福並不單單仰賴外界發生的事，而是來自內心。

為了體驗真正的自由，我們必須歡迎事物的原始模樣。以最深刻的層次而言，這種邀請就像生命本身，要我們培養出一種無畏、樂於接受的能力。**欣然接受一切，不推不拒，**光靠意志力是辦不到的，欣然接受萬事萬物，是一種愛的行為。

五、如是

矛盾但有趣的地方在於，當我接受了自己現在的樣子時，我才能改變。②

——卡爾·羅哲斯（Carl Rogers）

我坐在羅倫佐床邊一張沒有扶手的金屬椅上，他躺在那裡，身上裹著一條醫院的合成毛毯，轉身面對綠色牆面。

羅倫佐六十幾歲，無家可歸，被診斷出末期肺癌後陷入嚴重的憂鬱之中，變得厭世。幾天前，他試著自殺，現在還住在舊金山綜合醫院的精神科急診室。員工告訴我，他被送進來後，幾乎沒和任何人說過話。

我靜靜地坐著，時間一分一秒過去。

二十分鐘後，羅倫佐側著頭問：「你是誰？」

「我是法蘭克，我是禪安寧療護計畫的人。」我回答。

「沒人能靜靜地和我坐在一起這麼久。」他說。

「我常常練習安靜地坐著。」

羅倫佐是個身材削瘦、優雅的男士，身上流著義大利和阿根廷血統，他身穿寬鬆的運動褲和一件皺巴巴的襯衫。我感覺到，隱藏在他絕望和敵對態度下，其實有一顆敏銳的腦袋。

「你想要什麼？」我實事求是地問他。

「義大利麵。」他馬上回答。

「義大利麵？我們那裡的義大利麵很好吃，你要不要跟我們一起住？」

「好，法蘭克。」他點頭同意。

入院訪談就這麼結束了。

隔天，羅倫佐抵達我們安寧病房時，我們準備好一大碗義大利麵等著他。對羅倫佐來說，義大利麵代表了熟悉感、成長過程、家和回歸正常的感覺。

羅倫佐在我們這裡住了快三個月，他沒有因為我們給他義大利麵就停止想自殺。義大利麵很好吃……但還是不夠。

然而，羅倫佐和我確實開始為彼此付出愛，並且建立信任。信任是從一天天的互動，一點一點累積而來的。它從很具體的事情開始，當你幫助一個人從床上移動到馬桶上，那個人會相信你不會讓他跌倒。最後，那人就會將自己的祕密和恐懼託付給你。

羅倫佐受過良好的教育，對藝術、文學和哲學很感興趣，他的人生在婚姻破碎後急轉直下。他因為罹癌無法繼續工作後，工作丟了，健康保險也沒了。他過去一直以為，人的命運掌握在自己手裡，從未想過有天會淪落為街友，他需要重新獲得一些表面上的控制感。

安寧病房的患者表達想死的欲望，這並不少見。羅倫佐想閱讀德瑞克．韓弗瑞（Derek Humphry）的暢銷書《最後的出口》（*Final Exit*，暫譯），了解什麼是「輔助自殺」（assisted suicide）。現行的法律允許醫師輔助病患死亡，但羅倫佐的事發生在法律通過的好幾年之前，所以他當時的要求被認為太過激進。不過我還是把書帶給他，每個晚上讀一章給他聽。有時候，為了尋找治癒的方法，我們必須進入最黑暗的地方。

在那幾次的深夜談話裡，羅倫佐漸漸開始表露出自己最深層的恐懼，他傾訴，而我聆聽。羅倫佐跟許多人一樣，都害怕自己將必須忍受那無法承受的劇痛，我向他保證，在我們的安寧病房裡，疼痛和症狀管理都已經達到出神入化的境界。他又擔心，自己在情感上會遭到遺棄、擔心生病代表著失去控制能力或必須依賴別人，我向他保證，我們不會丟下他一個人，他可以選擇自己想要的治療方式。

在他去世前不久，羅倫佐叫我到他的房間，告訴我：「我要謝謝你，我比過去任何時候都要快樂。」

「鬼扯。」我回答：「不久前你才說，如果你不能在公園裡散步，或是寫日記，你就不想活了。那又是怎麼回事？」

「喔，那個啊。」他聳聳肩：「那只是我想追求的欲望而已。」

「什麼意思？那些事對你來說不再重要了嗎？」

羅倫佐嘆了口氣，說道：「不，不是那些事讓我覺得快樂，是注意那些事讓我快樂。現在我的快樂來自清涼的微風，和柔軟的床單。」

我笑了。這和幾個月前在精神科病房裡見到的男人，有多麼大的不同啊。人們不帶批判眼光地去接納、尊重他，在這樣的氣氛下，羅倫佐找到了新方式去活在當下的經驗當中。他培養出專注的能力，可以對正在發生的事敞開心胸。因此他發現，在「外在刺激」和「人的反應」兩者間，存在著非常重要的差距；他看穿自己想法的限制，不再讓自己受到慣性思考和行為的侷限。

現在，羅倫佐可以更有技巧地理解自己的病和即將死去的事實。他承接得住，從某種意義上來說，甚至可以與它交朋友。他不再是現狀的受害者，也不再將它拒於門外，能放手直接、立即且完整地體驗並擁抱人生。

欣然接受一切，不推不拒，是邀請人們走向開放的第一步，也是最重要的一步。在佛教的思想中，一顆覺察、好奇的心最重要的特質便是「開放性」，它不決定實相是什麼，而是去發現實相。具有超凡魅力的藏傳佛教導師丘揚創巴仁波切（Chögyam Trungpa Rinpoche）曾說，佛教修行的核心是「全然的開放」。他描述這種開放性是：「願意看著發生的一切，與之合作，將它視為整體過程的一部分……這是一種更大尺度的思考方式，是觀察事物更好的方式，而不是吹毛求疵、挑剔細節。」③

「開放性」不會排拒或依附某個特定的經驗或觀點。它是一種廣闊、不設防、沒有偏見的允許，是全然的接受。開放性是覺察本身的本質，而這本質使經驗得以展現在人眼前。

這種開放性歡迎衝突和矛盾，它允許任何事物出現。開放性代表讓我們的頭腦和心靈可以接受新的資訊、經驗和成長的機會；它代表容忍未知，代表將糟糕和美好的時光都同樣視為可以接受的經驗來迎接。

※　※　※

欣然接受一切，不推不拒並非站在排拒的對立面。否認會滋生無知和恐懼，人如果拒絕了經驗的任何一部分，都將無法得到自由。經驗若遭到拒絕，便會一直陰魂不散地出現，一而再再而三地找到新方式來表達自己。在人了解它、看透它之前，它將永遠是個禍害，是人受苦的根源。我們必須停止排拒自己正在努力避免的經驗，無論這些經驗是以想法、感覺或是事件的形式現身。

我弟弟艾倫和許多我曾照顧過的人一樣，是個酗酒的街友，他的日子過得非常辛苦。多年來，他進進出出勒戒所好幾次，但通常還是敗給了藥物與酒精。有一段時間，他甚至住在賽馬場的馬房裡。他也很努力回歸正途、完成大學學業，並且成為了幫助愛滋病患的社工。

然而，有時候艾倫會受到內心惡魔的左右，停止出席「十二步計畫」（twelve-step fellowships）、匿名戒酒會，然後又走上自我毀滅的老路。多年來，他一直在這樣的起伏中循環。後來，他規矩了滿長一段時間，結了婚，也生下一個女兒，但又故態復萌，幾年後，他心臟病發去世了。

我的哥哥馬克打電話通知我艾倫的死訊，我們約好到肯塔基州艾倫家附近的殯儀館見面，我請他向禮儀師要求，讓我坐在艾倫的遺體旁，在某些佛教傳統中，讓遺體保持三天不受打擾是常見的習俗，在這段期間，人們會到遺體旁冥想，舉行儀式，甚至是協助引導死者通過那個西藏信仰裡名為「中陰」（bardos）的階段。即使死者不認同這類信仰或儀式，我發現在人死後打造出一個從容不迫、充滿敬意和神聖的空間，也能夠幫助親朋好友走過悲傷。

「你為什麼想那麼做？」馬克問我，他對佛教儀式不熟悉，也不傾向採用佛教習俗。

「加州都是這麼做的。」我調侃道。

「那個，我們不打算舉辦什麼儀式，艾倫沒什麼朋友。」他說。

「沒關係，那我在殯儀館裡坐在他身邊就好。」

我到太平間時，一個服務人員將艾倫的遺體推到輪床上，他還沒化妝，沒有做防腐處理，但那對我來說不重要。我請哥哥離開，讓我和艾倫獨處，這樣我才能喚起自己對艾倫的感受。我想要好好回顧一下他的人生，還有我們的關係。

我的呼吸才剛穩定下來，艾倫的前妻洛琳就突然衝進房間，她也是個藥癮者，來的時候正處於極度激動的狀態。她衝到輪床邊搖晃遺體，問了一大串問題。「這標籤在他腳趾上幹嘛？他的眼鏡在哪裡？他下巴為什麼有刮痕？他什麼時候會回來？」

一開始，我覺得憤怒，我只是想靜靜地和弟弟坐在一起，現在房裡變得一片混亂，洛琳一句接一句要我回答，而我只是極度想要她離開。

後來，我不再試圖勉強事情以我想要的方向發展，我對自己說，你想和你兄弟在一起嗎？和他在一起就是這樣，那就這樣吧。我決定迎接這份憤怒，而不是排拒它，這樣我才能看到此刻的真實樣貌。當我這麼做的時候，我發現到在這份憤怒之中帶有一股力量，我可以利用它來處理眼前的情況。

我站起來，走向艾倫的前妻，將手放在她肩上，希望能提供她些許安慰。我偶爾會回答她的問題，但多數時間保持沉默。十五分鐘後，洛琳安靜了下來，「我得走了。」說完，她就離開了。

我鬆了一口氣，又坐回椅子上，但不到幾秒，禮儀師走進房間。「抱歉，我們要關門了。」他說：「我必須請你離開。」

事情就是那樣，我和弟弟的獨處時間只有那麼長。

欣然接受一切，不推不拒，我這麼告訴自己，我拿來教別人的箴言現在用在我自己身上了。這局面是我不能改變的，如果我反抗它，只會讓自己更加痛苦。所以我選擇放下，不再去期待若能坐在逝去的弟弟身邊會是什麼樣子。接受事情這樣發展，於是我在混亂之中找到了平靜。

此刻的你，正在排拒什麼呢？你在阻止什麼？你想避免什麼夢魘？

有一次，我為一組兒科安寧病房的護士提供諮詢，我問他們，如果他們照顧的孩子去世了，他們能不能接受，大多數人說不能，他們認為這違反自然常理。然而在美國，每年有六萬名十九歲以下的年輕人死亡，其中半數是嬰兒。我把數據告訴這些照護者並問他們，如果他們每次走進病房時，都要抗拒這種經驗，那他們要如何幫助自己所照顧的孩子放鬆平靜地離開人世呢？

欣然接受現況，我們才能走向實相。我們或許不盡然喜歡或同意發生在自己身上的事，然而，和實相爭辯，我們絕對必輸無疑，執意要求生命是另一種樣貌，只是在浪費精力，讓自己精疲力竭。

儘管我們相信命運掌握在自己手裡，生活的外在環境其實很少是我們所能掌控的。然而，對於該如何理解生命中所發生的事、並從中學習，我們其實有非常多的選擇。如果不論置身任何情況、不論情況是好是壞，我們都允許自己去體驗心中的感受，我們便能培養出韌性。除非全盤接受生活中的一切荒唐事和啟發，我們將覺得遭孤立、與世隔絕，並且把周圍的世界看成是一個危險且恐怖的地方。

接納並不是放棄，它開啟了其他可能性。開放性是熟練應對生活的基礎。

當然，有些情況是我們無法忍受的，例如遭受肢體或精神虐待，我們別無選擇，只能離開。但我們每天遇到的外在情況大多無關生死，我們可以練習以優雅的態度面對令人不悅的小事，注意自己與正在發生的事情的關係。我們內在的反應和觀點如何形塑了自己應對外在世界的方式呢？

想到「欣然接受」，我腦中浮現的畫面是一扇敞開、允許人們通過的門。開放，是允許經驗進入，允許我們的回應浮現並表達出來。開放，是允許事情為人們所知曉，不遮遮掩掩，不保守祕密，完全成為我們現在和未來可能的樣子。有時候，這樣做必然帶來痛苦，就像我們切開膿腫或揭開心理創傷的時候。但是，開放才有可能獲得真正的療癒。

人總會保護自己、避開那些不喜歡的經驗或情況。不過，當我們反其道而行，當我們不推不拒時，信心和解脫感便能在心裡累積。

※　※　※

欣然接受一切，不推不拒不只是學習接受情況改變，或是超越自身的喜好，而是接受生活「如是」（as is）。

我和女兒吉娜喜歡在寄售商店買復古服飾，在這種店裡可以挖到好東西——絲質佩斯利圍巾、復古皮夾克或亮片高跟鞋。吉娜去試衣服時，我就在貨架間尋找其他很酷的商品。許多衣服都有點小污漬，或是少了一顆鈕扣、布料上有點小破洞等，有間店裡所有的衣服上都有個紙牌，標示著價格和一句「如是」。

我喜歡這些標籤，我覺得我們身上也該掛上這些標籤，就像聖誕樹上的裝飾。接受我們自己、他們、身邊的情況「如是」，是多麼美好的禮物，用一切的美麗、瑕疵和挑戰組成我們這段人生。

欣然接受一切，不推不拒是在邀請人們發掘人性更深刻的層次，去洞悉超出慣常自我的那個部分。我們所能接觸到的這部分的自我，包括了我們對外界的反應力，但卻不會受之驅使。

我的慣常自我無法輕鬆迎接複雜的情緒和經驗，過去、小小一部分的我能決定例如我要巧克力或香草冰淇淋這類的事，但會排拒痛苦、憤怒、死亡——那些需要更大部分的我投入其中。為什麼？因為我的個性總是會避免困難的事物，我喜歡已知的事，而且經常喜歡維持熟悉感，我們希望發生的事都符合自己的預期。

唯一能影響個性的只有自己的過去。但如果只用習慣的方式去處理眼前的情況，那麼我們將只會得到相同的結果。

我們通常會把覺察到的東西（例如意見、記憶、欲望、厭惡、自我概念，和其他心理或情緒上的依戀）當成是我們自己。然而，在欣然接受一切時，我們會讓自我停留在「覺察」本身。

覺察提供了一個截然不同的觀看角度，它不需要排拒任何事物，也不與任何事物拉開距離。它從本質上就是開放、樂於接納且反應迅速的。當我們讓那部分的我參與其中，開放且不偏不倚的覺察便能讓我們看穿遮蔽視線的障礙。覺察賦予人們了解和明白的可能性，這表示我們也有可能發現幸福和自由。

欣然接受一切，不推不拒，並不是愚蠢或太過理想化的邀請，相反地，它非常實際。接受人生如是，代表我們與事物原有的樣貌和平共處，而不是逼迫它們變成我們想要的模樣（並且因為做不到而感到挫折）。我們不去編寫故事、然後試圖活在那故事裡，而是接納事物如是，完全接受我們是人。

生而為人，不只是出生、接受教育、找到合適的伴侶、在好街區買棟漂亮的房子，好讓擁有這一切的你睡覺、醒來、工作、睡覺，周而復始地重複。生而為人是邀請人們去感受一切，與我們稱為「生活」的那些奇怪、漂亮、可怕，以及再尋常不過的事物直接接觸。生而為人是一個機會，讓我們意識到有些人會創造愛，卻也有些人會帶來戰爭；讓我們意識到，有些嬰孩像我孫女一樣，在充滿愛的臂彎中成長，有一個悉心照顧她的母親親吻她的臉頰，為她祈禱一個美好的未來，也有些嬰孩像卡洛琳一樣，遭父母扔在垃圾桶裡；讓我們去擁抱難民營夜裡的尖叫，以及孩子們在客廳裡、從沙發靠枕和床單搭成的帳篷裡傳出的咯咯笑聲。有毀滅和絕望，也有為每個人創造更美好未來的熱情和神聖決心。有我在這裡寫作，有你在那裡閱讀；有我們之間的距離，還有當我們想到世間有愛時，馬上就能感受到的團結感。

六、迎向你的苦難

> 從教人什麼是愛到允許自己被愛，這趟旅程比我意識到的漫長了許多。④
>
> ——亨利．盧雲（Henri Nouwen）

在一場西北部郊區的工作坊上，我說到當我們不再逃避困難時會出現可能性。有位身材魁梧、肩膀寬闊的中年男子，帶著燦爛笑容的他開口說道：「這讓我想到電線桿。」

我完全不知道他在說什麼，「電線桿？什麼意思？」我問。

他解釋說，他曾經做過裝電線桿的工作，「電線桿又硬又重，高達四十英尺。把桿子立起來之後，有段時間桿子會不太穩定，而且可能會傾倒，那段時間很關鍵，如果砸到你，可能會砸斷你的背。」

他第一天上班時，轉身跟他的夥伴說：「如果這桿子要倒了，我會沒命地逃跑。」

但那個前輩回答：「不，不是那樣做，如果桿子要倒了，你要走過去，靠得很近，然後把手放到桿子上，那裡是唯一安全的地方。」

面對生活中的嚴酷現實，甚或只是小小不適或不便，我們的本能反應都會往反方向跑。但苦難是躲避不掉的，它會突如其來地出現，狠狠打擊你，比較明智的作法是迎向傷痛，把我們的雙手和注意力輕柔仁慈地放在我們本能想避開的地方。

特別是在西方文化中，我們學習到有苦難的地方，就存在問題、存在錯誤。幾年前，我有個老闆在事情出差錯時，都會生氣質問：「這是誰的錯？該怪誰？」當我解釋事情偶爾就是不能盡如人意時，他會大吼：「別搞笑了！一定是某個人的錯。」

因為相信苦難是個錯誤，難怪我們會盡一切力量避開它，這是我們的迴避本能，也是因為我們的文化認定苦難是沒有價值的，「為什麼要受苦？」訓練有素的我們這麼告訴自己：「你最好想盡辦法逃避這種痛苦！」

因此，我們成了「分心大師」，幾乎可以說，這是我們生而為人最主要的作為。我們把大部分的時間花在保護自己遠離任何不舒服，我們上網、看電視、長時間工作、喝酒、吃飯。這樣做自然而然地導致了酗酒和藥物濫用、強迫性暴飲暴食、賭博和購物血拚等問題，以及缺乏安全感而依附科技產品。我們已經成為一個充斥著不良嗜好的社會。

這些策略有哪一個真的行得通嗎？當然，忽略問題，或以更愉悅的經驗取代不愉快，能讓我們暫時鬆一口氣。但當我仔細觀察自己的人生，我看到這些好處的時效性十分短暫，真正長久留下來的是自欺欺人的習慣，以及這種習慣的負面影響。

逃避加重了苦難，任何未被消化的痛苦都會留在身體裡。我們自我保護的想法讓我們躲在生命中黑暗又侷促的狹小角落，看待處境和自己的角度都很受限。我們為了拿回控制權，緊抓著熟悉的事物不放，以為這樣就能抵擋我們擔心自己無法忍受的事。當我們排拒不好的經驗、想擺脫它，其實是在把它打包密封。簡單來說，我們拒絕的東西依然存在。

我媽不是個理想的母親，她的愛可以在一瞬間打開關閉。然而，在我五歲的某天下午，她教會我寶貴的一課。我玩小刀時不慎割到自己的手，血流了一地，我嚇壞了。媽媽看了一眼傷口，然後冷靜地說：「喔，我想我們需要拿條魔術毛巾來。」然後，她把我抱到腿上，拿掛在爐子上的毛巾包裹住我的手，抱著我，直到我逐漸冷靜下來。

過了一會兒，我的呼吸恢復正常了，她說：「我們來看看傷口吧。」我不想看，那太嚇人了，但她溫柔地一再保證沒事，於是我願意試著瞧一眼。她慢慢地打開毛巾，我們一起看著傷口，然後我明白自己不會有事的。在那一刻，我知道面對疼痛不是做不到的事，甚至是有幫助的，而且傷口總有一天會痊癒。

看清這點在我心中埋下了一顆種子，影響我成年後做的許多事。痊癒的祕訣在於探索我們的傷口，以發現其中的實相。當我們允許經驗存在——為其創造空間，並接納它——我們會發現苦難並非龐大、靜止不變、只有單一面貌的東西，而是由許多元素共同組成，包括我們對它的態度。了解這一點，我們就能有技巧地減輕可能使問題惡化的潛在反應，如此一來，我們的痛苦或許就能減輕。

能解除苦難的，只有智慧，而不是在陽光下曝曬，或是企圖將它埋在陰暗的地下室裡。

※ ※ ※

「苦」（suffering）是個很戲劇性的字眼，多數人認為，這字對他們並不適用，「我沒有受苦。」他們說。他們想到的是在非洲飽受飢荒捱餓的孩子，或是辛苦逃離戰爭的中東難民，或是飽受重病折磨的病人。我們以為如果自己夠好、夠小心、保持積極、遵守遊戲規則，忽略每晚新聞上發生的事，那麼苦難就不會降臨在我們身上，我們以為苦難總在他方。

但苦無所不在，這是關於你我存在最困難的真理之一。

「苦」是墜入愛河然後變得自滿；是無法和我們的孩子產生連結，是我們對明天工作上會發生的事感到焦慮；是知道你的屋頂在下次暴雨時會漏水；是終於買了閃亮亮的智慧型手機，然後在廣告上看到功能更加精進的新款手機又推出了；是希望公司能趕走你那脾氣暴燥的老闆，但他卻還有一年才要退休；是認為生命過得太快或太慢，是無法得到想要的，得到不想要的，或是得到想要的但害怕失去——這些全都是苦。生病是苦，年老是苦，死亡也是。

在佛教中，古巴利語稱「苦」為 dukkha（音為都卡），有時候翻譯為「苦惱」或是更簡單的「不滿」，甚至是「壓力」。dukkha 來自無明，來自不了解一切都是無常、不可靠、無法掌握的——而且希望它不是這樣。我們希望自己能夠號稱我們的財產、人際關係，甚至是自我認同都不會改變，但我們不能。一切都在持續變化，且不斷地從指縫溜走。

我們認為自己需要的是，生活條件能不斷滿足欲望。我們想要打造出一個理想的未來，或是懷舊地重溫一個完美的過去，我們錯誤地相信這樣就會快樂。但我們還是可以看到，即使擁有非常好的生活條件的人還是會受苦。就算我們有錢、漂亮、聰明、健康、有美好的家人朋友，這些遲早都會瓦解、遭摧毀，然後改變……又或者是我們對這些失去了興趣。在某些層面上，我們明白這個道理，但卻似乎還是免不了想抓住那些「完美的」條件。

dukkha 這個字原本指的是無法和牛車輪相配的車軸，我在印度坐過那種木牛車，在崎嶇的土路上下晃動本來就讓人不舒服了，如果車軸和輪轂沒有適當對齊，行駛起來會更加顛簸。

假設你厭煩自己的工作好了，這無疑是讓人充滿壓力的事，但如果你拒絕接受當前的實相，你的受苦程度將大大提升。面對如此困難的處境，我們往往會對自己說：「這不公平、不可能，不應該是這樣的。」這些話只會讓我們更痛苦。此處最關鍵的一點是，「接受」並不是要你「認同」，我們還是可以期待努力改變自己的生活環境，但除非先張大眼睛接受眼前的事實，否則人是無法做出改變的。

當我們的心和情緒不能明辨事理，無法看見並接受生活條件的真實面貌，就會萌生苦。我們總還想要這個那個，我們所擁有的似乎永遠不夠多，我們想忽略「永恆」其實是暫時的。而這造就了一種不滿足感、一種恐懼，在我們的覺知底下隆隆作響，讓我們的所作所為不但不能減輕痛苦，反而使之加劇。

那麼，人還有什麼別的方式可以處理生命中無可避免的苦呢？

第一步是明白「痛」和「苦」其實是兩個緊密相關卻不同的經驗，有句熟悉的諺語說：「痛是無法避免的，苦則是可以選擇的。」這就足以總結兩者的差別。

人活著就會體驗疼痛。對於要痛到什麼程度才有感覺，每個人都不同，但疼痛是我們每個人一生都會經歷到的。身體上的疼痛是神經系統的內在警報，你的身體對可能造成危害的刺激做出反應，產生不愉快的感官經驗，例如飢餓、疲憊、肚子痛、劇烈頭痛或是關節炎疼痛。疼痛也可能是情緒上的，例如心碎或是因某人死去而悲傷。

所以疼痛存在，我們無法逃避。苦也存在，但我們卻能想點辦法。人會覺得苦通常是因為這一連串的反應：刺激─想法─反應。許多時候，我們無法控制導致我們疼痛的刺激，但我們可以改變自己對疼痛的想法，和對疼痛的情緒反應，往往是這兩者讓受苦的感覺更強烈。

「受苦」的感覺與「理解」和「詮釋」有關。一件事物如果一開始就被理解成令人不悅、不想要的經驗，那麼我們在心理上和情緒上就會與它建立起「覺得自己在受苦」的關係。我們怎麼描述正在發生或已經發生的事，以及我們認定那件事是什麼樣子，形塑了我們對它的詮釋。當事情沒有照自己計畫的那樣發生，有些人會認為自己是無助的受害者，或自己是咎由自取。這樣想讓人走向自我放棄和漠然無感。如果我們為未來感到焦慮和擔憂，這種情緒可能會快速增生成一張難以脫身的恐懼大網。

對當前的疼痛敞開雙臂，我們或許能、也或許不能改善現況，但我們一定能注意到自己對該經驗的態度如何影響了正在發生的事。我對疼痛的反應，即使是對疼痛的想法，改變了一切。它能增加或減少我受苦的感覺。我一直很喜歡這個公式：

疼痛＋抗拒＝受苦

如果我們想推開疼痛，無論是身體上或情緒上的，我們幾乎必然發現自己變得更苦。當我們對苦敞開心胸，探究它而不是否認它，就會知道我們能如何將它善用在生活當中。

※　※　※

幾年前，在我心臟病發、做了冠狀動脈繞道手術後，一位著名的藏傳佛教導師好心打電話給我，祝我一切平安。我知道他自己也有心臟毛病，所以我問他如何面對這一切：劇烈的改變、混亂、搖搖欲墜的狀況，以及這之中的美麗。我猜他會告訴我一些深奧的冥想練習。

結果沒有，他頓了一會兒，說道：「這個嘛，我告訴自己，有心臟是件好事，如果有心臟，就應該知道它早晚會出問題！」老師非常西藏式地咯咯笑，提醒我要多休息，然後掛上了電話。

我知道他說得對，這是真的，所有人都會有問題，所有生物都會感覺到疼痛。只要我能接受自己有顆脆弱的人類心臟，它需要花點時間才能復原，便能放鬆接受這短暫的痛苦情境。這麼做時，我感受到的苦也減輕了。

過了一段時間，我得到這樣的結論：即使能選擇，我也不會拿自己的心臟或它承受的痛苦去交換。如果沒有這顆心臟，我要怎麼發現在我生病時圍繞在我身邊的愛呢？如果沒有受過苦，我要怎麼同理其他人，或是以慈悲心回應他們的苦難呢？

我們如何注意自己經歷的疼痛，將能轉化我們與疼痛的關係——面對它，而不是試著掩蓋或者逃離它。我的老師曾建議，我們應該從「鋪上歡迎毯」開始。我們邀請那些會帶來疼痛的事物進門來，和它一起坐下，深入地了解它。如此，我們就能了解一個經驗的本質，以及乍看之下並不明顯的深層原因。最終，走過苦難的唯一方法，就是允許它發生、欣然接受這個經歷，並且在一心想排拒時，引入覺察及慈悲心。

有時候，我們會忘記疼痛在生活中所扮演的重要角色。如果我們感覺不到火的高溫，可能會燒傷手指；各種痛苦情緒，例如羞恥、寂寞、罪惡感，突顯出深藏在我們人際關係中的問題。疼痛能促使我們採取行動，找出並解決導致痛苦的原因，甚至追求幸福。

人生的路已經夠難走了，一路上存在著許多無法避免的疼痛，如果我們還偏離生活實際運作的方式，只會徒增更多不必要的苦。在這種時候，有效的作法似乎是停止與環境對抗，回到實相，再次專注在自己身上。當你不感覺受苦，苦就不存在。苦能讓我們對自由、慈悲和愛敞開胸懷。

這個概念非常重要，是我們許多人所渴求的解方，只要我們明白，苦是一種心理態度。我們可以選擇打破舊習慣的力量，我們可以釋放舊有態度，轉身面向困難，看看它想教我們的事。不再試著避免、否認、忍受困難，或對困難心懷怨懟，我們將能發現一條新路。

※　※　※

有天，在撰寫基金會補助金報告的時候，我接到一通陌生男子的電話。他說自己是一名七歲男孩的父親，兒子罹癌，病得非常嚴重，有人告訴他，我或許可以幫助他。

我說當然，我願意幫助任何家庭走過他們的喪親之痛。我提出幾項建議，告訴他到時候我能提供什麼幫助。

男人停頓了一會兒，很顯然我當時還不明白發生了什麼事，他用近乎耳語的聲音說道：「不是的，傑米半小時前死了，我們想把遺體留在家裡床上久一點，你能現在過來嗎？」

突然間，一切不再只是假設，是真實的，而且正凝視著我的臉。我以前從來沒做過這種事。當然，我曾坐在臨終者床邊，但從未和兩個正痛苦得難以想像的悲傷父母一同參與一個小孩的死亡。我真的不知道該怎麼做，所以我放任恐懼和困惑浮上心頭。我要怎麼預先知道該做什麼呢？

我很快就抵達他們家，那對頹喪的父母向我打招呼，帶我前往男孩的房間，進房時，我順從自己的本能，走到傑米的床邊，彎下腰親吻了他的額頭，向他問好。那對父母的眼淚奪眶而出，因為即使他們曾全心全意照顧他，但自從那男孩斷氣後，沒人觸碰過他。他們不是害怕屍體，而是害怕一旦碰觸他，悲傷會流瀉而出。

我建議這對父母開始清洗男孩的遺體——我們在禪安寧療護計畫裡常這麼做。沐浴死者是許多文化及宗教中的古老儀式，人們數百年來都這麼做，它展現了我們對亡者的敬意，這樣做也能幫助摯愛面對親人離去的事實。我覺得自己在這儀式中的角色很簡單：盡可能不要插手，只當個見證人。

這對父母從花園裡採了鼠尾草、迷迭香、薰衣草和玫瑰花瓣，他們非常緩慢地將這些花草放進溫水裡，然後又拿了幾條毛巾和浴巾。在一陣沉默後，這對父母開始為他們的小男孩沐浴，他們從傑米的後腦勺開始，然後往下到他的背，有時候他們會停下來，對彼此說一段與兒子有關的故事。有時候，那位父親會不能自已，他便望向窗外，整理自己的情緒。充斥在房間裡的悲傷巨大無比，就像整座海洋全部湧上同一片海岸。

母親仔細檢視兒子身上的每道小擦痕或瘀青，然後慈愛地處理這些傷口，當她摸到傑米的腳趾時，她數了數，就像他出生那天一樣。這一幕既揪心又絕美。

我靜靜地坐在房間角落裡，偶爾她會看著我，用雙眼乞求答案：「我能撐過去嗎？我做得到嗎？有哪個媽媽能撐得過這種失去？」我會點點頭鼓勵她，讓她繼續依自己的步調動作，然後遞給她另一條浴巾，我對這過程充滿信心，相信她會因允許自己置身痛苦之中而得到療癒。

這對父母花了好幾個小時幫他們的兒子沐浴，等到母親終於洗到孩子的臉龐，那是她刻意留到最後的部分，她以無盡的溫柔抱住他，眼裡滿是愛和悲傷，她不只正視自己的痛苦，也完全進入了痛苦之中。當她這麼做時，母愛熾熱的火焰開始融化包圍她內心的恐懼，如此親密的時刻，母子之間沒有距離。或許就像他出生那時，他們的心也曾如此靠近。

沐浴儀式完成後，父母幫傑米穿上他最喜歡的米奇老鼠睡衣。他的兄弟姐妹也來到房間，從他收集的模型飛機和其他飛行物品中取出一個掛在他的床頭。

他們每個人都面對了這份巨大的疼痛，沒有假裝或否認。他們已經從對彼此的關愛中找到一些療癒，一部分的療癒或許也來自他們都接受了一條真理：死亡是生命自然、不可分割的一部分。

你能想像自己經歷這對父母面對的事嗎？「不，」許多人會說，「我不能。」失去孩子是多數人最可怕的夢魘，你或許會認為自己無法忍受、無法承受，但最無情的事實是，可怕的事情就是會發生在我們生命中，無人能控制，而且，不知為何，我們就是能承受。我們見證這些事，當我們所有心思、全身上下都投入見證這些事情時，經常會做出充滿愛的行為。

人類是很驚人的，我們的勇氣令人驚嘆。世界各地的人們都曾經歷巨大的磨難——戰爭、意外災難、金融動盪、失去家園、孩子離世——然而他們仍繼續向前，他們會復原，會活下來。有時候，他們會對其他已有或可能將有類似苦難的人，展現出巨大的慈悲。

關於這點，我能想起最驚人的畫面出現在大地震和海嘯破壞了日本福島的核電廠之後。在一張報紙刊登的照片中，有十幾個日本老人恭敬地聚集在一起，手裡拿著午餐盒，站在電廠大門外的一排隊伍裡。記者解釋他們提出要代替廠裡那些努力控制輻射污染的年輕工作者，總共有超過五百位年長者自願進入。

其中一名組成該團體的人說：「我這一代，年老的這一代，促成了核能電廠的發展。如果我們不承擔責任，誰來承擔？我們年輕時，從未想過死亡，但隨著我們逐漸變老，死亡也變得不再陌生。我們感覺死亡正等著我們，這不表示我想死，但隨著年齡的增長，我們變得比較不怕死。」⑤

「苦」是我們的共同點，想靠假裝事情是牢固且永恆來躲避苦，只會給我們一種短暫的控制感，但這是一種痛苦的幻覺，因為生活的條件是變動快速且無常的。

我們能做出不同的選擇，我們能中止自己抵抗的習慣，因為它會讓我們的心變硬，讓我們感到憤怒害怕。我們是可以緩和自己的厭惡心理的。

我們可以看到事情真正的模樣，並且據此，本著愛與明智的辨別力來採取行動。

泰國冥想大師阿姜查（Ajahn Chah）有次指著他身邊的一只玻璃杯，問道：「你們看到這只玻璃杯嗎？我愛這只杯子，它裝著水的樣子很美。在陽光的照耀下，它能反射出美麗的光線；當我輕敲它，它會發出可愛的響聲。然而對我來說，這杯子已經破了。在風吹倒它，或我用手肘把它從架子上撞落，讓它掉到地上碎裂時，我會說：『理當如此。』但當我能明白這杯子已經破了，擁有它的每一分鐘都彌足珍貴。」⑥

和傑米的父母一起為他們的兒子沐浴後，我回家緊緊地擁抱了自己的孩子。蓋比當時也七歲，我清楚看見他對我來說有多珍貴，他為我的生活帶來多少喜樂。當我對自己見證的事感到悲痛欲絕之時，我也能感謝其中的美好。

※　※　※

這經歷讓我清楚了解苦的價值。正面迎向苦難幫助我看到生活的本質，那就是：生活是不可掌握的。而且，它加深了我對其他人的同理心，讓我更能注意到我們共同的人性。當我思索什麼是苦，我便能看清自己陷在怎樣的疼痛之中無法自拔，讓我不再為自己製造不必要的苦。最終，這讓我能對生活採取一種更平衡的觀看角度，看到能如何更輕鬆地活在這個無常的世界。

當我們欣然接受人生的苦，苦便能讓我們擺脫自滿，帶來清明，幫助我們找到意義，沒有這些意義，疼痛的經驗可能無法忍受。它讓我們軟化並認清自己的脆弱，讓我們有能力去感覺、接觸、去獲得更多生活體驗，讓我們有勇氣去面對那些本來無法忍受的事。

而且，當我們正視自己的苦，就會停止將苦與自己切割。我們會明白，它是構成人類存在的種種條件之一，並不是針對我們個人的。然後我們便能對自己說：「嘿，這種苦對我或許有獨特的影響，但它不是我個人的苦，是打從盤古開天闢地以來就開始有的。」

於是，從那樣的理解中生起了慈悲和行動。當我們卸下武裝，我們的心便更能容納愛，心思更看得見苦的根源。我們不僅要接受內心最深處的恐懼，也要與其他有類似傷口的人連結在一起，因而獲得動力去找到減輕苦——我們自己還有其他人的苦——的方法。卡爾．榮格（Carl Jung）曾寫道：「每一次深入探究病人所有心理層面的療程，有很大一部分是醫師的自我檢視，他治療別人的力量一部分來自他自己的痛。」⑦

正視自己的苦，或許會使我們陷入平時極力想避免的悲傷、恐懼和疼痛之中，但如果我們願意勇敢接受一切，不推不拒，我們就能把用來排拒生活意外事件所耗費的精力，用在療癒、培養韌性，以及帶著愛採取行動。

※　※　※

放下是療癒不可或缺的一部分，但你得先讓它進來，才能讓它離開。我經過慘痛的教訓才學會這一點。

發生在我十三歲時的一個經驗粉碎了我的純真。我們家住的房子蓋在天主教會贈與我祖父的土地上，就位在我兄弟和我上的教會小學對面，我的祖父還曾經是幫忙建造小學的泥匠工。隔一個街區就是我們那一區的教會，祖父曾擔任司事，父親週日一早都會去參加彌撒，母親則會虔誠地祈禱。

我跟所有家人一樣都信仰天主教，我喜歡當祭壇男童，參與儀式，親近上帝。我很開心自己能得到在教區長住所裡的工作，負責在週日夜晚接聽電話、做各種瑣事。

其中一位神父是個五十多歲的胖子，他在某個顯然是喝醉酒的晚上，把我叫到他的房間詢問我學校的事，從那天起，我夢想中的工作成了一場惡夢。他一開始似乎很友善，但當我告訴他我的成績時，他卻拿出戒尺說我必須受到懲罰。他要我脫下褲子，半裸地趴在他的膝蓋上，我嚇壞了，覺得脆弱、無力抵抗。他是握有權力的那一方，而他利用這份權力來猥褻我。

這種事不幸地成了常態，隨著時間過去，性侵行為變得更加變態、暴力，他愈發狡猾地背叛我的信任，而我對自己性取向的困惑也愈來愈強烈。

我覺得自己給困住了。我試著辭掉在教區長住所裡的工作，但父母不允許。我覺得很羞恥，不敢告訴他們真相。事實上，我沒辦法把這件事告訴任何人，因為神父是「上帝的人」，是受保護的權威，在社區裡備受尊敬，而我只是個孩子，大家憑什麼相信我？我沒有任何人可以傾訴，甚至不能去告解。

在十五歲那年的聖誕節前夕，母親和我一起參加半夜的彌撒慶祝，大哥當時人在越南，彌撒之後，母親帶我走進小禮拜堂找那位性侵我的神父，向他泣訴大兒子正面對的危險。她請求神父為他祈禱。

我想大聲尖叫：「妳開什麼玩笑？這個人是騙子！是怪獸！他不能幫你兒子活下來，他快殺死我了！」但我只能站在那裡、凍住不動，等著對我施虐的人以神父的角色提供我母親諮詢。這表裡不一的一切讓我難以承受，但年幼的我卻無法為自己採取任何行為。

我們這群祭壇男童之間，曾隱晦地提過有這樣的事發生，但沒有人敢真正說出來。後來我知道，這名神父也會常態性地性侵那些相信他的其他男孩。我們都害怕他的權力，而且我們每個人的生活都有其他問題讓我們覺得軟弱無力、孤立無援。他輕鬆愜意地找尋無辜受害者。

性侵又持續了幾年，每到星期天我就害怕。我就跟其他性侵受害者一樣，知道如何活在謊言裡，將這個祕密深深埋藏在心裡，假裝它不曾存在。我背負著羞恥感。我變得善於壓抑自己的黑暗面，將那些陰影推進意識深處。我一直處在迷失的狀態裡，和自己的身體愈來愈解離。我麻木、不帶任何情緒地過生活；有時候，我想殺了他，我恨他；有時候，我將這份恨意投射在我遇到的每個人、每件事上。我覺得髒，好像自己有什麼問題，我破碎了，無法修復。我想壓抑自己的記憶，想否認曾經發生過的事，我不想讓它來定義我。

多年來，我一直做惡夢，也一直回想起當時，但我卻從未大聲說出來。不去面對傷口的習慣，導致我在青少年時期遭受到了更多的性虐待，而這讓我的心理更加扭曲。我沒有意識到自己無知地開始將戀童癖、同性戀和兒童猥褻犯混為一談，當然，我們現在知道，兒童猥褻和兒童性侵並不代表犯罪者具有特定的心理結構或動機，不是所有兒童性侵案的犯罪者都是戀童癖，性侵男孩的人也不一定是同性戀，事實上，沒有任何可靠的資料顯示同性戀和兒童猥褻之間有關聯。⑧

然而，這一切對我受創的青少年心智一點意義也沒有。我害怕、困惑，只想被愛。我與正規的宗教疏遠了，認為所有宗教神職人員都是偽君子，也不相信任何精神導師，不管是哪種傳統的老師。

快三十歲時，我在亞洲旅行的過程中接觸到佛教和冥想，回到北加州後，我開始跟著史蒂芬・萊文學習，他是探究「有意識地死去」這概念的先驅。史蒂芬是我第一個信任的精神導師，我相信他，所以願意和他分享自己受到不當對待的遭遇。史蒂芬全神貫注地聆聽，不帶判斷或評論。要說出全部的經過需要一些時間，當羞恥感牽涉其中，我們描述的故事細節便讓故事顯得更加真實，而這開始療癒了我和經驗脫節的感覺，並且幫助傷口癒合。

史蒂芬是個非常直觀的人，他知道我深切地想要看到真相，我的心無論如何都想復原。他說：「我覺得你應該開始幫助得愛滋病的人。」當時，這種疾病剛剛出現，主要的感染對象是同性戀男子。史蒂芬說：「你應該服務這群人，我會幫助你的。」

我抓住他的衣服，將他往牆上撞，朝著他大吼：「你瘋了嗎？」我內心那個受傷的青少年怒不可遏。在那一刻，我唯一有的感覺是去禁絕這主意和那被壓抑的巨大憤怒。在我亂成一團的腦子裡，我認為這主意太可笑、太荒謬了，我應該去服務那些人、那些對我造成這麼多傷害的人？

但即使嘴裡說著：「別想！」我知道史蒂芬是對的，那時我突然意識到，我受的苦可以找到一種意義。我必須做這件事。史蒂芬直接把我送到地獄，讓我面對自己心中的惡魔，那一瞬間，我清楚知道自己心裡同時住著受害者、救助者和施暴者。我當然了解被視為受害者是種什麼樣的體驗，我也對「健康、有益的救助者」懷抱著不正確的理解，但在那一刻，也存在著施暴者，是我容許那樣的觀點隔絕自己和那些與我傷口無關的人。我明白這三者都需要被接受、被了解，並用愛包容。十幾年來，我一直迴避這個傷痛，拒絕接受過去的經歷，認為自己的憎惡感代表了正義。公正、無所隱瞞、慈悲為懷地提供服務，是必要的解方。

在那之後不久，我成為一名居家照服員，為愛滋病男同志提供服務。我值夜班，從午夜到黎明照顧那些男人，在那孤寂的時刻，我深沉、黑暗、羞恥的經歷常常浮上心頭。照顧其他人成為一種滋養自我的方式，修復不是一朝一夕的事，而是史蒂芬口中的「漸進式覺醒」，是一條我還要再走二十年的療癒之路。

這一路上，我發現自己可以找到直視傷害的勇氣，即使它很可怕，就像小時候直視手上的割傷那樣。意識到創傷的存在，以及我們如何看待這創傷，並非一個被動的過程。面對創傷，全然接受，讓我們能夠採取行動。有深刻的理解，才能做些什麼來處理創傷。隨著時間過去，一旦隱藏的痛苦和羞恥感見了光，那個破碎的孩子也得到了修補，「負傷的療癒者」[2]也會開始出現。

2 負傷的療癒者（wounded healer），這概念最早由心理分析大師榮格提出，指具有療癒力量的人往往自己過去人生也曾經歷過某種傷害。這個詞還有更深的意含，因與正文無關就不贅述。

我知道痛是什麼，知道想逃避、想把它藏起來是什麼感覺；我也知道，擁有自認永遠不會癒合的傷口是怎麼一回事。儘管那些痛苦的經驗留下了疤痕，挑戰我對上帝的信仰、對人類的信任，我心裡一些根本的東西並沒有遭到摧毀。我很幸運，不是每個人都能得到睿智朋友的扶持，是他們提醒了我們，我們受的苦不是我們的全部。

我已經不再孩子氣地相信，人格化的上帝和教會會保護我。我找到一種更深層次的信仰，這種信仰來自最根本的愛，這種愛透過我們人類同胞、透過我們的身心和思想中展現出來——我深深相信，我們人類有能力擁抱看似不可能接受的事物。

願意與苦共存，人會生起一種內在智慧，我們可以將這種智慧帶入生活的所有領域。我們了解，佔用心靈空間的任何事物都可以移開，我們的不適感、焦慮感、挫折感或憤怒都可以自由開展、揭示其真實起因。通常，在我們允許疼痛出現的同時，我們也會在苦之中發現片刻的寧靜、甚至安祥。

面對人生的苦是欣然接受一切、不推不拒的關鍵部分，這個邀請代表我們或我們經歷的任何一部分都不容遺漏：無論那部分是歡樂、驚奇、疼痛或苦惱，這一切全都緊密交織在我們的生命裡。當我們擁抱真實，就能更充分地投入生活。

七、愛的療癒

生命始於愛、繫於愛，也終於愛。⑨

——措尼仁波切（Tsoknyi Rinpoche）

年近二十歲時，我拿著紅十字會救生證，找了一份教重度殘障兒童游泳的工作。潔斯敏是個美麗的十六歲女孩，要不是因為脊柱裂症，她應該會在高中球季時被票選為風雲人物。她對這病導致的身體畸形覺得很不自在，所以不願換上泳衣和我們一起在池內游泳。但她喜歡看大家游，開玩笑地批評東批評西，還有找人調情。

我花了好幾個月耐心地鼓勵她試著游游看。每天，我都試著用開玩笑的方式，讓她知道我從她身上看到的力量、勇氣、冒險氣息和美麗。人如果相信自己遭屏除在愛之外，你無法說服他們愛自己，但你能讓他們知道自己是被愛的，如詩人高威・金內爾（Galway Kinnell）所寫的：「有時候，你需要重新教一件物品認識它自己的可愛之處。」⑩

有天，潔絲敏溜下輪椅，爬上游泳池旁凸起的大理石台邊。幾週後，她脫下背帶和沉重的矯正鞋，把腳趾浸在水裡。六個月後，她穿著綠松石色的泳衣出現了。沒等誰鼓勵，她把扭曲瘦小的雙腿放入泳池邊緣，叫我靠近一點，然後像個七歲孩子一般，帶著大大的微笑跳進我的懷裡。

※　※　※

過去，當我置身在苦難帶來的恐懼之中，我總希望有天某個人會出現來拯救我，想像自己會被迎面而來的愛所救贖。恰恰相反。當我表現出愛時，我得到了拯救。從仁慈的行為——不是別人為我做的仁慈之舉，而是我做出的仁慈之舉——我發現了愛。我想到已故的約翰・奧多諾休（John O'Donohue）寫的話：「我們不需要出門尋找愛，我們得站定，讓愛來發現我們。」⑪

和潔絲敏與其他殘障兒童的相處經驗打開了深藏在我苦難中心的慈悲，我發現了一種重要的愛，它可靠、廣闊且完好無缺。這成為真正支持我的力量來源，成為我多年來在安寧工作上有時驚人、有時累人的經驗中，最堅定忠誠的導引。

愛是我的導師，愛教會我去愛。

※　※　※

當這個世界與無形世界之間只有一線之隔時，愛的無窮無盡就變得更加明顯。在人誕生和死亡之際，愛融化了所有分界，愛往往讓我們超越自認為可能的程度，做到意想不到的事。我認識一些女人，她們在生產過程中經歷強烈的宮縮、疲憊、疼痛，有時甚至是恐懼，然後發現了從深處一湧而上的愛，那種愛和她們過去了解的一切都不同。無數臨終時分的故事訴說著類似的發現，像是以為沒了父親就不能活的女兒，出於愛，她還是放開了手說：「沒關係的，爸爸，我愛你……你可以放心走了。」

在這種時候，我們看見了一種沒有限制的愛，這種愛不同於戀愛關係中常見、做生意一般的互惠交換（當某人表達他對我們的愛，我們有義務回應）。這是完全不同性質的愛，它來自我們存在的源頭。它認識到並回應人類內心的良善，它既極度樂於接受一切，也能以多種樣貌表現且不斷變化。

這種愛代表了一種更普世的理想，那就是所有生物，包括我們自己，都會找到幸福和幸福的理由。在條件成立前或後，這種愛都能存在。它不是憑借我們人格特質所能達成的某件事，不是遵循某條道路後得到的理想化愛情，也不是達到特殊精神狀態的結果，它一直都在。從某種意義上來說，它是所有經驗的背景，是我們存在的本質。

因為這種愛常駐心中，所以隨時都能取得。我們可以用它幫助我們面對那個遭困住、受了傷、遭排拒的自己，去面對尚未到來的挑戰。這種愛能融化我們的防備，讓我們不再迴避，而是可以與負面自我形象、羞恥感、困惑和走不出喪親之痛等惡魔搏鬥。於是，我們便能獲得療癒。

我們或許會想像，在心周圍用緊繃感和執著築起的防備可以幫助我們避開疼痛，讓人不那麼脆弱。然而，這些防備卻隔絕了愛，淡化我們的敏感度，我們硬起來面對各種經驗，把我們需要的溫柔、舒適、寬容和喜悅都關在外面。但我們在這面盾牌後，還是常常感覺害怕，並與其他人或與自己都愈來愈疏離。

慢慢地，當我們探索並放鬆這些曾經禁錮我們的慣有策略，給自己更多空間，就會看到即便是我們的防備，也與愛緊緊相連。就像陽光出現融化了冰，使之變成水、變成氣體，然後又回到大氣層，同理，我們無限的愛也包含萬物——即便是自己最醜陋、最不喜歡的那部分。

這份愛是讓我們欣然接受一切、不推不拒的源頭，這種無畏面對苦難的開放性，只有在愛的廣大接納中才有可能存在。

卡爾是一位本土哲學家，和他之間的對話很容易演變成一條永無止境的問題長流。我欣賞他敏銳的智力和邏輯思維，但我更愛他的心。我注意到他會多麼優雅地迎接人們來到他的房間，像個祖父般為他們騰出空間。有次，兩個年輕志工來安寧病房探望他，他聽他們一幕幕描述自己最喜歡的電影，聽了將近一個小時。他仁慈友善地聽著，出於興趣，但更多的是出自對人的關心。

有這麼多佛教志工在附近，以他這麼好奇，自然無可避免地問起了冥想的事。他當時使用一種自控式嗎啡幫浦釋放處方定量的止痛劑，幫助他應付胃癌，但這偶爾會害他陷入意識混亂。他認為自己可以不靠嗎啡而是靠正念來處理腹部疼痛的問題，所以他要我教他如何冥想，我同意試試。

在冥想過程中，疼痛被視作良師，處理疼痛經驗的技巧十分多種。一開始，我先使用最常見的那種。我鼓勵卡爾去留意疼痛，將注意力放在全身，然後精確地感受緊繃、尖銳，有時候灼熱、不斷變化的知覺。我們一會兒專注、集中注意力，一會兒回到呼吸，在這兩者間轉換，以便平穩、舒緩下來，這樣他才不至於精疲力竭。

卡爾非常堅定，我注意到他緊皺的眉頭，還有眼睛周圍緊繃的肌肉，他正在與自己的疼痛作戰，正在忍受疼痛，而不是去允許這經驗發生、對它敞開心胸，或者軟化它。他試著用正念來**征服**疼痛，但因為得不到立竿見影的效果而沮喪。他痛得難以忍受，開始尖叫。

我們得試試其他方法。

我輕輕地將手放在卡爾的肚子上，這次我鼓勵他，感受那位在疼痛點和我手掌溫暖之間的空間。

「還是好痛。」他呻吟道。

我把手遠離他的肚子一點點，「這樣呢？」我問。

「好一點了。」

我的手又離得更遠，鼓勵他放鬆肚子周圍的肌肉，放鬆前額，讓疼痛在他發現的空間中漂浮。

「喔，好多了。」他說。

「現在，再多一點。」我建議。我的手距離他身體五、六十公分遠。

「喔，舒服多了。」他小聲地說。

我並沒有做什麼能量治療，這也不是什麼魔法，卡爾身上發生的一切，只是為他的疼痛挪出一個空間。他現在比較能輕鬆呼吸了，下巴周圍的肌肉放鬆了，他向後躺靠在枕頭上，閉上雙眼。

「你能在那裡休息一會兒嗎？」我大聲地問道。

「在愛裡休息。」他喃喃地說。

那些話不是出自我的口，而是卡爾內心深處一個固有的地方。他的意識現在充滿了愛，他已經找到了隨時可以從中獲得愛的可靠資源。他不必產生愛，或是做什麼特別的事，就值得擁有這份資源。愛已經存在，而且充斥在他心中。

從現在起，只要卡爾覺得疼痛難以忍受，他就會按下嗎啡幫浦，然後告訴自己：「在愛裡休息，在愛裡休息。」

他妻子幾天後來看他。她是個緊張的女人，比卡爾更擔心他的病情。她坐在床邊，手指和雙腿都在發抖，卡爾將手伸過床邊的欄杆，輕輕地碰觸她，然後說：「在愛裡休息，親愛的，在愛裡休息。」

後來我跟老朋友拉姆．達斯吃早餐時，跟他分享了這個故事。拉姆．達斯是一位受人敬愛的精神導師，最有名的著作是《活在當下》（*Be Here Now*，暫譯），這書在一九七一年初次將東方哲學帶進西方，指引了三個世代的人們。在一九九七年底，中風幾乎要了他的命，他不只身體右側癱瘓，其他嚴重的疾病也伴隨而來，例如表達性失語症，這限制了他的說話能力。他傳授的教義有一部分便是源自他面對疼痛的親身經歷。

拉姆．達斯說，卡爾已經嚐到「愛的覺察」（loving awareness）所帶來的甜美果實。他解釋道，要理解什麼是「愛的覺察」，人只需要經歷「從自我（ego）到靈心（spiritual heart）」這一趟短短的旅程。拉姆．達斯用一個簡單的手勢說明這一點，他將左手從他的頭，移到他的胸，然後輕柔地重複：「我是愛的覺察。」

他接著說：「當我就是愛的覺察，我能意識到內在和外在的一切，意識到海浪、花園裡的芙蓉、我可怕的想法和黑暗的感覺。愛的覺察見證了這一切，卻不等同於任何事物。當我與愛融合時，就無所畏懼，愛中和了恐懼。」

拉姆．達斯說的是一種開放、全然包容的愛。當然，我們都會陷入自己的好惡之中，愛不表示我們應該容忍不好的行為，或是在必須拒絕時說好。我們會陷入懷疑、沒有價值、無聊、欲望和怨恨之中；有時，我們會受到自己的脾氣、信仰和生活方式影響。愛無法消除這一切，相反地，它提供了一種生活的方式，能軟化那些認同，不讓那些拙劣的習慣變成我們性格的一部分。

愛幫助我們接受自己、接受生活和其他人「如是」。當某些不想要的東西出現——例如死亡、疾病、失業或失戀——產生恐懼是很自然的。在這種時刻，我們需要找出不害怕的那部分的自己。

當你害怕時，你不知道自己在害怕嗎？那麼這就表示，有一部分的你正在見證恐懼，而那部分的你**並不**害怕。它沒有受恐懼所困，因此我們可以從見證的角度、從「愛的覺察」的角度，學著去理解那些困擾人的想法、強烈的情感，或困難重重的環境。當我們這麼做時，一切都變得不再那麼窒礙難行。

我們喜歡正面的生活經驗，比較容易接受那些經驗，而不去質疑它們從哪裡來。但愛最精湛的能力，就是可以擁抱出現在面前的一切——即使乍看之下，那個情況、經驗或是那個人似乎不可愛。愛有它的自由意志，當我們感覺到愛，它似乎不在意對象是誰或何物。愛的意識幫助我們擁抱自己的悲傷、寂寞、恐懼、沮喪和身體上的疼痛，它在黑暗中照進一道光，並揭示我們苦的真正根源。

愛不是一個封閉的社區，每個人和我們自己的每一個部分都受到歡迎，正如禪宗所說「無一遺漏」（No part left out），這就是愛具有的接納功能。

※　※　※

一旦我們找到這個寶藏，就沒有必要藏私，愛所涵蓋的範圍是無限的，我們不必吝嗇。我們缺乏愛，但它卻不是可供交易的商品。愛會源源不絕地來，所以我們可以不斷地給予愛。想充分利用這外顯的愛所帶來的豐富禮物，其中一個方法是透過具體落實佛教所說的「慈心」（metta）。

慈心，是指我們有意識地做某些行為去喚起心頭的無限暖意。我們能透過朗誦像「願世上眾生皆快樂自由」這類句子，慢慢在自己心裡建立起和善、友善和愛，然後將這個願擴及眾生的幸福和快樂。慈心，表達出對內心平靜和他人福祉的強烈欲望。它承認愛不能被擁有，但我們能透過練習來培養與愛的連結。我深信，對臨終之人及其照護者的生活而言，慈心是最有幫助的基本人性特質。

我曾有幸與一位名叫麥可的藝術家合作過，他是個佛教徒。麥可曾是禪僧，二十五年來一直為帕金森氏症所苦，如今已經到末期了。

他妻子邀請我和麥可談談死亡，但他對這個話題沒什麼興趣。所以，我們轉而討論他的畫作，談及他對細節的執著如何因無法控制手抖而妥協，過程中又發生了哪些新鮮事。我們還談了他窗外的那棵美麗梅樹。

我們見了幾次面，每次都依據他的選擇而有不同的話題。有一次的話題是工具，尤其是修剪工具和畫筆，還有因應工作需求而精心照顧工具、正確選擇工具的必要性。其他時候，他會緬懷早年生活，或者我們只是靜靜地坐在後院聽蟲鳴鳥叫。

有時候，我們會聊起自己的妻子（男人聊起自己妻子的次數其實比女人想像的多）。麥可的婚姻不太一般，他們深愛彼此，但關係也很緊張、疏離。他談到自己太固執和愛控制人如何破壞了兩人的關係。他和妻子住在一個屋簷下，但分房。在婚姻中，他們經常發生爭執。

當然，我們也會談起禪、談起靜默的力量，還有許多讓人腦筋打結的矛盾教義等。最後，我們談到了「捨」——即完全放下身體和思緒——有多簡單。

我問麥可他對「慈心」有什麼想法。

「垃圾。」他說。在麥可心中，慈心缺乏他在參禪時所發現的清（clarity）和疏（sparseness），而清疏帶給他很多滿足感。然後他又說：「但我現在確實是需要多一點愛。」

慈心的實踐通常有某種特定的方式，非常有條有理。在亞洲的傳統上，你會先從想起自己、自己的母親或你最愛的老師開始。但西方人和那些人的關係往往最複雜，所以當我們試圖以這種方式實踐慈心時，很多人往往不太順利。所以我請麥可說出他最容易愛的一個人，或是會毫不猶豫愛他的人。

他花了點時間。

然後他說：「瓊西，我的狗。」他解釋道，那是他的兒時玩伴。

「你的狗，啊……為什麼呢？」我問。

麥可回答：「不管我做了什麼，我的狗都會愛我。如果我出門一整天或更久，回家時牠都會在門口迎接我，搖著尾巴，露出大大的笑容。牠對我充滿了愛。」他繼續說道：「不管我是脾氣暴躁還是隨遇而安，牠從不會評價我，只是單純地愛我。」

所以我們從瓊西開始。麥可躺在床上，重複說著那些傳統的或者自己編的句子來表示自己對狗狗的愛：「願你開心」、「願你自由」、「願你要有多少狗骨頭都有」、「願你知道自己是被愛的」。

麥可重複這些句子時，他的臉龐露出愉快的笑容，後來則流下感激的眼淚。接下來的一個月，他一直在做這項練習，一開始總是瓊西，慢慢地，他的愛就像一杯滿溢的杯子。現在，他擁有非常多的愛，所以當他在練習慈心時，自然地納入了自己的老師、母親，最後也納入了他的妻子——展現出愛充滿表現力、使人產生連結的功能。

麥可去世時，他妻子躺在他身旁的床上，抱著他。他們達成彼此和解，那無關乎說了什麼，而是重新發現愛。那份一直都在的愛，那份藏在習慣背後的愛。

如果愛是豐富且無盡的，我們為什麼會認為它太稀少，認為自己必須緊緊抓住所愛的人呢？一部分原因是我們混淆了愛與依附。

依附喜歡冒充成愛，它說：「如果你滿足我的需要，我就會愛你。」愛是以慷慨為中心，依附則渴望自己的需求能夠得到滿足。愛表現的是我們最基本的本質，依附表現的則是一種人格特質。愛產生忠誠，與我們的價值觀一致，並且能有目的地發展、轉變；依附則緊扣恐懼，抓住特定的最終結果不放。愛是無私的，且鼓勵自由，依附則是自我中心且產生佔有欲。依附會留下疤痕，愛則使我們充滿感恩。

想想不健康依附的經驗：緊張、煩躁、封閉、固定且經常是強迫性的。它創造了一種令人不舒服的依賴，我們變得相信，我們能不能感到幸福快樂、我們的需求能不能得到滿足，全都取決於外在人事物的言詞和行為。但愛卻是包容一切的。即使我們和某人意見不合，或者不太喜歡他的某些習慣，我們還是可以愛他。我妻子愛我，但我忘了關上櫥櫃時，她還是會生氣。愛不是對每日的挑戰視而不見，而是不受這些挑戰限制。

在人際關係的形成和維繫中，健康的依附關係是很重要的，就像母子之間的依附。在不健康的依附關係中，我們拒不承認或不允許無常必然存在的事實，然而無須形成這種關係，愛依然可能存在。

佛教有則古老的故事，內容是某一戶人家的愛是全村人的楷模，他們相處和諧，彼此友愛。有天，大兒子去世了，村民前來安慰這家人的喪親之痛。他們抵達時，卻發現這家人很快樂，他們向村民解釋，他們愛與和諧的祕訣在於他們明白有天彼此會分離，但誰也不知道分離的方式與時間，所以他們將每天都當作最後一天。如今時候終於到來，他們已經準備就緒。

這類故事並不在教我們對死亡要有理想化的反應，我們都會悲傷，即使是我所認識最醒悟的人也會悲悼。這些故事是讓我們重新思考現有的行為，思考該怎麼做才能促成有益的結果。它們幫助我們有意識地思考如何愛自己生命中的人。

※　※　※

我發現，人們在接近死亡時，對他們來說真正重要的問題只有兩個：「我是被愛的嗎？」以及「我曾好好愛人嗎？」

我因為心臟病發作和緊急開心手術而貼近死亡，這才真正開始了解這些問題的深層意義。現在我也讓這些問題帶領我好好地活著。

心臟手術的恢復過程很辛苦，徹底地動搖了我。我陷入痛苦之中，覺得自己沒有用，而且體驗極大的恐懼。我懷疑起自我的價值，且無緣無故感覺到客觀的無助感。我擔心自己會遭人遺忘。我覺得很迷惘。

一開始，沒人幫忙我就上不了廁所、也洗不了澡，我很脆弱、虛弱、不足、依賴，我的身體佈滿了醜陋的傷疤。有時候，我的心會漫無目的地漫遊，就像一隻在垃圾場吠叫的狗。我覺得不被接受、沒有吸引力、也不可愛。我一塌糊塗。

還好，我不自覺地擁有一堆愛我的人在身邊。我的名字被放在各地佛教中心的靜修堂上，朋友和學生在祈禱修行時，都會默念我的名字。

過去，我不知道有這麼多人愛著我。其他人的愛開啟了我對自己的愛，讓我也更深刻地認識到我們一直在探索的無限的愛。這不僅僅是一種情緒反應，它很明顯、溫暖、愉悅，且包含了深深的滿足感。我覺得自己獲得滋養，重新記起自己心裡那份根本的美好。我存在的本質確實是愛，認識到這點讓人融化，且感到親密。

有好幾個月我只是哭，因為我一次次了解到，人生能認識到這種愛，是多麼大的福氣。我告訴朋友：「醫師告訴我傷口不能碰水，但我每天都沐浴在愛之中。」

體驗過這種愛，讓我敞開心胸去相信，我內在的智慧能明智且慈愛地帶領我探索未知的領域，而不是憑靠他人的行為或我自己過去的經驗。這是一種對「過程」的信任，相信正在發生的事情都是最好的安排，相信無論發生什麼事，最終我會好好的。一種自然而然的快樂自信充滿我的內心。它不是一種信念，而是一種沒有概念化、隱而不顯的信任感，這份信任感就像真的在背後托著我，容許我向後靠。我在其他臨終者身上也見過好幾次這種信任感。

這種愛和信任讓人得以充分的休息，我感覺到深層的放鬆，就像溫暖的金黃色蜂蜜在我血管中流動，既撫慰人心又舒適。我不再執著地想要改變事情原有的樣貌，不必抗拒，也不必緊握，我只是安於事物的出現、改變或消失。身體在休息，心在休息，思緒也在休息。

在愛裡休息，我這麼想著。**在愛裡休息**。

當人們生病或受傷時，你只要愛他們，直到他們能再度愛自己。這招對我曾經很有用，它讓我思考，或許愛真的是最好的藥。

愛是讓我們可以接受一切（而不只接受我們最喜歡的）人性特質，愛提供了我們動機去迎向恐懼——不是為了征服，而是為了接納恐懼，如此我們才能向恐懼學習。在愛之中，沒有什麼是遭隔絕的，因此愛會自然地去關懷一切事物，沒有什麼能脫離愛的照護。

為什麼愛這個特質讓我們能欣然接受一切呢？若我們從自己的個性出發來——從一個單獨的小我——看待實相，我們會不斷尋找自己與他人的不同；但若我們以無限的愛的觀點來生活時，我們會開始看見將我們連結在一起的所有相關之處。

是愛孕育了愛。

第三個邀請

全心感受經驗

賞月
在黎明
孤獨的，半空中，
我完全地了解自己：
無一遺漏。①

——和泉式部

想像你把自己的照片印在一張又厚又硬的紙板上，現在想像那張照片裡不只有你的臉，甚至不只有你的身體，而是多方面地呈現你整個人，包括你個性的每一部分。假設你用雷射切割模具，將這塊紙板切成一幅拼圖，再假想這一千片拼圖散落在桌上，然後你要開始拼組它。

你可能從角落開始，或是從容易辨認的部分開始，例如你的手或耳朵，或許是你的眼睛，因為人們總說眼睛是靈魂之窗。但在拼拼圖時，你可能會拿到一塊自己不喜歡的拼圖，例如你的恐懼，你或許會沉思：「我想去掉這塊。」或是你可能會碰上自己的欲望，然後說：「不，我的精神導師說欲望是不好的，這一塊不能放進來。」

你繼續拼，又看到一些你可以接受、一些完全不能接受的，過了一陣子，你認不得拼圖裡的自己了，因為你只會看到一個支離破碎的形像，看不見全貌。

我們都喜歡自己看起來很好，希望被視為有能力、堅強、聰明、敏感、有靈性，或至少是個正常人。我們表現出正向的自我形象。沒有誰會希望別人眼中的自己是無助、恐懼、憤怒或無知的，或是讓其他人知道，有時候，我們比自己願意承認的更糟。

然而，我不只一次發現自己「不受歡迎」的一面，我過去覺得羞恥、不斷迴避的一面，正是讓我能夠以慈悲代替恐懼或憐憫來面對他人痛苦的特質。我自己受性侵的經驗讓我能同理受害者和施暴者，能幫助每個人寬恕自己的憤怒，並敞開心扉面對恐懼。這不是我們的專業技能，但我們從自己承受的苦、脆弱和療癒過程中得到的智慧，讓我們可以真正幫助他人。對我們內在生命的探索，能幫助我們在自身經驗與他人經驗之間搭起同理的橋樑。

為了變得完整，我們需要容納、接受、連結每個部分的自己，需要接受自己互相衝突的特質，以及接受那看似不協調的內外在世界。

完整不代表完美，它代表的是無一遺漏。

八、不要成為一個角色，要成為一個靈魂

別為了買花生給猴子，而賣了你自己的靈魂。②

——桃樂絲·索爾茲伯里·戴維斯（Dorothy Salisbury Davis）

我坐在臨終病人的床邊時，我會去感覺自己的恐懼、觸碰自己的悲傷。在提供療癒的過程中，我不只會用到我具備的力量和熱情，也會用到自己的無助和創傷。若想真實地與他人接觸，就要容許脆弱，勇敢地探索自己的經驗。

數年前，大約是一九八九年，我照顧罹患愛滋病、即將離世的摯友約翰。我非常愛

他，總是希望能提供他最好的照顧，我們幾個人組成他的支持團體，輪流二十四小時陪伴他。

我輪到星期一。那是個難忘的星期一，約翰出現一種奇怪的神經系統併發症，導致他精神錯亂、記憶喪失，思考和說話能力突然變了，手腳也失去知覺。一夕之間，約翰無法再拿好湯匙、站立或聰明地與人溝通。我進入他的公寓時，他正穿著格子長袍坐在彩繪餐桌前，拱著背在碗裡吃麥片，他的頭髮一團亂，一臉茫然。

我找不到我的老朋友了。他去了哪裡？幾天前，我們還一起邊看強尼·卡森（Johnny Carson）的節目邊笑，現在我卻認不得他了，老實說，我嚇壞了。

隨著時間過去，從早晨推進到下午，然後來到晚上，四周明顯陷入黑暗。說來尷尬，有時候，為了應付約翰讓人陌生的行徑，我必須連哄帶騙；又有些時候，我待他則像個小孩。我不知道該怎麼做才好，覺得迷失且困惑。

照顧這樣的約翰是很困難的一件事。他的肛門有腫瘤而且一直拉肚子，我得將他從馬桶移到浴缸，然後再移回馬桶，一個晚上幾十次。

等黎明曙光終於照射在浴室的瓷磚上，我已經精疲力竭，只想躺到床上。我真希望約翰睡一覺醒來又恢復成他原有的樣子。我希望這場惡夢能結束。

然後，在浴缸和馬桶之間來回移動的某個空檔，我在洗手台洗手。我從梳妝鏡裡，能看到約翰坐在我背後，他的睡衣垂到腳踝，嘴裡喃喃吐出一些話。

我轉過身。

從他混亂的腦袋裡傳出一句低語：「你太努力了。」

我停住了，坐在馬桶邊開始哭泣。

那一刻成了我們這段友誼最親密的時刻。就在那裡，在馬桶旁，而且到處都是大便。那一刻，我們之間沒有距離，我們一起感到無助，一起哭泣，然後又一起因這完全荒謬的情況放聲大笑。

在那一刻之前，我一直很怕走進那個無助的領域，約翰的所在之處，擔心自己會在那裡迷失方向。所以，我一直忙著想幫忙、想控制，想躲在我設定好的角色背後，當我的「安寧照護先生」。

當人陷入恐懼，便很自然地會變得有戒心、有控制欲、情緒無能（emotionally unavailable）、易怒，以及對自己和他人失去耐心，這都是很常有的。我們想要有安全感，所以我們會緊抓著具備既定行事規則的某個角色不放。

但為了和約翰產生連結，且真正幫助到他，我必須了解自己的恐懼如何引發了這股無力感。我得放慢速度，柔軟地敞開心胸接受現在的情況，而不是堅持現狀必須符合我的喜好。

畢竟，我們不會永遠無助。處境會告訴我們接下來該怎麼做，唯有我們放鬆自己對照顧者角色的認同，讓自己的無助感進入這個環境，我們才能看到接下來的道路。

※　※　※

我們都是社會動物，因此，每個人在社會上都有各種角色。我在家是個丈夫、父親和祖父，走在社區裡是個鄰居，進入咖啡廳時是個顧客，在靈性社群裡是導師，在我心臟外科醫師的手上，我是病患。

角色無分好壞，它們都各有功能，為我們的生活提供一些必要的可預測性，特別是在面對人際關係的時候。

隨著人生向前，我們的角色也會發展、變化。中年之前，我們通常把重心放在達成哪些成就：創造自我認同、叛逆、發展事業、建立家庭、做好我們在世上繁榮興旺所需要的種種安排。在下半輩子，當人找到改變的勇氣時，我們經常會轉而向內求。為了完成上半輩子的任務所發展出來的種種技巧，已經不足夠或不適合支持我們走完人生的下一階段。在這一時期，我們通常會轉向探索人生的意義、接受神祕世界、培養智慧，並且不再堅持某些奮鬥目標。這是合於年齡的行為。

人們會預期每個角色有哪些應有的行為、功能和責任（不包含角色測驗）。當角色相互衝突時，事情就會變得複雜。想在全職工作和育兒間求取平衡的單親媽媽，經常會有角色衝突伴隨而來的情緒及身體疲憊感。一九八九年舊金山大地震發生的那一晚，我作為一個父親要照顧家人的需求，但作為安寧病房的主任，也需要確保病患和員工的安全，我在這兩個角色之間左右為難。當個人信念與我們的專業角色衝突時，就更困難了，有時候，我們知道什麼是正確的，但卻無力依我們的良好判斷行事。

角色是一種選擇。當我們選擇一個角色，就選擇了不當另一個角色。作為一個年輕女孩，如果我的人生專心一志，努力要成為一名專業的芭蕾舞者，我或許會放棄正規的教育訓練或是某部分的社交生活。如果我的角色是律師，我認為自己的形象應該是堅強、學識豐富的男性，且能在危機中保持冷靜，我或許會覺得很難表露出自己的弱點，或是難以擁抱自己比較體貼、愛照顧人的那一面。

我們若是否認自己的某些部分，就會去批判其他同樣擁有那些特質的人，我們會認為自己在道德上比較優越。因此太過堅持一個角色，會創造出人與人之間難以跨越的鴻溝。

生命要求我們不斷地適應外界，角色跟大多數事物一樣，都是流動的。當父母逐漸年老，角色就反過來了，子女經常成了照顧者。如果我是家裡負責照顧大家的人而我生病了，那麼就必須有個人願意照顧我。如果我是決策者而我罹患了阿茲海默症，那麼就必須有人負責做某些決定。又或者，我是個酒鬼而我接受了治療，突然間，我不再是家庭裡的害群之馬，那麼其他人應該重新讓我參與決定事情。

當人過度認同一個角色，它便會定義我們、限制我們、減弱我們做出有意識選擇的能力。它為人生應該如何進行設下期望，而這意謂著更多斷裂、更多既定立場和更根深蒂固的信念，也更無法接觸到我們內在的智慧。往往，我們不准自己在他人前表現出全部的自我，特別是在扮演公開的專業角色時。

參加派對時總會有人問我：「你是做什麼工作的？」不過當然了，如果我只用工作來定義自己，要是我換了工作，那我又是誰？事實上，我們不只是自己所做、所想、所感覺、所說或所擁有的。我們不只是這些。

拉姆．達斯說：「不要成為一個角色，要成為一個靈魂。」

我們不是我們扮演的角色，不是我們具備的條件。你或許有癌症或躁鬱症，但你不是你的疾病；你或許出身富有或貧窮，但你並不富有或貧窮；你或許認為自己快樂或悲傷、年老或年輕、有人扶持或身處絕望，但那些都不是你。

最重要的是，我們是人，擁有生命所包含的一切複雜性、脆弱性和奇蹟。當我們只透過某個角色的鏡頭觀看，它會縮小我們對世界的視野。我們看不到人事物的真正模樣，只能看到自身經歷投射在它們身上的樣子。這經常導致我們對某個經驗賦予某種特殊意義，錯失了它真正想浮現的意義。

※　※　※

做健康照護或其他助人工作這一行，我們很常發現，比起思考如何服務他人，我們更多時候是在確認自己是否符合社會認可的身分。我們想當個幫助他人的人。舉例來說，我們會說「我幫助臨終者」，把這句話的重點放在「我」，所以我們投注心力在這個「角色」上，而不是在「功能」上。我稱此為「助人者疾病」，我認為，它的盛行程度比癌症和阿茲海默症加起來還猖獗。

我這裡說的是，我們試著將自己與他人苦難隔絕開來的行為。我們這麼做時，帶著憐憫、恐懼、訓練有素的親切態度，甚至還一邊從事善行善舉。而這麼做改變了我們做決定的方式。

我們的安寧病房曾經有位女士，生命只剩下幾天，當她回顧一生，對自己許多選擇都感到後悔，所以她很悲傷，有些憂鬱，但還不到憂鬱症的程度。這在我看來是很自然的事。

一個來訪的護士在看過這位病患後，將我拉到一邊，建議我們開始讓她接受抗憂鬱藥物，這種特殊藥物要服用四到六個月，才能發揮改變情緒的藥效。

「你為什麼想開立這種藥物？」我問。

護士回答：「她很不舒服，而且看她這麼不開心讓人難過。」

我半開玩笑地說：「或許該吃藥的是你。」

助人的動機可能是自私自利或無私的。社會心理學家丹尼爾・巴特森（Daniel Batson）博士找到了兩種能促使人們幫助他人的獨特情緒，第一種稱為「感同身受心理」（empathetic concern），他認為這是利他主義，因為它關注的是他人，當我們看到他人受苦時，心中便會產生溫柔和關懷。

第二種動機稱為「個人壓力」（personal distress），他認為這屬於自我主義，因為它是以自我為中心的。助人是為了個人的欲望，例如提升自尊，或是因為我們想避免愧疚、自我批評或其他令人不悅的感受。這種動機與感同身受心理相反，它無法與人建立連結，反而會導致自我保護、退縮或是做出多餘的事等等，無論這些額外的干涉是否有需要，或是否有任何實際價值。

在健康照護體系中，其實很常遇到醫師藉由開立沒有必要、無效或沒人想要的療程、藥物或手術，來迴避他們自己的恐懼感、無力感或無助感。

※　※　※

傑克遜在一家鐵絲衣架廠工作，他房裡有三台電視，他喜歡一次全開來看，每一台都有自製的兔耳朵天線，這當然是因為傑克遜有取之不盡的免費鐵絲衣架。他喜歡在晚上看恐怖片或驚悚片，而且經常三台一起播放，到了早晨昏昏沉沉醒來時，他又會抱怨做了可怕的惡夢。我建議他或許可以在睡前關掉電視。

他像看個瘋子一樣看著我，然後說：「不，老兄，電視能幫助我入睡。」於是我明白了對傑克遜來說，電視是一種陪伴，或許是他維持最久的關係，他非常害怕會落得孤單一人。基於相同的理由，他對自己的末期癌症也充滿恐懼，怕自己的病會導致他人拋棄他，因為和他之間的這段友誼是沒有未來的。

傑克遜總是不想讓別人失望，特別是他的醫師，他相信自己的未來就掌握在她的手中。他堅決地履行自己對她的承諾，即使那樣做並不符合自己的最佳利益，他說：「如果不出現接受幫助，就不能期待別人來幫你。」因此，他堅持前往腫瘤科醫師的診間進行一個月前就預約好的檢查，對傑克遜來說，去一趟醫院就是一次折磨，他打從一週前就開始停止進食，大部分時間他都覺得噁心，而且非常虛弱、無法行走。

醫師看到傑克遜的情況發生如此巨大的變化——膠質母細胞瘤導致他身體消瘦、雙眼凸出，以及情緒上的變化——顯然很難過。但在這十五分鐘的看診過程中，她的目光很少與他接觸，她將自己的恐懼妥善地隱藏在白色長袍下。突然，她提出進行新的強化輻射療程來縮小他的腦部腫瘤。

傑克遜說自己覺得噁心、疲累，只想要休息。腫瘤科醫師便開立抗噁心藥物，並安排在隔天進行放射治療。

我將傑克遜帶回安寧病房，那晚他就在病房中離世了。

看著醫師與傑克遜之間冷漠、甚至機械化的互動，讓人覺得難過，當傑克遜說「我累了，我需要休息」時，她或許曾停下來靜靜聆聽，但她還是無視他的需求。她不能放任疼痛進入她心裡，也因為如此，她錯過了一個療癒的機會——療癒傑克遜，還有療癒自己的機會。她緊緊附著在醫者角色提供的安全感和特權之上，那天的她犧牲了一部分的人性。

醫療中心的環境愈來愈科技化，治療原則日新月異，臨床工作者經常面對以更少資源完成更多事的壓力，因此，他們很容易變得只關心要做哪些事。但人類並非執行任務的系統，在照顧他人時，我們必須同時注重任務和人與人的關係；沒有彼此之間的關係，沒有目的、意義和精神成長等內在價值的實現，人就會喪失靈魂。我們把事務性與靈性面分割開來了。我們都遇過醫師或其他臨床人員明明在扮演自己的角色、履行職責，卻不是真的和我們同在。靈魂講求的是「同在」，當我們困在自己的角色裡，就會停止關懷，病患會感覺自己遭到忽略、物化，自主權遭削減。最終，他們往往會在接受治療時承受更多痛苦，在忍受各種不愉快的副作用時承受痛苦而不抱怨。

好心的護士和醫師也經常將自己的痛苦摒除在外。這個工作體系對他們有不切實際的期待，在這種期待的驅使下，他們訓練有素地忽視那最痛心的事物，以便應付各種狀況，同時也失去了與自己慈悲心的連結。他們經常以排拒，而不是愛，來處理自己的不適感和疏離感。就像治療傑克遜的腫瘤科醫師那樣，當他們工作過度時，就會關閉內心；他們接受的訓練使得他們只看得到症狀，看不見眼前的人。他們所能提供的，只剩下自己的專業。

我們多數人都有助人的傾向，想試著減輕他人的痛苦，然而有些人卻太快開立處方，主動提供不請自來的建議。通常，我們一聽到有誰遇到什麼困難，第一直覺就是想解決這些困難。我們的意圖或許是真誠的，卻對自己影響他人的方式不太敏感（或許這是好事吧）。我們都曾經這麼做過：你和朋友在星巴克見面，你提到前一晚沒睡好，你那熱心助人的朋友為了你好，便講起喝咖啡的健康風險，或許再給點飲食建議，還有談談規律運動的重要性。

我們喜歡自己的意見，擁有自己的觀點並沒有什麼不對，問題在於我們將它強加在他人身上。給別人無法利用、不想要的建議，並不會減少你的無助感。如果你感覺無助，或許在說出什麼或採許行動之前，先承認自己的無助感，至少對自己承認。如果沒人特別要你給建議，那麼你的建議很可能是不被需要、也不會有人感謝的。我總是覺得，最好在提供指導前先問一下。尊重「不，謝謝」這個回答，然後繼續下一件事。

對「助人者」這個角色的依戀，深深存在於我們大多數人心中。如果我們不夠謹慎，如果我們和這個角色合而為一，它就會禁錮我們和我們服務的對象。因為，我們都必須承認：如果有人要當「助人者」，那麼就一定有人得當那個「無助的人」。

這一點我知道得很清楚。我因心臟病發作和手術而住院療養的那段時間，醫師、護士、助手會來到我身邊，很多時候，他們埋頭忙著必須完成的任務，對我視而不見。時不時有人碰我這裡、碰我那裡，但這些接觸卻一點也不讓人感到療癒，多數時候，我是「受到監控」。我必須難過地說，提供我健康照護的這些人，他們與自己使用的設備或機器之間的關係，比與我的關係還密切。這些人員透過寫好的專業劇本和應對策略來管理自身的焦慮，創造出一個緩衝區，與我所受的苦保持一定的距離。但這樣做很少有用，他們的焦慮總是很輕易地就傳給了我。

沒人真正問過我有什麼感覺，只問我的疼痛指數是多少？我排便了嗎？我做過呼吸練習了嗎？我只是讓人填入表格的資訊。

住院期間，我的精神一度失去穩定，我不能專注，被恐懼、痛苦和依賴感淹沒。我開始認同那份焦慮感，認同我那個不斷縮小的世界，感覺自己愈來愈小、愈來愈小。

醫院的思維模式是「把問題解決」，是一個會去「預期未來是什麼狀況」的環境，每件事都有標準流程，你必須照計畫走過一個個預先安排好的程序。有些對復原是必要且有助益的，如果不是那些高超的醫療程序，我今天不會還活著。然而，所有的重點完全以「未來會如何」為依歸。

置身這樣的環境當中，我發現很難活在當下。來到我房裡的健康照護人員會問我：「你今天怎麼樣？」但當我說「不太好」時，他們總會重複答道：「明天你就會覺得好多了。」即使朋友來看我的時候——其中包括一些擁有美麗靈魂的慈愛佛教徒，他們親身投入冥想和正念練習好幾年了——我發現他們大多也將注意力指向未來。為了讓我安心，他們會說：「明天會更好。」

慢慢地，我失去了和自己的連結。我開始一心只想著要解決問題，心態也變得只想用外在工具來評估自己是否安好。我受困在病人的角色裡，只是一個需要解決的問題。這是個地獄。

幾天後，我終於受夠了。我說：「我不想跟任何人交談、不要有任何訪客，我只想去散散步、聽聽阿拉巴馬盲人樂團（Blind Boys of Alabama）的歌。」我像個在爸媽車子後座生悶氣的青少年，用耳機蓋住自己的耳朵，將他們隔絕在外面：我的朋友、健康照護工作者，所有人。

我喜歡阿拉巴馬盲人樂團，因為他們的精神和信仰很有感染力，他們是個福音團體，成軍於一九三九年，對上帝的仁慈有堅定的信心。我走在走廊上，聽著他們的音樂，直到他們的信念注入我的腦海。不是說我完全相信他們所相信的東西，但我身邊需要有個人相信生命中最根本的美好。在那個時候，對我來說，就是那個團體。我借用了他們的信心，直到我自己的信心能再度湧現。

慢慢地，我感覺到自己與經驗同在的能力回來了。我回到病房，直接走向廁所，關上門，然後開始哭泣。那是我手術後第一次有能力哭泣，我放任眼淚奔流，讓身體顫抖搖晃，最後，我可以接受那些不舒服、甚至是悲慘的感覺了。我覺得很輕鬆，因為在這之前，我——和我身邊的每個人——都一直在逃避困難，但現在我可以接觸到它了。我可以感覺到無助、恐懼和疼痛，以及「這對我的餘生有什麼意義」、「我還有任何價值嗎？」和「在這之後我還能做什麼？」——這些大哉問都來自心臟病發帶來的生理及情緒創傷。

一名護士走進房裡，「你還好嗎？」她敲著廁所門大聲地問：「你在裡面哭，你還好嗎？會沒事的，我們都在這裡，我們會在這裡扶持你的。」

我說：「拜託，讓我一個人靜一靜。」

但她不肯，她困在助人者的角色裡，堅持要進行她的待辦事項。她說：「你知道會沒事的，一切都會好起來的，你明天就會沒事，快出來和我們在一起吧，我會找社工來。」

「不。」這次我的態度更加堅決：「讓我靜一靜，就讓我這樣子吧，這些日子以來，我一直想接觸自己的感覺，我終於做到了，讓我和自己獨處吧。」

然後她離開了，她讓我自己一人。

我相信，如果能碰觸到自己的痛苦，我內在的慈悲就會帶著愛回應。的確如此。

照顧者太經常把注意力完全集中在**解決問題**上，因而放大了病人的恐懼，或加劇混亂的狀態，而這麼做可能會讓世界愈縮愈小。很快地，病人就會和我一樣，再也接觸不到自己與生俱來、面對問題的能力。

面對疾病帶來的混亂局面，房間裡有個冷靜的人可以讓一切大不相同。在照顧病人時，我們會利用手臂和背部的力量將病人從床鋪移動到馬桶上。我們能把身體借給病人，同樣也能將思緒的專注力和內心的無畏借給他們。我們可以提醒他們保持穩定和信心。

我們可以透過這樣的方式擴大自己的心靈，激勵那些正在努力奮鬥的人也做一樣的事。於是，我們成了慈悲的避難所，我們的存在使病人重新相信自己的復原能力。

我不是因為問題解決了所以得到療癒，而是因為重新連結上自己的感覺，那些感覺一度迷失在恐懼和縮小世界裡。我得到療癒，是因為重新連結上內在固有的自癒力。這種感覺像是充滿愛的自我接納、是能對自己當下狀況保持開放心胸的特質，且這種特質在慈悲心強而有力的陪伴下，得到了擴展與強化。它孕育了勇氣，讓我們能迎向苦難，並從中學習。倘若我們願意細細思考他人內在的完整性，我們便能成為一個通往廣大可能性的入口。身為照顧者、朋友，我們的任務是當一個入口，而不只是解決問題的人。

比起「提供照護」，我比較喜歡「服務」這個老詞。「服務」講的是心靈深處的意圖、無私價值觀的體現，以及源自智慧的行為。服務永遠是互惠互利的，「提供照護」則往往變成了「提供幫助」和「修復」。

我的醫師朋友瑞秋．娜奧米．雷曼說得非常好，她說：「提供幫助、修復和服務代表三種不同看待生命的方式。提供幫助，是將生命視為脆弱的；修復，是將生命視為有破損；而服務，是將生命視為完整的。修復和提供幫助或許是自我中心的行為，而服務則是發自靈魂。」③

修復和提供幫助會消耗精力，一陣子之後，我們可能會精疲力竭。但服務則會賦予新的生命和活力，服務他人時，我們的行為本身會使我們重獲新生。在提供幫助時，我們或許會得到滿足感，但服務他人，我們會找到感恩的心。

找個機會試著這麼做：陪伴一個人，不對他的問題提出解決辦法，不扮演任何角色，不分析、不修復、不干預、不縫補。仁慈地聆聽，彷彿那個人內在本來就有他所需要的一切資源，只要尊重並接收他所說的話，甚至你是否理解也不重要。請想像光是有人聆聽就已足夠，那就是他所需要的。通常，沉默的接納比所有善意的話更具療癒力。

※　※　※

角色並非沒有價值，但卻不足以讓我們得到幸福。因此，我們需要勇氣表現本真的整體（authentically whole）。

什麼是「本真」（authenticity）？本真是如實說出事物的模樣。本真是站出來，做我們說自己要做的事，記得自己的承諾，履行彼此達成的協議。本真是實踐意志，顯示出那些有心、有意義的事物，同時也減少隨外在起舞。它代表要為我們手上的任務，以及我們在執行任務時所建立的關係承擔個人責任。出於本真的行動能建立信任。

※　※　※

莎拉是我們慈心照護訓練的學員之一，她是個二十幾歲、身材瘦小又害羞的白人女性，在華盛頓特區裡的約瑟夫之家（Joseph's House）安寧照護中心擔任照服員，她所照顧的大多是瀕臨死亡的非裔美國人。我們曾聊過「助人者疾病」，認為應該表現出自己的本真，而非躲在自身角色的背後，那次的談話很棒。幾週後，她寫了封信給我。

約翰·奧多諾休有句話我很喜歡，他問：「你如何處理自己的野性？」這種經驗對我而言很瘋狂，很激進。學習擁抱從我心裡湧現的實相，需要發自內心的勇氣，我見證自己走進恐怖、黑暗、雜草叢生、令人不知所措的地方。我不敢相信這一切，但我確實曾將頭伸進魔羅[3]的嘴中，而非逃離她身邊。當然這很難，我也不是一直都這麼做。但我體內已經埋下了一顆種子，我一直滋養著那顆理解的種子：我理解到，進入而非逃離那些可怕的地方是非常勇敢的行為，這讓我的人性、敏感性、力量、本真，以及令人興奮和不可預測的野性得以存在。

在工作時我注意到，這些可愛的住民憑直覺就知道我是否在那個野性空間中，那是他們最相信我的時候。我會為他們冒險去到那裡，我會跳脫框架思考，我會拒絕遵從角色和規章裡處處受限的觀念。我會完全做自己，我會憑直覺提供照護。我不只為他人提供了他們真正需要的照護，也為自己創造了療癒（而非消耗精力）的空間。

是那份願意去信任的直覺引導我跳到海倫小姐的床上，整整一個小時和她坐在一起，將手放在她的腿上，而不是苦苦求她吃藥。這就是我告訴其他人我很忙、沒辦法過去的原因，即使我看起來只是坐在那裡沒做事。在海倫咒罵我的屁股很大時（她忍住不笑出來），是這份直覺引導我回嘴，還搖搖屁股說：「噢，海倫，屁股大很性感啊。」當她叫我「愚蠢白人婊子」時，是這份野性的直覺讓我用那兩條愚蠢的白腿直挺挺地站著，在這樣做的同時敞開心胸接納她，接納我的不安和對自己種族認同、種族優越感的自我厭惡，並透過整場內心戲來愛我們兩個。

現在，海倫小姐是我這輩子最喜歡的人之一，沒有你的訓練，我不會有勇氣接受這份關係帶給我的禮物，我不會有勇氣去看見，盡可能清晰地看見，這無關個人，愛就在那裡，想接近它，必須以自己的身體和整個自我為基礎，真正、真實地出現在那裡。

本真要人相信內心深處的智慧，並願意將這些智慧帶進有意識的行動中。智慧無關乎年紀或專業程度、工具或角色。多年來，我搜集了很多工具，但在服務時，我不會依賴工具來帶人，我發現如果開始拿出這些工具，將它們放在我和病患之間，那麼我們之間一定有人因而絆倒。所以，我帶領人時，依賴的是人性。

在禪安寧療護計畫中，我們讓事情簡單化。有新的人入住時，我會在大門迎接，然後護送他們到房間。我很少告訴他們我的職稱是什麼，而是用我的名字自我介紹。角色可以晚點再說，在一開始時，找到彼此的共同點比較重要。

在我們介紹護理師或展開任何醫療評估或程序之前，我會向新人介紹環境。我會告訴他，瑪希莉亞．甘迺迪太太住在隔壁的隔壁，她和孫女同住；或是左邊住著的是傑佛瑞和法蘭西絲。我會提到街尾的幼稚園，還有，他們在前往隔壁公園的路上經過幼稚園門口時，可能會聽到孩子們的歡笑聲。找到自己的位置很重要，在某些文化中，那就是你對其他人自我介紹的方式。我與某個病人第一次見面時，她這麼說道：「我是漢娜的女兒，我的親人來自路易斯安那東北的藤薩斯教區，我有七個兄弟姊妹，他們叫我賈琳，很高興認

3 原作者注：魔羅（Mara）是佛教角色，代表誘惑。

識你。」

在談論疾病之前，我們會先聊食物。人們聚在一起閒聊食物時，彼此是平等的。當一個人說起自己最喜歡吃的東西，你能從他的表情看出許多資訊，像是眼睛張得多大，或是怎麼舔了舔嘴唇，或是說話聲音如何愈說愈小聲。當我們分享食物的故事時，也會透露與自己家人和成長過程的相關細節，以及自己有沒有人愛。從哪些東西是人們曾經很愛但現在再也沒辦法吃的，則可以得知他們與自己健康狀況的關係。

我學會在我服務的每個人身上看到自己，我也試著在自己身上看見他們，這是個既美麗又具挑戰性的練習，特別是在舊金山這種多元文化的社區。只看表面，人很容易就把焦點放在彼此的差異上：他們是黑人或拉丁裔或越南籍，而我是白人；他們注射海洛因所以得愛滋，我沒有；他們無家可歸又孤身一人，我得支付高得可笑的房租，還得養四個正值青少年的孩子。曾經，我們可能在街上擦身而過，對彼此視而不見，但現在在安寧病房中，我們以最親密的方式聚在一起。

在提供各種服務的過程中——幫住民換尿布，或是打給他們早已疏遠的家人，或是提供他們所需要的服務——我們找到了一個交會點。不是相同之處，我們不是靠相同之處產生連結的，而是因為一切都受到尊重，所以歸屬感得以產生。老實說，我們在建立連結時經常失敗，因為我們被自己的優越感蒙蔽了雙眼。但我們堅持下來了，我們服務的對象每天都好心地教導我們尊重差異，努力涵納彼此。

我常常從喬治・華盛頓・卡弗（George Washington Carver）那裡得到許多指引。他是一個非裔美國作家，出生時是黑奴，後來成為頂尖的科學家、植物學家和教育家。他曾說：「只要你夠愛它，任何事物都會道出自己的祕密。我不只發現，當我和小花、小花生說話時，它們會說出自己的祕密；我還發現，當我無聲地與人們交流時，他們也會坦白說出他們的祕密——如果你夠愛他們。」④

雖然提供服務是一件很自然、很直覺的事，但它還是會遇到一些困難。有時候，當我們陷入角色之中，便會偏離我們所愛的，變得精疲力竭。為了找到回家的路，我們必須回想起最初是什麼呼喚我們的靈魂去做服務，我們必須探究如何去愛自己所做的事，即使我們不見得愛我們做的事。

曾有個名叫雅典娜的年輕女性來到我的工作坊，她是一家大型醫療中心的晚班醫師。身為實習醫師的她，有一部分的工作是宣判那些她不認識的病人死亡。從專業角度而言，這不是個困難的工作，但卻令人悲傷，特別是在凌晨的時候。雅典娜抱怨，她對做這件事愈來愈淡漠，她筋疲力盡，心灰意冷，感到絕望，因為從醫對她而言失去了一切意義。她希望我介紹她一些佛教儀式或練習，幫助她恢復使命感，恢復曾經激勵她成為一名醫師的那份愛。

我告訴雅典娜，修習佛法不太可能會有幫助，她必須從自己承襲的血統裡找到她所渴望的療癒。我建議她可以將從醫看作一條靈性的道路，我提醒她，她是個血統承襲者，她執業的根基可以追溯至古希臘時期或更早之前，畢竟，她在醫學院訓練結業時，可是做了希波克拉底宣誓（Oath of Hippocrates）的。我提出一個可能的作法：當她穿上醫師袍時，她可以想像那是希臘醫神阿斯克勒庇俄斯（Asclepius）的禮袍，有祂的智慧和療癒力灌注其中。她似乎對這些建議很滿意。

那次工作坊結束後，我沒再見過雅典娜。但將近一年之後，我和瑞秋．娜奧米．雷曼博士一起帶領一個工作坊，她提到雅典娜的名字，說她參與了由瑞秋發起的醫師支持團體。雅典娜的故事深深打動了瑞秋。她告訴我，雅典娜在和我談過之後，行醫時又恢復了活力。顯然，請雅典娜正視自己的血統以找到她所尋求的療癒，這方向對她而言是有共鳴的。雅典娜來自醫師世家，她父親和祖父都是醫師，最近兩人都離世了。但在他們的幫助下，雅典娜找到了自己的療癒儀式。她的祖父曾是鄉村醫師，她繼承了他那只破舊的黑色醫師包，她在醫師包裡放了父親的聽診器、一支小蠟燭，還有一些祖母喜歡的玫瑰精油。她一直把這個工具包放在她工作時的置物櫃裡。

現在，當雅典娜必須去宣判病人死亡時，她都會帶著那個包包前往病人的房間。她通常會先安靜地停在門口，整理自己的呼吸，呼喚祖先來幫助她。有時候，房裡會有護理師在現場拔除點滴管和用來追蹤心律的貼紙。雅典娜會把許願小蠟燭放在床邊桌子上，點亮它，然後從祖父的醫師包裡拿出父親的聽診器。她在靜默之中檢查病患，看看是否有心跳聲，並仔細觀察呼吸是否已經停止，從這些簡單的動作中感覺到一種親密感。然後她取出一小瓶玫瑰油，沾一些在手指上，抹幾滴在逝者的前額，並且加上發自直覺的簡短禱告：「願你安息，願你找到安寧，願你的一切苦難都已終結。」

過去的訓練要雅典娜以「自我否認」、「用專業取代人性」的方式扮演醫師的角色，雅典娜覺得自己再也無法這樣做。然而，找到這種個人儀式，讓她重拾對從醫的愛，並激勵她繼續當自己長久以來希望成為的醫者。

雅典娜藉由聆聽自己靈魂的呼喚，找到了離開角色的勇氣，進入她的本真自我。在這個本真自我之中，她在照顧他人的同時，找到了平靜、滿足、新啟發，也接觸到自己與生俱來的仁愛。

九、馴服內心的批評者

我們對孩子們說話的方式將成為他們內心的聲音。⑤

——佩姬．歐瑪菈（Peggy O'mara）

不管你怎麼做，都無法取悅自己內心的那個批評者。你騙不了它。內心的批評者知道你每個動作、每個把戲、每段過去，在你的一生中，它一直伴隨著你。洗澡時存在，工作時存在，每次吃飯時就坐在你身邊，甚至伸手拿你的甜點，做愛中及做愛後，它都在；還有是的，你臨終前，它一定也在。

它比較、讚美、貶低、推翻、責備、贊同、譴責又攻擊你的一切，包括外表、工作表現、人際關係、朋友、健康、飲食、希望和夢想、想法和靈性成長。你可以填入自己想到的任何詞彙，統統可以代換。承認吧：在批評者的眼中，你做的一切都不夠好。

批評者迫使你行動，要求你遵守一套習得的標準和道德規範。它的聲音說著：「順我者昌，逆我者亡。」它殘酷地揮舞著用恐懼、羞恥和內疚做成的特選武器，讓你去做它指定的事。

在我們最脆弱的時候，能幫助我們的應該是柔情，但我們卻往往用自我批評來打擊自己。即使在生命的盡頭，人們也常常帶著悔恨回顧過往，沉迷在「假如……會如何」的對話之中，或是說自己沒有做好死亡的準備。親朋好友將自我批評的聲音投射到臨終者身上，暗示他**應該**更努力對抗，或是她**應該**更優雅地放手，更加重了臨終者的內疚感。

內在批評者對改變、對自我認同的轉變、對創造力和個人的內在運作模式，抱持著矛盾的態度，而且徹頭徹尾地害怕任何從潛意識中冒出來的東西。這位法官喜歡現狀、喜歡熟悉、可預測的事物，它堅持處在恆定狀態（homeostasis），它說：「不要破壞現狀，這樣不安全。」

這就是為什麼把重點放在改進自己，或是努力修正批評者眼中的「問題」，從來都不會奏效。在努力尋求他人認可、符合外在標準，以及試圖取悅他人時，我們全是在錯誤的地方尋找愛。讚美或責怪都是傳染病的症狀，和任何疾病一樣，我們不只要治療症狀，更必須解決根本原因。我們必須進入問題的核心，看到不斷自我批評的習慣如何削減我們生命的力量，偷走我們的內在平靜，還擊垮我們的靈魂。

我們很早就開始學著追求完美，而且多數人對此終身成癮。靈魂走向完整的這趟旅程，很容易就因這種以自我為基礎的追求而黯然失色。所以，為了能夠**全心感受經驗**，我們必須處理內在批評者經常在無意間冒出來、腐蝕人心的聲音。那是自我接納、信任的主要障礙，也阻礙我們擴展潛能。它使所有成長停止，封鎖內在發展，竊取我們的力量，讓負面的自我對話成為常態。而且，這個法官阻礙我們與他人建立連結及同理他人的能力。如果你極度嚴以律己，你也有可能嚴以待人，就算你不說，你也可能這麼想。

當我們呈現出完整自我時，我們涵蓋了自己的缺陷，不只為純淨、力量和成功騰出空間，也允許瑕疵、脆弱和錯誤。人在做評斷時，把重點放在「什麼是錯的」，這助長了一種「非此即彼」的心態；擁抱完整性則是充滿愛地重新接納一切，以一種「兩者都好」的方式去面對生活。

想擺脫內在批評者的束縛，我們必須理解它的源頭、如何受其影響，以及如何成功地擺脫它的負面作用。簡單來說，我們的治療計畫需要用到智慧、力量與愛。

※　※　※

我兒子七歲時，他在臥室裡的小桌子後面打造了一個堡壘，在我們吵架或我嘮叨惹得他不高興時，他常爬進自己的私人領域，消失一個多小時。

幾年後，我們搬家。當我將桌子搬離牆壁，拆解他的堡壘時，很驚訝地發現木板背面寫滿了他對自己可愛老爸的咒罵、褻瀆、憤怒咆哮和詛咒。

孩子對父母有這種攻擊性的能量是很自然的事，但通常我們認為那種能量太危險，不能表達出來，所以選擇壓抑它。等我從一開始的震驚恢復，撫平受傷的自我後，我笑了，我很欣慰蓋伯找到了某種方式來宣洩他對我的憤怒。

當我們還小的時候，父母、祖父母、哥哥姊姊、老師、精神導師，或我們生命中其他有責任感的大人，都盡其所能地想教我們是非對錯。總的來說，他們是為了我們好，他們的目標是促進我們的發展，保護我們不受傷害。沒錯，我們需要某種程度的指引，否則無法平安健康地長大成人，也無法成功地進入遵循一定行為準則運作的社會。

所以，這些大人對我們灌輸他們自己的價值觀和標準，教導我們那些他們認為適應這個世界所需要的基本規則。這是一種很自然的社會化過程，但當它變成強迫孩子的行為符合那個大人自己的人生觀時，就成了一種問題。多數的大人不是怪物，然而，他們難免會把來自自己未經檢視人生的那些潛在假設、不純熟的應對方式、偏見及歧視傳承給孩子。例如，父母因為你的性幻想而感到尷尬，或是因為你總是精力旺盛而精疲力竭；或是，老師和精神導師利用警告和斥責控制你的行為、管控你的情緒，不讓你做會導致他們不舒服的事；或是，爸媽想叫你做你不太想做的事，像是在還不累的時候睡覺、穿某些衣服、交不同的朋友，或是吃他們給你的東西，無論你喜不喜歡那些食物的長相和味道。

當我們還小的時候，大人擁有全部的權力，培養自我認識，還有更重要的，我們的存亡，完全得仰賴他們。對一個幼兒來說，他們的認可或不認可，通常感覺就像生死大事。為了自我保護，我們學會了努力尋求認可、保持認可，並透過屈從那些大人的願望來避免羞辱和懲罰。過程中，我們將他們權威的聲音內化，接納他們的價值觀，或是反抗他們，這種制約——「應該」和「不應該」、我們「有錯」的訊息——形成了我們內在批判的基礎。

等我們長大成人，那些嚴厲、強制的批評聲音就不再適用，但它仍以強大的心理結構形式活在我們心中，想藉由管理我們的生活來保護我們。它有點像我們的智齒：當我們必須靠咀嚼生肉、堅果、樹根維生時，這些牙齒就是生存所需。然而當我們漸漸演化，學會如何使用工具切割、烹煮食物，我們便不再需要智齒。同樣地，當我們日漸成熟，我們就能得到不那麼被動且更有洞察力的智慧，那是客觀、積極的，可以成為我們生活中可靠且具創造性的指引。我們不需要批評者不斷的評價和攻擊，也不需要它的羞辱、壓抑、拒絕，或是因它產生的痛苦。

但我們大多數的人都認為自己需要。

最近，內在批評者這話題出現在我和一名鄰居友人的對話之中。貝絲和我年齡相仿，她健康、身材姣好，大部分的人都會認為她非常成功，生活平衡有度。她婚姻美滿，和孩子關係和睦，而且很享受自己的退休生活。

當我提到我覺得在人生的旅途中，馴服內在批評者有多麼重要時，貝絲說：「但是沒有了內在批評者的聲音，我還剩下什麼呢？我會是誰？一個懶惰、悲慘、一直沒有追求自己夢想的人？沒有它，我什麼都做不了。批評者告訴我是非對錯，因為有它，我才會想成為更好的自己，它是我想成為最好的自己的原因，激勵我做出有益的改變。」

「是嗎？」我問她：「我覺得內在批評者訓斥我的時候多過激勵我的時候，它既不是良知、不是可靠的道德指引，也不是智慧之聲。沒錯，批評者的評語中，或許有些部分是真的，它可能可以提供一點點有用的資訊，但我真的不需要這種『傳達系統』，它的語調往往很刻薄、不屑且工於心計。多年來我曾跟隨過許多精神導師，他們之中沒有人用那麼討厭的語氣傳達自己的智慧。」

「但有時候我的內在批評者也會稱讚我，」貝絲回答：「它會恭喜我努力完成了工作。」

我點點頭，說道：「沒錯，批評者也會讚美，而且語氣很黏膩，因為我們喜歡那樣，我們渴望獲得贊同。然而，讚美有很多種，我們應該質疑批評者的動機，如果近一步檢視的話，會發現我們只有在取得某一小部分的成果，或是展現出批評者所贊同的少數特質時，才會受到讚美。」

「確實如此。」貝絲說：「我知道自己這五十年來一直被我的批評者推著走，我一直忙著贏得它的讚美，努力變得更聰明、更年輕、更成功來證明自己的價值，我已經開了三家賺錢的公司，但我還是覺得自己像個冒牌貨。」

我們有些人像貝絲一樣，對批評者存在錯誤的忠誠，我們認為它能讓我們保持敏銳，使我們在工作或理解這個世界時，出現更多批判性的思維。若我們仔細觀察批判的機制，它非常簡單、不複雜，畢竟它在我們兒時就形成了。

人們經常以為，腦海中負面、刺耳的聲音正在幫助自己，但事實並非如此。批評者不相信人性本善，它只相信規則和道德教條。在心理上，批評者保護的是我們的自我中心，否認自我以外的一切。它不了解你的靈魂，它不相信你的心明白自己的感受，不相信你的心可以在人際關係中展現同理和慈悲。它不相信你的直覺能帶領你走過你從沒遇過的情況。內在批評者只要你聽從它的勸告，它不相信你有推理和評估的能力，不信你能依此探索人生的困境。

※ ※ ※

除了批評者，我們還有別的選擇，那就是從「評斷」改為「辨別」。「評斷」是一種嚴厲、具侵略性的習慣，會阻斷談話，將我們束縛在過往舊有的行為當中，切斷我們獲得其他能力的途徑。「辨別」則創造了空間，幫助我們培養洞察力，並允許我們展現更多人性。辨別能力幫助我們產生智慧，允許我們選擇更有益的未來。具辨別力的內在智慧是一種更仁慈、更客觀的聲音，所有人都能擁有，它能區辨、識別，並有智慧地引導我們前進。

或許在人的幼稚園時期，批評者有其存在的目的，但是時候改變舊有的模式了。

我曾在義大利中部帶一個工作坊，與一個名叫史黛拉的學生進行了深刻的交流。她是醫師，近四十歲，是個熱情洋溢、魅力十足的女性。在我談完內在批評者這主題後，她來到我身邊很嚴肅地說：「我沒有那種批評者。」

「妳確定嗎？」我問。

「對，我找不到。」史黛拉說。她告訴我她在工作中有多成功，她如何年紀輕輕就達到當醫師的目標，父母有多麼為她驕傲。

義大利中部還保有強烈的文化偏見，我們或許可以稱之為文化批判，那就是生育年齡的婦女有很大的生小孩壓力，義大利婦女為了平衡工作與傳統對母親的苛求，往往感到氣餒。愈來愈多人選擇完全不生小孩，然而制約和信仰仍然深植心中，並經常導致相當大的內心衝突。

我說：「妳真的想要我試著幫妳找出批評者的聲音嗎？可能會很痛苦喔。」

史黛拉堅持道：「是的，是的，麻煩你，我想要了解。」

所以我猜了一猜，然後用非常平靜的口吻問她：「妳為什麼還沒有生孩子？」

史黛拉立刻淚流滿面。那句話沒有添油加醋，也沒用嚴厲的語氣，我知道她的內在批評者會聽到這句話，那位法官會讓我的問題聽來像是一道指控。「你是對的！」她哭著說：「我一直聽到那個聲音……不只在我的腦海裡，我的父母、鄰居、同事，甚至是計程車司機，那聲音總是讓我心煩意亂。」

找到批評者，震撼了史黛拉的內心，我上前擁抱她時，她哭了，但她還想繼續探索她的經歷，好讓更多故事浮上表面。我建議史黛拉找個好的治療師來幫助她探究這個問題。

事實上，這件事鼓勵史黛拉展開心理治療去處理這議題。一年後她回到工作坊，非常開心地宣布自己懷孕了。過去，她一直告訴自己，她是因為工作太忙碌所以不要小孩，但事實上是她的批評者告訴她，她不會是個好母親，而且永遠找不到伴侶和她一起生孩子。

多虧有接受治療，史黛拉正視了自己的法官，她承認自己心靈深處非常想當個母親，而且一直如此。要是當初那個因為三十七歲還單身就稱她「魯蛇」，那個說她「無能」養育孩子的卑鄙、貶損之聲得逞了，史黛拉就永遠不可能像現在一樣，找到最好的道路前進。她已經轉而傾聽她那微弱許多的靈魂之聲，因此（也只有如此），她才能找到方法既當一個成功的醫師，又當一位母親。

我們的本質中，某些特質是與生俱來的，它們存在每個人的內在，任何人都可以取用。這些與生俱來的特質之一是智慧。人們通常不覺得智慧是天生的，以為那要花一輩子的時間從經驗中習得。沒錯，有一種是「分析的智慧」，那需要經過時間訓練培養，但我們也有內在的智慧，在佛教，它指的是「自我揭示的智慧本質」，我們可以透過冥想了解、發現這種智慧本質。和史黛拉一樣，我們都能接觸內在智慧，只要我們仔細聆聽它說的話。

人的本質在我們走過生命滄桑的過程中，會受到來自文化、家庭和社會的制約。這些內在特質會與我們的個性、信仰系統，以及生而為人的各種思緒煩惱碰撞。當碰撞發生時，存在我們本質中的內在特質會逐漸受到限縮、變得扭曲，然後，這些特質不再能自由、開放、自然地釋放，而是顯得變形失真。力量受到欲望或期望所糾纏，以挫折感、憤怒和破壞性等形式表現出來。透過恐懼而顯現的慈悲，成了一種憐憫，或是為了不讓自己難過而執著地想「修好」別人。

批評者特別喜歡去扭曲智慧。事實上，批評者喜歡用自己的聲音，來取代內在智慧那柔軟、溫和的指引。批評者說：「相信我，我很了解你，我以前也遇過這種事。」智慧卻會說：「放鬆地去體驗你的經歷吧，你可以相信自己知道該怎麼做。」智慧不會像批評者那樣告訴你看似真理的東西，智慧會教導我們如何發現真理。

重要的是我們要了解，即使在那些扭曲的表象之下，本質的香氣依然是存在的。我們經常將這些扭曲的表象視為返家之路的障礙，因感到挫折而放棄，或是試圖對抗我們的憤怒、恐懼和內在批評者，想征服或擺脫它們。但我們也可以將這些障礙視為通道，為了了解它們到底是什麼，我們可以溫柔但堅定地朝著它們前進。

曾經，有某個靈性成長組織的負責人拿我當代罪羔羊，不考慮團體裡的大家準備好了沒，就強行推動一個計畫。結果導致我被迫離開這個團體，離開當時在我生活中佔據最核心位置的一群人。

幾年後我回想那件事，對那個指控我的人的仇恨壓垮了我。我一直在心裡重播自己是如何遭到誤會的那個版本，也一直想像那完全是事實。這麼做時，我注意到自己的右手做著切剁左手的動作。仇恨愈來愈強烈。為了了解這個障礙，我放任自己萌生最黑暗、最苦澀的想法。在我幻想自己可以如何把這個人從我的生命中剔除時，我讓仇恨飛馳，去感受所有情緒。我的仇恨讓人感到寒冷、工於心計、冷漠無感，而且一時之間力量強大。我的右手像把刀，它切割一切、充滿破壞力。

那時，我想起文殊菩薩，祂是經常出現在禪修場所裡的標誌性佛像。祂的右手揮舞著一把刀，那是辨別智慧之劍，據說這把劍能斬斷無知和妄想的糾纏。

那一刻，我明白了智慧才是真正的力量。在我所體驗的仇恨之中，那智慧的香氣還是存在，只是遭到了扭曲。當我能看得更清楚時，我明白了仇恨只是假冒成力量，只是偽造的力量。

隨著智慧不斷湧現，我了解到，雖然遭人排拒的那股怒意似乎是衝著外界人事物而去的，但它多年來其實一直以自我厭惡的偏執形式啃蝕著我的內心。我讓這個內在聲音不斷說著多年前的我應該怎麼做才對。二十多年來，我的批評者一直在我背後，要我改變已經發生的事，或者擺脫它，或者不要再像個嬰兒般無助。顯然，我和許多走在靈性道路上的人一樣，那股自我提升的動力挾帶了對宗教的狂熱，我一直沒有停止批評自己，一直拿自己與他人做比較，我一直不夠好。

我想起美國比丘尼、也是暢銷作家佩瑪·丘卓（Pema Chödrön），她曾寫道：「問題在於，改變自我的欲望基本上是一種對自己的攻擊。」⑥這不表示我們應該寬恕錯誤行為，放棄計畫和目標，或是放任自己困在過去的舊故事裡。這表示我們應該盡全力用仁慈擁抱我們的不完美。我們可以自我接納，善待自己，對扭曲的內在特質感到好奇，而不是試著打擊它們、要它們屈服。

※ ※ ※

當人任由內在批評者擺布時，便會背叛自己，為了阻止這種自我背叛的模式不斷發生，我們必須為自己挺身而出，必須代表自己行事。而我發現，回想一下小時候，當父母不認可你時，或是握有權勢的一方想把你認為不公平的規定強加在你身上時，你有怎樣的反應，是很有幫助的。你不假思索的反應是什麼呢？

被譽為創立了女性主義心理學的德國心理分析師卡倫．荷妮（Karen Horney）曾寫到，人在處理基本焦慮時，有三種適應策略，⑦這些策略可以應用到我們兒時對批評的反應，也可應用到我們今日對內在批評者的反應：

- 有些人會透過退縮、躲藏、崩潰、不告訴任何人和沉默不語等方式來**遠離**批評者。我們會避免衝突。你可能會跑回房間，又或許安靜地看著電視，並在過程中試圖吸收這些評斷，或是單純地忍受它。
- 有些人會藉由取悅、容納、討價還價、說服和解釋來**親近**批評者。或許你會多寫額外的家庭作業，努力幫忙家務，或是保持良好的表現以贏得讚賞。
- 有些人則會試圖控制對方來**對抗**批評者。我們會反叛或反擊，或許你會頂嘴、大叫、做出帶有敵意的行為、摔門或是爬窗，做你想做的事。

這些策略有個問題：它們還是把全部的力量給了內在批評者。我們仍然不禁對權威作出反應，而不是有創意地選擇自己的道路。為了擺脫這個舊習慣，我們需要力量。

最重要的力量來自我們與本質的反覆接觸，透過接觸，我們漸漸相信它的存在以及它充滿智慧的指引。它成為我們立身處世的基礎，我們付諸行動的重要力量。舉例來說，當我們的力量因自以為是或怨恨變得扭曲，它會以憤怒的形式出現，但我們能駕馭存在那憤怒之中的力量，我們可以利用它的活力、強度和生命力。

假設你在內心第一次出現負面反應時，就意識到它的存在，像我檢視自己對那位曾經待我不公的靈性團體負責人的恨意一樣，你或許就能在行動之前，控制住自己，不因憤怒而做出傷人的表現，轉而專注於本能的身體經驗。或許那麼一來，你就能真誠地將那股能量從攻擊導向保護自我。

市面上有各式各樣的書提供人對抗批評者的策略。對我來說，歸根究柢是這回事：鼓起勇氣正面面對脅迫人的強大力量。在此引用康明斯（E. E. Cummings）的一句詩：「長大並成為真正的自己需要勇氣。」⑧

有一次，我在教內在批評者時，一位女士舉起手想說話，她很明顯十分沮喪，臉頰發紅，全身都在顫抖。她說：「我永遠無法擊敗內在批評者，它總是贏過我，我為什麼這麼弱？」

我拉了張椅子到她身邊，然後站到椅子上，這樣的我比她足足高了一百二十公分。接著我用手指著她，用堅定的語氣大聲地說：「妳很差勁！」

她笑出聲來，「對，你看看！」她說：「批評者打擊我的時候就是這樣，難怪我會覺得軟弱，我小時候就不敢反抗大人的聲音，那聲音太大聲、太有力量了。」

然後我請那位女士站到椅子上，現在她比我高出一個頭了，我帶領著她深呼吸，進入她自己的身體，集中覺察力，想著自己的內在善良。「現在，當內在批評者說妳不好、很軟弱的時候，妳會如何反應？」我問。

「別那樣跟我說話，」她的聲音強烈又有自信：「你那樣說話會傷害我，對我也沒有任何幫助。」

說出你真實的情緒感受，對批評者的意見表現出漠不關心的態度，善用幽默感，保持和你自己身體中心的連結，駕馭你的力量——這些策略都是為了讓我們找回那充滿活力的廣闊性，也就是我們的本質。等我們成功地抵抗攻擊，並且擺脫批評者，我們可能會感覺到身體能量的改變，或許是緊繃感釋放了，又或許是能夠自在地呼吸。情緒上，我們或許會感到更有自信，對那些傷痛更慈悲；我們的思緒也或許會更清明、更不困惑。然而，殘餘的那些感覺和感受、問題和懷疑都還會維持一段時間，我們要有心理準備，換句話說，別期待立刻就能感覺到溫馨舒適。

對抗內在批評者是一項艱難的工作，需要練習。

※ ※ ※

馬修是一個同性戀，已經學佛很多年了。因為愛滋病併發肺炎住院的他正在發高燒，不時哭泣，還在床上不斷扭來扭去，好像想爬出自己的皮膚。馬修也正在與內在批評者對抗，他的批評者穿著的是宗教權威人士的長袍。他不只對自己過往的人生感到羞恥，還受焦慮控制，害怕得擔當永遠的罪。

馬修在一個基本教義派的基督教家庭中長大，父親是牧師，常用戒律恫嚇他神會懲罰他。現在，他認為自己大去之期已近，他相信神會因為他的性傾向懲罰他，讓他陷入萬劫不復的地獄。

很多人在臨終前，塵封多時的文化習慣和早年的宗教養成會突然重新出現，即便那些信仰是他們當初刻意拋棄的。我引導馬修進行他研究多年也十分熱中的正念和慈心練習，想藉此幫助他。我們在他床邊布置了一個法壇，擺上他喜愛的佛像和有療癒力的唐卡（一種西藏傳統繪畫）。當那樣做無法讓他平靜下來，我便握住他的手，按摩他的雙腳，播放他喜愛的誦經音樂。但還是沒有改善。最後，醫師開立了鎮靜劑，但即使如此還是沒用。馬修深陷在意識混亂、羞恥與恐懼的漩渦裡。

到了凌晨兩點，我已精疲力竭，覺得非常無力，所以我選擇回家睡覺。在開車的路上，我不知為何想起自己第一次領聖餐的事（領聖餐是天主教儀式，引領年幼天真的人進入神慈愛的懷抱）。我到家後，翻了翻儲物櫃，找出我的回憶盒，裡面珍藏了一些紀念品。我從那裡面找出一尊被一群羔羊和小孩圍繞著的十二公分高塑膠耶穌像。

我沒有上床睡覺，而是開車回到醫院。馬修還在呻吟、呼喊、折騰，在痛苦中翻來覆去，我拿下唐卡和佛像，換上這個塑膠耶穌小像。

正當我在撫平聖壇的桌巾時，一位名為迪娜的清潔女工走進房來，看到了雕像，她將拖把放在一邊，充滿熱情地說：「慈悲的耶穌！他的仁慈與我們同在，一切都會好起來的。」

馬修的眼睛立刻盯住迪娜，他的臉上漾開天使般的笑容，他轉身面向聖壇，凝視著那尊塑膠耶穌像，然後又望向迪娜，他全身都放鬆了。在那一刻，馬修童年那個會懲罰人的上帝、人們教他要恐懼的上帝、讓他覺得自己很可怕的上帝，變成了他了解且深愛的上帝，那個上帝愛著祂的孩子，無論他們有什麼所謂的錯誤和缺陷，那是一個友善、寬容、全然接納且仁慈的上帝。

迪娜對上帝之愛的信仰如此穩固，讓馬修得到了他所需要的力量去擊退內在批評者。我讓他們獨處，他們不需要我。

等我那天傍晚又回到醫院的時候，馬修正坐在床上微笑著吃果凍。

我們多數人都會從兒時的宗教經驗中學到，一個「善良、有宗教信仰的人」應如何立身處世。我是個佛教徒，所以我不應該生氣；馬修接受的是福音派基督教，所以他不應該是同性戀。但說真的，這些想法只是內在批評者將自己投射在我們生活的所有面向。住在我們腦海裡的那些權威人士，他們的聲音很容易來自父母及老師，也同樣容易來自文化習俗或宗教教義。

馬修釋放了他的靈性超我（superego）。在生命的最後幾天，他可以真正接受自己是個友善、慷慨且美麗的男人；他可以看清，自己兒時所接受的教養、那些恫嚇和評斷，是造成他自我拒絕的原因，在某種程度上，他總是覺得自己身為同性戀是個「錯誤」。但最後，當他不再理會自己的內在批評者，他了解到自己並沒有錯。

這是怎麼發生的呢？

因為愛。愛讓我們自由，愛是盟友，讓接納成為可能。

然而，我們常把「接納」和「認可」搞混了。接納是敞開心扉的愛的行為，認可則通常和評斷緊密相連。我們非常容易被批評者牽著走，一部分原因是我們渴望得到認可，想從外在權威（他們的聲音我們早已內化）那裡獲得自我的價值，排拒那種覺得自己微不足道的感覺。我們努力想透過不斷累積來滿足自身巨大的需求，以為若是得到夠多、做到夠多、改變夠多，總有一天我們會感到滿足。

我們擔心「接納」代表順從和平庸，不知道接納是否會讓我們成為受氣包，但事實是：我們不能改變自己沒有接受的事，所以我們得先接受。那不表示我們不會在必要的時候改變行為，或是巧妙地干預。接納讓我們有機會了解自己和內心的聲音，並檢視和它們的關係，然後我們可以利用辨別的智慧，來決定什麼是有用的、什麼沒有用。接著我們便能決定自己要如何行動。

有了接納，深層的信任也會出現。我們不再完全深陷於內在批評者的比較、評價和拒絕。我們不再怪罪自己有渴望和欲望，而是去接受這些欲望是一種愛，這種愛表達了我們內心對真實最深刻的渴望。

一段煉金術般的神奇過程會因為真正的接納而展開。藉由全心擁抱我們的瑕疵、短處、缺陷，以及所有遭到拒絕、痛苦的、可怕的面向，那些不受歡迎的就可以變成受歡迎的，即使看似不可愛的也能被愛，因為它們也是整體的一部分。我們將想像中的缺陷暴露在智慧、力量和愛的猛烈火焰中，藉此學著如何把鉛變成金。混淆化為明晰，我們在脆弱中發現了勇氣，將內在的敵人轉變成朋友，這些過程顯露出真正的寶藏，也就是存在於萬事萬物的純粹潛能，那些我們本質中閃閃發光的特性。

十、奔騰的河流

欲發出光亮
必得承受燃燒。⑨

——維克多·弗蘭克（Viktor Frankl）

全心感受經驗的重點在於，我們要如何在不閃避人性的情況下發展自我本質呢？這是生而為人最美也最困難的事。

要從這種生為人的體驗中覺醒並不是件容易的事。真正的精神修行並不是去維持意識的變動狀態（altered states），也不是超越身體、繞過難受的情緒，或是療癒內心所有未解的問題。它比那些事更腳踏實地、更真實，也更有活力。精神修行幫助我們進入做自己的純粹之中，當我們將覺察力帶進內心，帶進那些因貪婪、抵抗和逃避的制約習慣而變得僵硬的內心角落，精神修行就能帶來療癒。

正念就是在除去制約，它能培養寬容且清明、不會阻礙心靈的思緒，於是事物能夠自在展現其面貌。我們允許困難、黑暗及愚鈍的存在，我們和痛苦與困難、快樂與美麗變得更加親密，體現了全面的人性，並發現更深層、更巨大的完整感。

有時候，**別處**的東西似乎比**現在擁有的**更珍貴，但你只有接受自己的位置，才能成為你自己。

※　※　※

女兒吉娜和我正在泰北某座小島一片絕美的帶狀沙灘上散步。年輕的她很容易有情緒上的波動，這天她完全沉浸在自己對老家某個男孩的單相思之中，無法自拔。我們一邊散步，她一邊解釋著自己一定得找到電話打給他，我問她是否確定要把這段彷彿置身天堂的時光，花在想方設法要聯絡上這個男孩。

她明智地意識到自己甚至連周圍碧綠的海水都視而不見，她答道：「不要，但我該怎麼辦，我要怎麼擺脫這種感覺呢？」

我大可以把這當作是青少年的內心小劇場，但我看到一個小小的機會。我請吉娜感覺她的身體，特別是她胸口的部分，她說自己感覺胸口緊繃發熱。她做了幾次深呼吸，我問她能不能為自己正在經歷的感覺命名。

「悲傷，還有害怕自己會遭到拒絕。」她馬上回答。就在她說話的同時，她知道這種感覺打開了她一直背負著的未知悲傷。

我帶著內心全部的愛告訴她：「親愛的，別妄自菲薄，妳的想法和情緒不能代表妳，妳心裡經歷這些，但它們不是妳。」

她靜靜地站著，就像摩西看到了燃燒的荊棘，看到聖靈在他面前顯現。她的思緒有了片刻的暫停。這個簡單的真理，對她來說具有神啟般的力量。

我們躺在沙灘上看向天空，我說：「妳和我們上方的藍天一樣美好，而情緒就像是那飄過天空的雲朵，這個單戀的故事不過是另一場表演，它會過去的。情緒就像雲，可能威力強大而且帶來許多痛苦，有時候它們似乎大得擋住太陽，但那只是暫時的，別被愚弄了。」

我問，是否有一部分的她可能正與自己的悲傷同在呢？我可以看出她在找尋那部分，最後在心中找到了更寬廣的自己。我請她把注意力放在悲傷和新發現的開放空間，想想它們之間的關係。

吉娜說：「哇，這兩者的關係又像是另一件事。」

「很好，」我說：「讓它們彼此交流，彼此了解。」

慢慢地，她對那男孩的迷戀漸漸消退，覺得她和自己的關係有趣得多了。

觀看內心上演的小劇場卻不迷失在評斷或反應中，對靈性成長而言是很重要的能力。我們若是想擺脫難受的情緒，或是擺脫伴隨情緒而來的身體感覺或心理狀態，反而會讓這些感覺狀態留下來。我們將它們鎖在心裡，剝奪了它們伸展、釋放的空間，以至於無法了解它們要教我們的事。

抗拒對內在成長沒有幫助，阿瑪斯（A. H. Almaas）在《現在展開》（*Unfolding Now*，暫譯）一書中漂亮地總結道：

你的抗拒，基本上是在抗拒自己，那是一種自我抗拒。那時候的你並不與自己同在，而是在抗拒與自己同在；你不是做自己，而是抗拒做你自己……抗拒暗示著某種分裂，表示我們沒有認識到，正在發生的一切其實是我們意識或覺察的表現。舉例來說，當我們內心產生怨恨或恐懼，即是我們的靈魂、意識以一種我們當時或許還不理解的形式出現，如果我們允許恐懼或怨恨存在，擁抱它，全心全意地感受它的一切，感受它所有質地、色彩和光亮，我們就能賦予它展現的空間。[10]

面對困難情緒時，我們通常會認為自己有兩種選擇可選：壓抑或表達。

我們壓抑，因為該體驗似乎令人感到威脅、令人不安，或是不適當的。壓抑可以是一種出自防禦的選擇，好似我們在意識到一種感覺或體驗後又隨即將之藏在意識之下；又或者，壓抑的力量強大到完全禁絕這種體驗，讓它完全無法見光。

當我們壓抑體驗時，它並不會消逝，它仍然潛伏在表面底下，以原始的形式和它伴生的能量封裝在一起。當我們埋葬感受，或是迴避不理，便無法得到其中的資源，我們無法理解它，無法以有建設性的方式利用它。壓抑的憤怒很容易變成憂鬱、怨恨或恐懼。壓抑會產生心理反應，扭曲我們的知覺，導致出現佛教所謂的虛妄思想（papanca mind），也就是想法不斷產生、不斷做出反應。我們一再上演自己寫好的劇本，構思自己的反應，演出強迫性、機械性的行為。在生理上，壓抑以緊張、遲鈍、缺乏活力等症狀表現出來，甚至可能成為導致嚴重疾病的因素之一。

表達情緒則可能是正向且健康的。我們通常能藉由分享故事，來發現某個體驗的意義和價值。表達母親逝世時的悲傷，讓眼淚奔流，可以幫助我們代謝喪親之痛。但另一方面，情緒反應常常變成對外來刺激反應過度。我們沒有意識到的或未解決的那些感覺受到刺激，以我們無法承受的強度爆開來。往往，我們把氣出在他人身上，遷怒他人，因困在車陣中而憤怒，或是因為我們極度想釋放這些感覺，而試圖以其他方式取代這些不舒服的感覺。

還有第三種選擇：**接納**情緒。這是種更平衡、更有創意的反應。我們以一種關愛的方式擁抱情緒和其他相關事物，無論是否喜歡，我們都接受它們存在的事實，且帶著尊重的心正視它們。我們對體驗抱持好奇心，或許是去探究胸口的緊繃感、雙臂沉重的感覺，或是渴望著什麼的感覺；我們不為任何一種體驗加上故事，而是提醒自己在看似不同的體驗和觀點中保持穩定。

平靜下來，我們便能調整、反省和重新評估，呼吸、感覺以及全心感受生理體驗能穩定我們的注意力，允許身體成為安全的容器，讓情緒在其中得到體現與調節。然後，我們便能去反省，表現出情緒或不必要地沉緬於這些情緒可能會帶來什麼後果，以及可能如何傷害自己或他人。我們可以重新評估那些不假思索的負面反應，甚至可能重新詮釋我們對事件的認知，從中發現新的意義，幫助我們以有建設性的方式連結自己的情緒。我們明白自己可以選擇朝著健康的方向走去，或是至少對自己做出的反應投注耐心和仁慈。

※　※　※

面對親友死亡，感到悲傷是很正常、自然的反應，想完全逃避也是自然的。

有一則廣為人知的佛教故事，一般稱之為芥菜籽寓言。故事中，一位名叫迦沙・喬達彌（Kisa Gotami）的婦女，有天突然失去自己八歲大的兒子，她悲痛萬分，於是帶著兒子的屍體在村子裡走來走去，懇求大家幫助她，給她可以幫助她兒子的藥。

有人送她到佛陀正在講述佛法的地方，她求佛陀幫助她。「拜託，救救我兒子。」她懇求道。

佛陀回答：「我的確可以幫妳，但妳必須先完成一項任務。」（在這些神話故事裡總會有個任務。）「妳必須找一顆芥菜籽來給我，這顆芥菜籽必須來自一個從未有人去世過的人家。」

在當時，芥菜籽是常見的家用香料。佛陀明白，迦沙・喬達彌必須暫時相信自己的兒子能復生，她還不能接受他的死去，佛陀並不打算剝奪她的否認，或是否定她任何一部分的經歷，只是要巧妙地帶領她發現那強而有力的真相。

迦沙・喬達彌帶著希望走進村裡，敲了一家又一家的門，卻找不到任何一戶人家從未經歷過死亡，沒有人能給她那顆芥菜籽。她於是明白了每個人都會面臨死亡，不再感到孤立，並因此得到了平靜，將孩子下葬。她沒有遭真相擊敗，而是從真相得到了安慰。

這類故事的困難之處在於，我們有時候難以從中汲取智慧，而是將它們放在一段安全距離之外。我們會對自己說：「是啊，但這些事發生在兩千五百年前。」或是：「喔，對啊，但這只是個故事。」因此，我喜歡想像如果這些事件真的發生在此時此刻會是什麼樣子。

如果這位悲痛中的女人走進你的社區，走到你住的這條街，敲了你的門，懷裡還抱著她已去世的兒子，你能想像自己看到她站在那裡的情形嗎？你打開門時，會做什麼？花點時間想一想，說真的，你會怎麼做？想想自己會有什麼反應。

有些人可能會邀請她進屋，擁抱她，甚至可能將孩子接到我們懷裡，我們或許會煮點食物、泡杯茶，或是用其他方法安撫這位悲傷的母親；其他人可能陪她坐在沙發上，聽她說話，如果可以的話，就陪著她哭泣，和她分享我們自己親友離世的故事。但毫不意外地，我們多數人不知道該說什麼、該做什麼，我們心亂如麻時，只能說出空洞的陳腔濫調，諸如「他到了更好的地方，他與上帝同在。」或是「每件事情發生皆有其理由。」如果我們誠實面對自己，我們或許會承認自己甚至可能害怕到不敢開門，轉而打給相關單位，例如報警。

或許在過去，迦沙．喬達彌的村子裡真的發生過那些事。我懷疑她的故事沒有那麼簡單，死亡是混亂的，喪親之痛則是更嚴重的混亂。我想像迦沙．喬達彌走過一戶又一戶人家，遇到了其他人的喪親之痛、排斥、孤獨和慈悲，此時，她不只開始明白死亡會找上每個人，喪親之痛也是大家的共同點，它是將我們連接在一起的結締組織。

我們大多數的人都無法給出那顆芥菜籽，我們每個人當然都免不了要面對親友逝去，都有自己的喪親之痛。我們自我保護的傾向讓我們將這些難受、有時是羞恥的經驗，存放在思緒黑暗、擁擠的角落。但每次新的死亡都會再次引發回憶。在失去摯愛的強烈悲傷中，我們會重新發現自己一直帶在身邊的悲傷，那份存在我們生命中平凡、日常的悲傷。

之前在禪安寧療護計畫裡，我們照顧過一位乳癌婦女，名叫辛蒂，她的父母住在南達科塔，父親克萊德四十年來一直在一家肉品包裝廠值夜班。

由於知道辛蒂大去之期將至，我打電話告訴克萊德，如果想在女兒逝世前陪陪她，他必須馬上來舊金山。

「好吧，」他說：「我搭火車去，兩天內會到。」

我問克萊德為什麼不直接搭飛機過來，他說他從來沒有搭過飛機。我說：「克萊德，我想你的動作得快一點。」

所以他說，他會搭飛機來，當晚十點就能抵達。我走到辛蒂的床邊，在她耳邊小聲地說：「妳爸要來了，他十點就會到。」

她開始不斷咕噥：「十點，十點，十點。」

她父親的飛機晚上十點降落在舊金山機場的同時，辛蒂走了。我們尊重她原住民的根源，用草藥湯沐浴她的遺體，並且在遺體上鋪滿從院子裡採下的香草和花朵，像是鼠尾草、薰衣草、檸檬香蜂草、月桂葉、香味天竺葵和玫瑰花瓣。

我負責在一小時後去前門迎接辛蒂的父親，並且告訴他，他三十歲的女兒已經去世的消息。震驚的克萊德一開始只是在走廊上走來走去。有一名志工陪著他，也有一個人陪著辛蒂；一個人陪伴著悲痛中的男人，另一個人則在見證死亡。

最後，克萊德終於能走進辛蒂的房間。幾個小時過去了，有些時候一片寂靜，有些時候則能聽到他對著耐心聆聽的志工說著辛蒂的故事。我們大多數時間都只是在旁邊陪著他，不打斷他，試著對喪親之痛的情緒感同身受。

大約在凌晨三點時，我說：「克萊德，我累了，我得去睡了，早上還要送小孩去學校。」

他說：「沒關係，我會陪著辛蒂。」

我八點回來時，看到克萊德坐在他女兒的床邊，他的右手伸到花床下，放在辛蒂的足部，左手則握著一個貝果。他用肩膀夾著電話，正為女兒安排葬禮。

顯然，克萊德身上發生了巨大的轉變，現在他願意和自己的喪親之痛共處了。我問是什麼變了，並且加上一句：「作為一個父親，我不能想像你正在經歷的事，白髮人送黑髮人一定很難受。」

克萊德直截了當地說道：「你知道，我明白了一些事，這我其實並不陌生。」

我們往往以為，悲傷是人們對某個事件（通常是摯愛之人的死亡）做出的劇烈反應。然而，如果仔細觀察，我們會發現其實生命中的大部分時候，悲傷都陪在我們身邊。克萊德說的是日常生活中的悲傷，是人在面對幾乎每天都會出現的各種失去及小小死亡時，所產生的反應。失去寶貴的珠寶、遭老闆炒魷魚、突然被提出分手、不孕、遇到財務危機、孩子們離家上學去、失去精力、活動力或心智能力、失去控制、失去夢想。當我們想起自己無心的舉動如何傷害到他人，也會為日常生活帶來悲傷。在我們不被認可、期望得不到滿足時，悲傷也會出現。有時候悲傷來自得到卻又失去，有時候則是因為我們從來未能擁有。

※　※　※

難過只不過是喪親之痛的其中一種面貌，我發現將喪親之痛看作一個反應的群集，或是一個不斷變化的過程很有用。作家路易斯（C. S. Lewis）在妻子死後寫道：「沒人告訴我喪親之痛這麼像恐懼。」[11]我們的喪親之痛以憤怒、自我評價、後悔和內疚等方式呈現。我們會經歷孤獨和釋懷、責備和羞恥，和一陣陣的麻木感，彷彿自己正在黏膩的糖漿中艱難前行。摯愛死去時的強烈感受會將人吞沒，很少有人能準備好去面對。

凱倫從事佛教冥想多年，也是園藝大師、熱愛大自然的人。她的父母在一年內雙雙過世，父親突然自殺讓她格外痛苦，她形容自己的喪親之痛是一種強烈的憤怒。在這些事件發生後不久，某個環保團體邀請她到一個拯救老紅杉林的集會上演說，凱倫的反應卻是對著電話大吼：「我父親死了！沒有樹了！」

在面對他人與自己的喪親之痛時，我們通常會害怕且不耐煩。我們對喪親之痛未知的恐懼，導致我們催促其他人盡快走上痊癒的道路，但每個人的喪親之痛都有獨特的節奏和質地，它是靈魂深層、緩慢的過程，催不得。

多蒂的兒子死於愛滋病。幾年過去了，她告訴我，一家大型安寧機構裡負責輔導喪親之痛的某位志工一直過度熱心地不停問她：「妳對兒子的死有什麼感覺？」多蒂是個很重視隱私的人，她只答道：「我很痛，一個母親失去兒子時還能有什麼感覺？」

有好幾個月的時間，這位志工和多蒂的支持團體，堅持要努力幫助多蒂「接觸自己的感受」。多蒂說，在訴說自己的故事時，「那陣子的我覺得很罪惡、很困惑，不是因為我兒子的死，而是因為那個志工在尋找且明顯需要的東西，我真的給不了。」

我們必須容許喪親之痛以各種方式表達出來，從麻木、沒有表情，到狂野、失控地展現情緒。在傳統的喪親支持團體中，並不允許悲傷這樣近乎瘋狂地爆發出來。然而那種悲傷是無法預測、無法控制的，你可能一整天都好好的，突然間，一段回憶遭觸動，然後悲傷就淹沒了你。強烈的情緒會在你最沒有準備的時候朝你襲來，有位喪母的朋友說，這發生在她逛當地超市的麥片區時，「在麥片和葡萄乾麥片之間，我就這麼情緒失控了。」

我們對失控的恐懼讓我們想要處理喪親之痛，或是克服喪親之痛，奇怪的是，我們從來不說「處理」我們的愉悅，或是「克服」快樂。喪親之痛就像一條流貫我們生命的小溪，我們要明白，親友死亡的這件事永遠不會過去，它會存在一輩子，會改變的是我們與那個死亡的關係。那人的死亡不會永遠帶來強烈的感受，或永遠以同樣的方式表現出來。但是為親友死去而悲痛是人類面對死亡的自然反應，那種痛會一直都在，愈是排拒，痛苦只會愈強烈。

喪親之痛挑戰了我們對「控制」的理解，在我們刀槍不入的防護罩敲出裂縫，它揭露了我們躲避事實的種種方式，要求我們承認那一直存在、但過去沒有好好認識的東西：人的脆弱。

喪親之痛如此巨大，因此我們不臣服在它的力量之下，反而想透過尋找資訊和模式、勾勒出喪親之痛各個可預測的階段，來帶領自己比較輕易地走過悲傷。但這麼做，有可能讓人誤以為地圖就是真正的領域範圍。想走過喪親之痛，熟悉整片環境、了解它的模式確實會有幫助，但喪親之痛沒有「正確」的表現方式，沒有時間表，也不只有一條路。而且，走過喪親之痛沒有捷徑，唯一的方式是直接走到它的中心。

我們無法克服我們的痛苦，只能經歷它，然後因它改變。

在禪安寧療護計畫裡，我們的志工協調員艾立克．波赫（Eric Poché）想出一個簡單的公式，我們常用它來描述喪親之痛，內容是**死亡**（loss）、**迷失**（losing）和**放鬆**（loosening）。這裡頭沒有階段，也不是當作地圖來用。走過悲傷不是一個線性的過程，死亡、迷失和放鬆的經驗只是我們經歷喪親之痛時經常陷入的循環，或者，這些經驗也可能突然衝進我們的意識裡。

面對親人**死亡**（loss），人最一開始體驗到的往往很本能。即使死亡是預料中的事，我們的身心似乎還是無法立即接受，我們不想相信自己所愛的人已經離世，喪親之痛就像肚子遭人狠狠揍了一拳，讓你無法呼吸。常見的反應是震驚和不確定，你或許會覺得失去與其他感受或與其他人的連結，就好像在夢遊，或是活在夢裡，找到平衡成了難事。

碧珀走過漫長的抗癌之路，嚥下最後一口氣時，她的姊姊琳達正在大廳裡。等琳達回到房間，她大吃一驚，然後身體痛苦得縮成一團，抱著自己泣不成聲。她坐到床邊的椅子上，握著碧珀的手，雙目無神不停地搖頭，一再重複說著：「她這麼年輕，不可能，不會有這種事，不會有這種事。」

這種時刻不需要任何解釋，只需要陪伴。大約一小時後，我們依照慣例邀請琳達和我們一起為她妹妹的遺體淨身，琳達厲聲大喊：「她還沒死！」

碧珀很明顯已經去世了，她沒有呼吸、心跳，眼睛也已經開始混濁。從理性的角度，你很難想像琳達何以否認這些事實。然而在這一刻，她的思緒不允許現實進入，我直覺地問琳達：「妳妹妹最有活力的時候是什麼時候呢？」

她回答：「喔，碧珀小時候是個調皮鬼，總是給我們爸媽惹麻煩，她十幾歲的時候變得更加頑皮，高中畢業後，她成了個冒險家，愛到洞穴探險、愛爬山，後來又成了左翼政治雜誌的編輯。她野得很，很難搞，超級有活力。」

慢慢地，愈來愈多故事湧現，琳達說：「碧珀幾年前生了病，我們一開始不知道那是什麼，後來她開始化療，化療後開始無法走路。法蘭克你記得嗎，她來安寧病房之後沒多久就跌倒摔斷了手臂，你還帶她去急診室。好固執！她在行動時不要別人扶。

「一切發生得太快了，過去這幾天她不再吃東西，然後不再說話，甚至不再喝水。她今天的呼吸真的變了，不是嗎？愈來愈慢，而且還間隔很久。我只是去大廳上廁所幾分鐘，等我回來的時候，她就溜走了。」

停頓一陣子之後，琳達說：「現在我們可以為她淨身了。」

淨身後，我們為碧珀穿上美麗的白色和服，把花朵鋪在她的身旁。訴說妹妹的人生故事，幫助琳達接受碧珀死亡的事實，幫助琳達活在當下。她後來告訴我，極其細心地為妹妹淨身、那麼直接地觸碰死亡，這過程成為她的避難所，當困惑或否認再次浮現想阻擋事實時，她便會回想那些時刻。

震驚和懷疑通常會讓你感到內疚和悔恨，我們會無情地評斷自己。我經常聽見像是「我應該早點帶她去醫院的」、「我們應該試試其他療法」、「但願我多花點時間陪她」，還有「真希望她去世時我能陪著她」這類的話。我們對自己殘忍的能力，總是不斷讓我感到驚訝。如果我們能停下來，聽聽自己的聲音，我們的心也一定會擁抱我們的痛。

如果沒有認識到這一點，因喪親之痛而起、且常常難以預測的情緒，通常會強大且失控地將人淹沒。經過數個月精疲力竭的照護、不斷看見所愛之人受苦，他們離世讓我們鬆了一口氣，但我們卻可能以這種如釋重負的感覺為恥。有時候，我們會憤怒、極度憤怒，想怪罪某個人，怪誰都好，「該死的醫生，他們說她還有六個月啊。」或是「怎麼會有神就這麼帶走一個正值壯年的人的性命？」當我們的憤怒對象轉向已逝之人時，特別讓人思緒混亂。但事實上，我們生氣的或許是那個人丟下了我們，留下了這些痛苦、孤獨和混亂。

這些痛苦的心理狀態無法避免，如果你正在幫助生者，或你自己就是生者，很重要的是去承認這些感受，並理解這些感受都是完全正常的。有些人會淚流成河，有些人會感到麻木，男女悲傷的方式也不一樣，沒有正確的方式，只能照自己的方式進行。

喪親之痛讓人腦袋一片混亂。我們會忘記帶鑰匙，或是到了一個地方卻想不起為什麼要來。在禪安寧療護計畫中，喪親之痛的這種狀態，我們稱之為**迷失**（losing）。我們無法集中精神，活在混淆的現實裡。在所愛之人去世後，這種狀態會持續一段時間。

有位女子曾描述，母親過世幾個月之後，她有天在街上走著走著，駐足在一個櫥窗前，看到櫥窗裡有一盞她母親一定會非常喜歡的檯燈。回家後，她拿起電話打給她母親想告訴她這件事，然後她對自己說，**喔，天啊，我一定是瘋了**。但這種經驗在經歷悲傷時是很正常的反應。

在過去，人們會在手臂綁上黑帶，讓他人知道自己正在服喪，因為處在喪親的悲傷之中就像身處改變的狀態。而且，人們會以不同的方式對待哀悼者、會照顧這些人。在所愛之人去世後幾天、或幾個禮拜，不要預期自己可以正常生活。找人幫忙吧，讓別人幫你煮飯洗衣服，取消你的約會，給自己一點時間慢慢來。可以的話就散散步，你的身體會以各種奇怪的方式反抗，疲勞得不可思議，腿像綁了鉛塊，煩躁不安會佔據你整個人。你或許不想吃飯、睡覺，或許想整天睡覺。找個人抱著你，或是找件有所愛之人氣味的衣服，緊緊地抱著它。做讓自己分心的事只是延後這段經驗，它不會因而消失不見。

迷失會持續幾週、幾個月，甚至幾年。當所愛之人死去，我們會一次又一次失去那個人，特別是在假日，在做困難決定的時候，或是在我們渴望分享的私密時刻。

在這段期間，我們更清楚地了解那個人在我們生命中所扮演的角色，也為失去他感到悲傷。妻子去世時，我們失去的不只是一個妻子，如果負責照顧孩子的人是她，或是負責賺錢、或是帶著愛和溫柔觸摸我們身體的人是她，這些事也都會一併失去。有個人告訴我，他太太負責跑銀行，後來他每次去存錢都會哭，他說：「只要去到那裡，都覺得又失去她一次。」如果我們的父母去世，我們或許會覺得自己非常脆弱，他們是我們與死亡之間的緩衝墊，突然間，我們更加清楚意識到自己也會死去。

這個喪親之痛的階段最孤單，朋友們離開了，其他人則給予我們不需要的建議。一位婦女在喪夫之後告訴我，她朋友建議她應該養隻狗來作伴；其他人則叫我們保持忙碌，或是讓生活繼續前進。他們對痛苦的恐懼和我們趨吉避凶的文化傾向，促使他們做出這樣的建議。不幸的是，這些建議一點幫助也沒有。

我的朋友卡若琳說，她丈夫死後唯一有幫助的事情是，一個朋友每週都打電話邀她出門吃晚餐，朋友說：「我知道妳可能不想去，妳可以拒絕，但我要妳知道，妳需要我時我都在這裡，下週一我會再打一次。」

迷失時，要待在你最信任的人、那些有權傾聽的人身邊，如此有助於減輕和生活失去連結的感覺。那些有意識地走過自己親友死去經驗的人，也知道不帶評價或目的地聆聽你訴說有多麼重要。

在迷失這個階段，重要的是允許自己感覺疼痛。有些人說時間會療癒一切，這種半真半假的說法很危險，光是時間不會讓人復原，時間加上關愛才會。

有些人藉由寫信給逝者展開這個過程，他們說出未說出口的話，或是重述自己覺得必須再說一遍的話；有些人則製作剪貼簿或相簿。儀式也有幫助，我通常會建議人們在家裡找個地方佈置一個小壇，在壇上放張照片或是逝者一些特別的物件，每天花點時間待在那裡，和他說話，告訴他你的感覺，或許花點時間冥想或祈禱。利用這段時間祝願逝者不再受苦、願逝者受慈悲照拂。

一位禪師聚集了幾個失去寶寶的母親，讓她們在某個週末聚在一起縫製一個「絡子」，也就是迷你版的標準佛教僧袍，看來像圍兜，由十六條以上的布條縫製出磚狀圖形。女人在縫製時會聊自己的寶寶，分享自己身心遭受的痛楚。

那個週末的結尾是舉辦一場將絡子掛在地藏王菩薩雕像上的儀式，人說地藏王菩薩是菩薩戒的體現，發願拯救眾生脫離苦海。在日本，地藏是旅人及孩童的保護者，特別眷顧水子（mizuko），這個字直譯為「水的孩子」，指的是墮胎、死胎或流產的嬰兒靈魂。有些未出生、未命名的孩子在這個時候得到了名字。這通常是第一次，也是唯一一次，這些女人承受的寶寶死亡得到承認，而且進行儀式表達心意。她們覺得這樣做十分療癒人心。

多年來，我每年都為愛滋病患者舉辦靜修營，其中一個晚上，我們會聚集在營火旁自我介紹，談談自己生命中遭遇到的沉痛失去。對某些人來說，那是失去了希望、或失去了信仰；對其他人來說，是失去了認同；對許多人來說，是一個個多得讓人麻木的死亡，他們眼見著十個、二十個、三十個親近的朋友死於愛滋病。

我們在聆聽的同時也見證了彼此的故事。我們會發現，自己可以對如此毀滅性的悲傷敞開心胸，甚至從傷痛中復原。我們會發現，自己的悲傷是可以處理的。

不是疼痛讓我們覺醒，而且是我們對疼痛的關注。我們願意去體驗、探索我們受的苦，所以產生慈悲與仁慈。持續的關愛融化了我們堅固的防禦，釋放了舊有的固執。我們開始邀請那份疼痛進入我們的內心，長久以來一直遭到拒絕、一直得不到空間的想法、身體感覺和情緒的動盪，開始被安穩地安置在我們的意識之中。

放鬆（loosening），這個階段在於打開我們喪親之痛的死結，是屬於再生的時間。你無法回到過去，因為現在的你已經是不同的人了，已經因經歷悲傷的旅程而改變，但你可以重新開始擁抱生命，重新開始感覺自己活著。情緒的強度多少已有所減弱，再想起那人的死，也不會陷入悲傷的束縛之中。你不必拋棄所愛之人，也能繼續向前行。

有位老婦人是這麼解釋的。她說所有重大的決定都是她和先生共同完成的，先生逝世後，有好幾個月的時間，她還是在餐桌上為他保留了一個位置，她會坐下來和他說話，問他的意見，就好像他還坐在桌子對面的位置上。

她說自己漸漸停止了這習慣，但她還是會傾聽腦海裡的他的聲音。需要做決定時，她會以他曾說過的話、做過的事來擬定計畫。經過大約一年充滿愛地關注著他和她的悲傷，她開始注意到問題的答案已經來自她自己的聲音，而非他的。

「我的人生現在自己作主了。」她說：「他和我一起四處旅行，但由我決定我們要去哪裡度假！」

當親近的人離世時，我們會經歷巨大的失去感。一開始，那感覺就像探向一隻總是伸在那裡的手，卻發現那手再也不可得；慢慢地，我們會發現彼此的關係還是持續著，那個人以某種方式內化了，你可以帶著他們走到天涯海角。他們可能會突然嚇你一跳，在你最意想不到的時候浮現與他們有關的回憶。你可以和他們說話，他們也會和你說話，他們能和你同在，你也能和他們同在。你沒瘋，因為你感覺到的是活在你心裡的所愛之人。

喪親的悲傷過程就像你們關係轉變的過渡空間。那個人的物理存在曾經是兩人關係的中心點，但現在已經沒有這個物理存在了，關係的中心是存在你心中的感情和愛。

哀悼所愛之人的死亡就像遭人丟進一條奔騰的河流，河裡是強烈且衝突的情緒，河水拉扯著我們向下，拉到生命的表面之下，進入無法呼吸的暗黑河水之中，我們瘋狂地努力想逃離這個內在旅程的漩渦。當我們臣服，我們感覺自己給溫柔的水流帶往新的目的地。從水中再度現身時，我們帶著清新的眼神踏上岸，以全新的方式進入這個世界。

陪伴臨終之人、走過自己的喪親之痛，這些或許是你我人生將會面臨的最大挑戰，但別逃避，全心感受經驗。當我們照顧所愛之人，並以極有尊嚴、無可挑剔的態度去做時，當我們感到自己已經完完全全、毫無保留地進入喪親之痛後，一定會感受到強烈的悲傷，但我們也會感到感激，並且有可能開啟我們過去從不知道的喜悅和愛的寶庫。我稱此為「不朽的愛」。

在喪親之痛中，我們得以接觸過去觸碰不到的自己。在覺察之中，走過悲傷的旅行成為邁向完整的途徑。喪親之痛會超越個人失去帶來深刻的理解。我們每次經歷失去，就有另一次機會能更深刻地體驗人生，它向我們呈現生命中最根本的真理：無常的不可避免、苦的根源，和單獨存在的幻覺。我們開始發現，悲傷不能代表我們，它只能移動而過。

最終，我們或許還是會恐懼死亡，但我們不再那麼害怕貼近死亡活著。在臣服於悲傷的過程中，我們學會了投入生命。

十一、聽見世界的哭喊

如果你希望他人快樂，請練習慈悲；如果你希望快樂，請練習慈悲。⑫

——達賴喇嘛尊者

加州兀鷲是一種壯麗的生物，它是北美最大的鳥類，這些壯觀、近乎神話般的生物擁有展開後將近三公尺寬的雙翅，像神祇般翱翔在大索爾（Big Sur）海岸上空。曾經，有數以百計的兀鷲棲息在太平洋沿岸山脈的高大紅杉林中，但一九八七年，人們為了保護這個物種免於滅絕，捉下了最後一隻自由飛翔的兀鷲。

在九〇年代晚期，人們重新野放這些受人圈養的加州兀鷲，想藉此恢復這個瀕危品種的數量。不幸的是，這些大鳥重拾自由後適應不良，牠們沒有做好在野外生活的準備，經常出現在不屬於牠們的地方，圍著大樓和人群困惑地繞著圈子飛，因太過害怕而不敢冒險進入樹林。

野生動物專家很快地了解自己過去用錯方法了，後來幾次野放，他們都確保這些大鳥很早就由成年兀鷲撫養長大，因此人類對牠們的影響較少。新一代被圈養的年輕兀鷲野放後都適應得很好。現在，加州兀鷲族群正在蓬勃發展中。

在佛教之中，智慧和慈悲被喻為修行的兩大翅膀，如果兩者的平衡不夠發達或不成熟，我們就無法飛行、無法找到自由，就像早期遭圈養的兀鷲，我們未能做出聰明的選擇，最後只能繞圈飛行。沒有智慧的慈悲很容易變成感情用事、多愁善感；沒有慈悲的智慧則可能顯得冷酷、淡漠且理智。

能產生慈悲的智慧是清楚地意識到我們相互依賴，了解我們不是單獨存在的。我們看似單獨存在，但這是一種誤解，這種受制約的觀點形塑了我們如何看待自己、如何與他人互動。

我有幾個衝浪的朋友，他們總是想教我關於海浪的知識。他們說創造海浪的基本力量來自數千里外的海岸，說風力如何帶出海水移動的能量，以及浪波如何變成岸邊的陣陣浪花。他們指出潮汐和潮流的影響、海底的形狀、礁石的長度、波浪的高度、波浪的風浪區和湧面，以及它們如何排列。他們花了無數時間研究海浪。老實說，我不見得看得出他們所看見的那些東西。

但我的確看到每道浪都非常特別，沒有兩道浪是相同的。它們在許多不同的條件下形成、存在，表現出獨特的美，然後碎成浪花，撲上海灘，最後流回海中。每道浪都是截然不同，但卻不是獨立存在的，它們都是同一片大海的一部分，大海是一個大實體，海浪則是它的一種表現方式。

人類就像那樣：精巧獨特而有差別，但不單獨存在，在我們獨特的差異下，共享同樣的基礎本質，我們都是同一片巨大海洋的一部分。

當我們不再將自己困在單獨存在的狹隘觀點中，便開啟了更寬廣的世界觀，明智地認識到我們並不孤單，也不能獨自過活，我們認識到自己和他人糾纏在一起，且和萬物相互依存，包括大地、天空、海洋，以及居住其中的生物，還有影響我們生命的可見及不可見的力量。

這種理解不需要宗教或任何深奧的精神信仰，它根據的是對日常的觀察。大家對水、食物、家和愛的需求都是類似的，對關注、感情、存在感及快樂的渴望也十分相似。不管我們之間的差異有多巨大，一般而言、在本質上，我們人類都是一樣的。

有一種簡單但有效的冥想練習讓這個真理突顯出來，而且它可以喚起我們神經系統內建的慈悲。選一個和你在同一輛公車上的老人家，或是想一想那則令人心碎故事的主角，或是想一想更切身的時刻，例如你與另一半爭吵而你想打破一方攻擊、一方閃避的循環；遇到新朋友的時候也可試試。靜靜地重複這幾個句子，強調你和他人的共通點，感覺單純的人性善良帶來的連結：

這個人和我一樣，有身體、有心、有思想。

這個人和我一樣，會擔心、會害怕。

這個人和我一樣，盡全力好好走人生路。
這個人和我一樣，我們都是人。
現在，請允許一些仁慈的幸福願望出現：
願此人能有力量和有人扶持去面對人生中的困難。
願此人能不必受苦，免除苦的根源。
願此人平靜快樂。
願此人被愛。

一旦我們能在他人身上看見自己，或是在自己身上看見他人，便能徹底地改變我們生存在這個世界上的方式。改變對事物的理解能帶來心靈的轉變，我們不再騙自己去相信，故意不尊重別人、高高在上或貶低自己、或自私行事能帶來真正的快樂。如詩所言：「只有仁慈才有意義。」⑬

我喜歡看達賴喇嘛尊者用簡單的語言解釋一些複雜的概念，他說：

不可否認的是，我們的快樂與他人的快樂息息相關；不可否認的是，如果社會受苦，我們也會受苦；不可否認的是，我們的心靈思想愈是受到邪惡意志折磨，我們就愈悲慘。因此，我們可以拒絕一切：宗教、意識形態、所有學到的智慧，但我們不能逃避愛和慈悲的必要性。

※　※　※

我們明白在本質上，關心另一個人和關心自己沒有區別。利他主義是一種智慧的自然表達方式，是出於對共同人性的認識而發起的行為。

如果左手割傷了，右手會自然而然地伸出來照顧傷口，它不問傷口是否值得自己的注意，也不問是否和自己上同一個教堂，或是否和自己有相同的政治觀，它也不擔心是否參與過度而遭捲入痛苦之中。這隻手只是帶著愛和慈悲擁抱另一手。為了他人利益無私行事就像是這樣。

孩子具有天生的利他主義和慈悲心，或許是因為他們沒有體驗到自己與他人之間僵硬的界線。

兒子蓋比小的時候，我們會一起在舊金山散步。看到流浪漢露宿街頭總是讓他感到心碎，所以我們會帶著一袋零錢，把錢分給我們經過的流浪漢。

他四歲的某一天，我們走過一個衣衫襤褸的老人，他臉上留著蓬鬆的白鬍子，老實說，我覺得他有點可怕，但蓋比的第一反應是：「爸，我們能帶他回家嗎？」

「不，」我說：「我們不能。」然後我們繼續前進。

走了一個路口後，蓋比停下腳步，皺起眉頭說：「應該要有人對他好一點。」

「那我們請他吃頓晚餐？」我建議。所以我們這麼做了，我們回頭邀請那位男人去對街吃晚餐，問他有關他人生的問題。當你花時間聽某個人的故事時，你往往會發現這個人只是一個很普通的人。這人叫做約瑟夫，曾經是個建築工，但生活因為房地產價格暴跌而陷入困難，他失去工作，花光了微薄的積蓄，接下來的你知道了，他流落街頭。

我們與他人共享感受的能力可能讓人快樂，也可能會帶來麻煩。當朋友宣布他們剛陷入愛河，我們可能也會間接感到開心，聽到旅行故事時會感到興奮，或是聽到家人回報最近健康檢查結果正常時，會感到鬆一口氣。經驗透過分享可以加倍。

同樣地，看到所愛之人受苦，我們共享的情緒也會遭觸發。當另一個人悲傷地哭泣，我們也會感受到難過而開始哭泣，看到無助的難民小孩遭沖上異國的海灘，或許我們的心中也會產生無力感。

區別「與他人感同身受」（empathy，或稱同理心）和「慈悲」（compassion）是很有幫助的。[14]前者是指感受到他人感覺的能力，因此，在形成人際關係和社會網絡時，它是必要且基本的黏著劑。

然而，我們必須平衡和管理自己第一時間的同理反應，以免混淆了自己與他人的感覺。對那些一直看別人受苦的人，像是護士、老師、諮商師、治療師和急救員，這件事特別重要。否則，同理心很容易陷入同理過度，對我們的健康和幸福產生負面影響，導致疲憊、孤立、精疲力竭、甚至是自私行為，例如為了減輕我們自己因為同理他人而感受到的悲傷，對對方採取某些行動。

卡爾・羅哲斯（Carl Rogers）對有所本、健康的同理心有很精湛的描述，他寫道：

它意謂著進入另一個人的私人知覺世界，並在其中感到非常自在。同理包括時時敏感地感受他人心中感覺到的意義變化，感受恐懼、憤怒、溫柔、困惑或是任何他或她正在經歷的一切。它意謂著暫時過著別人的人生，在不帶評價的情況下微妙地進入他人的人生；它意謂著感覺他或她幾乎沒有意識到的意義，但這不表示要完全揭發那不被意識到的感覺，因為那太危險了。它包含了當你以獨特無畏的角度觀看他或她所害怕的事物時，傳達出你對此人世界的感覺。

以這種方式與他人同在，代表在那個時間，你放下了自己的觀點和價值觀，不帶偏見地進入他人的世界。在某種意義上，這意謂著你放下自我，只有足夠自信，知道自己不會迷失在他人陌生或怪異的世界中，可以隨心所欲舒適地回到自己世界中的人，唯有這些人才能做到這些事。[15]

同理心雖然可以引發慈悲，但想對他人受的苦表示關心，因而獲得動力去提供幫助，我們不一定要跟這個人有相同的感受。因為，兩者還有一個有用的區別，同理是我們和別人**感同身受**，慈悲是我們**理解**另一個人的感覺。

此外，慈悲和同理心的區別在於，慈悲有減少他人受苦，促進他人幸福的強烈動機。沒有慈悲，我們無法對別人受的苦敞開心胸。慈悲是一種內在指引，幫助我們回應痛苦的真正面貌。

我喜歡愛情故事，凱瑟琳也是。有天晚上，當我們在安寧病房裡看著電視播放的《麻雀變鳳凰》時，她宣布了一件事。她或許只能再活六個禮拜，但她想嫁給她的愛人，並且問我是否可以主持儀式。

「當然，這是我的榮幸。」我說：「但妳真正需要的是一個婚禮策劃師，妳很幸運，這我很在行。妳要知道，婚禮有很多細節得計畫。」

所以我每天都會進入她的房間談論婚禮的事，我問她關於婚禮各方面的問題：關於她要嫁的那個人，她為什麼愛他？她對他們之間的相處有什麼顧慮嗎？他們會寫下自己的誓言嗎？她想要哪種蛋糕？典禮舉行時她想坐在輪椅上，還是在床上？想穿哪種禮服？我一直都知道，這些對話中發生的事情比婚禮細節本身更多。

有一天，在決定要用什麼蛋糕的時候，凱瑟琳突然流下眼淚，脫口而出道：「我真希望我母親能出席。」

凱瑟琳的母親已經去世六年，但她對此刻的凱瑟琳非常重要，比她的癌症、甚至她即將死去的事實都還重要。母親不能出席見證這場婚禮，對她而言，那就是苦的面貌。我可能沒注意到這點，或是只說出一句老話：「喔對呀，如果她在那就太好了。」但我沒有，我們直入問題的核心，討論該如何讓她母親參加這場婚禮。

「我們可以在現場放一些她的照片。」凱瑟琳提出建議。

「好主意，」我答道：「還有，如果她出席，妳希望她在婚禮上說些什麼？」

凱瑟琳想了想，然後害羞地問：「我希望她大聲念出她去世前寫給我的那首詩，你可以念嗎？」

「全心全意。」我回答。

若我們不帶評價地注意、全心回應他人的痛處，心就會打開，它能感到被關心、被看見。慈悲是去了解必須關懷的範圍，但專注在理解當時最重要的事。有時候，那份理解如此親密，甚至讓我們認為自己和他人進行了一次「靈魂與靈魂」的相遇。

史蒂芬和瑞克都因為愛滋病住進安寧病房，在禪安寧療護計畫中心裡的房間相距不遠。瑞克除了愛滋病外，也因為中風而右半身癱瘓，且留下失語後遺症，讓他說話變得混亂不清。他對自己的情況感到非常生氣，對大多數人都像刺猬一樣。這種情況再加上他無法溝通，讓他變得孤立。

史蒂芬則是相反，他的態度和行為開放且光芒四射，走進他房間你會覺得像走進一個聖所。史蒂芬做了功課，了解這趟面對惡魔的內在旅程，現在他心中充滿了平靜和感激的感覺。

有一天，我向瑞克解釋，史蒂芬的生命即將走到盡頭，瑞克決定要向他道別。我幫助他一跛一跛地走過走廊來到史蒂芬的房間，瑞克走進去坐在床邊，我則坐在角落，不想打擾他們。

接下來的二十分鐘，我看到最不可思議的發展：兩個人進入了沉默而深刻的交流。他們不發一語，但眼神一直沒離開對方的臉，最後，瑞克點點頭，史蒂芬說：「是的，謝謝，真是太好了。」他們擁抱，然後瑞克回到自己的房間，史蒂芬那天稍晚就去世了。

當時，瑞克表現了自己的恐懼和黑暗，他知道他正盯著自己的命運，他在幾個禮拜內也會死去，這讓他很害怕，但因為史蒂芬已經對自己承受的痛苦敞開心胸，所以他可以和瑞克的恐懼同在，又不會增添更多恐懼。史蒂芬帶著驚人的愛和慈悲看著瑞克，至少在那一刻，他們的靈魂連結為瑞克的靈魂提供了療癒。

※　※　※

許多人對慈悲的誤解是，我們應該幫助對方感覺安全，感覺沒有危險。當然，如果你做得到，這是沒關係的。但我服務的對象是臨終的人，對他們之中的許多人來說，即將死去的感覺並不安全。

我發現當我用心當下，坐在自己的位置上，並且以慈悲為基礎，其他人也能感覺得到，並開始信任、敞開心胸——不是因為沒有危險，而是因為他們感覺自己並不孤單。真誠地理解和滿懷慈悲的陪伴，為他們提供所需要的支持和鼓勵，讓他們可以走向那些讓人覺得危險的事物。

即使我們把生命奉獻給慈悲行為，有時候難免也會被苦難壓倒。這種時候，我們需要暫時退後一步，並投入所需資源去應對眼前的情況。我可能需要去回想自己得到、或是付出慈悲的經驗，或許需要穩定注意力才能夠應付情緒壓力，或許需要沉浸在肯定生命的活動之中。

從事安寧工作最極端的情況是，許多人入院一個禮拜就過世了。如果悲傷大到讓人招架不住的時候，我會做三件事：我堅持定期做按摩治療[4]，在按摩台上大部分的時間我都在哭；我會定期回到自己的冥想坐墊上練習冥想，穩定我的注意力，調節情緒狀態，並且培養諸如慈愛等親社會特質；我也會去拜訪在綜合醫院工作的護理師朋友們，他們在那裡照顧吸毒成癮的母親生下的嬰兒。我會坐在搖椅上，抱著那些寶寶，哄他們入睡。嬰兒的天真和舒緩他們時帶來的滿足感，讓我能與自己的慈悲心重新連結，有能力去面對從事臨終關懷工作一定會遇到的日常苦難。

說到慈悲心，我總覺得自己應該在瓶子上貼張警告標籤。關於慈悲心的存在，有件事是照顧者或和受苦者一起工作的人最好要知道的。當慈悲心真的在房內現身時，作為回應，許多疼痛和苦也很可能會出現。這是因為疼痛想在慈愛這個治療媒介面前展露自己。

幾年前，我受伯尼・格拉斯曼禪師（Bernie Glassman Roshi）之邀，到前納粹的奧斯維辛・伯肯瑙集中營（Auschwitz-Birkenau）協助領導一個多信仰「見證人」靜修會。活動的概念是讓人沉浸在這個極度令人不安的環境中，因而只能別無選擇地放棄自己慣常的思維方式，伯尼寫道：

> 在你見證奧斯威辛集中營的那一刻，我們和被殺的人之間沒有分別，我們作為個體，和我們的身分和自我結構一起消失了，成為帶著恐懼下火車的人，成為冷漠或殘忍的警衛、咆哮的狗、指揮東指揮西的醫師，或者從煙囪裡升起的煙塵灰燼。見證奧斯威辛集中營時，我們什麼都不是，只是集中營裡的各個元素。不是出自意志的行為，而是一種放手的行為，我們放下的，是我們認為自己是什麼人的概念。⑯

每一天，我們坐在伯肯瑙的鐵軌上冥想、祈禱、唱誦亡者的姓名。每天我們也會有小

4 按摩治療（Bodywork）是結合按摩、針炙、指壓、靈氣等方法的接觸性另類療法。

組聚會討論我們正經歷的事。我帶領的團體裡有位女士，她說自己小時候曾和納粹軍人以及囚犯的兒女，一起待在這個集中營裡。

有天晚上我睡不著，於是決定進入伯肯瑙的營區，在其中一個兒童營房裡打坐，那棟建築以前是馬廄，又長又陰森。我坐下後不久，就聽到某個人從建築的另一端走進來，是團體裡那位說她曾是集中營兒童囚犯的女士。她在黑暗中開始哭泣尖叫。

我起身坐到她身旁，她仍不停嚎啕大哭，我從未聽過這種聲音，如此原始，幾乎像動物一樣。哭泣維持了大半個夜晚，我們之間沒有人說話，當有人經歷這種痛苦時，你什麼話也說不出來，唯一能做的只是見證。等天開始破曉，我們回到旅舍，然後安靜地擁抱道別。

那天稍晚，我飛到柏林帶領一個有關悲傷和寬恕的工作坊，我沒提到自己在伯肯瑙的經歷，在德國要提到這類的事情還是很困難。然而，第一或第二天的工作坊結束時，教室最後面的一位女士站起來說：「我聽你談論了寬恕，但我父親曾是集中營的囚犯，我無法原諒殺他的人，我的心冷得跟冰一樣。」

整個房間陷入一片沉默，同樣地，唯一適合的回應就是見證。

然後教室另一端的一位女士也舉起手要說話，我心想，**現在應該會出現一些關於集中營的故事，還有那些死亡帶來的悲傷。**

她站起身說：「我的心也像冰一樣，感覺像是石頭，我父親是納粹軍官，他曾是集中營的警衛，我知道他殺過人，我不能原諒他。」

沉默。

然後這兩位女士做了我見過最勇敢的事，她們走過兩百人的大型會議室，彼此擁抱。她們沒有對話，不需要對話，只是彼此擁抱。這舉動清楚地承認了一件事：她們不再是單獨置身在痛苦之中，在那一刻，她們的苦難成了我們所有人的苦難。

※　※　※

我們很容易以為慈悲需要英雄般的力量，而自己並不具備。我們可能認為自己無法勝任正視世間諸苦的任務。但有一種想法可能會有些幫助：不把慈悲想成我們擁有的特質，而是一種可供我們取用的特質，本來就存在於實相的本質之中。愛一直存在、無條件地存在，因為每個人、每件事總是被愛包圍。

晚期的佛教流派以慈悲為基礎，緊貼著「菩提心」的概念發展，納入了對各種慈悲的大量描述，「菩提心」是指「心腦」本能的覺醒。在我們慈心禪工作坊的訓練中，我的朋友、同事，同時也是禪師諾曼．菲舍爾曾提到「根本的連結」（radical connectedness），以及「不離的智慧」（wisdom of non-separation）如何成為慈悲的根源，他說：「菩提心是愛的感覺，是基於我們深刻認識到所謂的『自己』和『他人』是目的地、概念、思維習慣，而非世界的實相。真正的利他主義不是為他人的利益而自我犧牲……不是出於某種罪惡感驅使的感覺，認為我們應該是好的，應該是善的，應該是仁慈或有幫助的。真正的利他主義是深刻地認識到，自己和他人只有外表的不同，而沒有根本上的不同。」⑰

據說，菩提心有兩個層次：絕對的與相對的。透過菩提心，我們超越了狹隘的自我利益，以慈悲心擁抱眾生。我們也可以用比較世俗的說法：大愛或小愛。

所有的宗教傳統都指出，大愛是存在的本質和基本。在佛教的思想中，它是廣大無邊的，是有助於和諧的動態特質。它是愛的一種，開放且無限。大愛是所有療癒的基礎，是仁愛和關懷的根源，它的本質無關個人，然而它總是擁抱著我們，即使我們並不知道，即使我們因制約而看不清它對所有活動都是不可或缺的。

然後是小愛。小愛出現在日常生活中，像是幫助某個人、餵養飢餓的人、對抗不公、更換髒床單、為某人做足部按摩、慷慨地傾聽心碎友人的心事，或是捐款給地震重建基金。我們的努力可能有效、可能無效，但我們已經盡了最大的努力。

這兩個面向的慈悲彼此依賴，小愛可能讓人精疲力竭，我們會因一再努力照顧我們的家人、幫助他人，或減輕世間諸苦而感到疲憊不堪，因此小愛必須源自豐沛的大愛。但這是條雙向道，大愛也需要小愛，沒有小愛，大愛只是抽象的概念，只是廣泛的祈禱。如果光是祈禱就能療癒這個世界，人們早就不再受苦了。

有了這層理解，我們便知道慈悲並非來自我們個人的努力，它出自我們基本的本質，是由實相而生的動態表現。大愛需要我們的手腳和強壯的背，我們都是它的載體，我們都是它在日常世界中的表現，它使用我們的承諾、聰明的頭腦和善良的心；同時，小愛也不斷地獲得更新，因為它源自大愛。於是，我們逐漸學會相信這世間苦海無涯，慈悲也無涯。

※ ※ ※

有時候，慈悲的存在似乎能立即療癒某種疼痛，但有時候，慈悲和仁愛的存在卻是讓我們可以與自己原本承受不了的苦同在。與那苦與痛同在時，慈悲揭示出了更深層的真理。

我朋友麥可罹患多發性硬化症已近二十五年，我們十五年來一直在為他的死亡做準備。是的，我們談了十五年。有次他因為嚴重肺炎住進加護病房，出院回家後他說：「法蘭克，我不要再回去了。」

我說：「你不要再回醫院了？」

「不，我不要再回去了。」

「怎麼了，麥可？」我問。

「我真的怕了，」他說，「我們做了這麼多準備，但我還是很害怕！」

我們都深深陷入了麥可承受的苦之中，沉默了很長一段時間。然後，一股發自慈悲心（而不是出自專業）的清明思緒湧起，我說：「喔，麥可，恐懼永遠不會消失的，感到害怕的那一部分的你永遠都會覺得害怕。」

一開始，麥可看來有點震驚，但他的內心接受這些話之後，他說：「哇，這是整件事裡，所有人告訴我的話當中，最讓人感到安慰的一句話。」

不是退縮，而且理解恐懼就在那裡，他覺察到恐懼，於是他可以進入不害怕的那部分自我，覺察可以與恐懼共同存在。恐懼不再是房間裡唯一的東西，現在慈悲也出現了，它提供必要的呼吸空間，讓人了解恐懼是可以處理的，在那一刻，麥可不是個病人。

慈悲要我們去接觸傷害，正是那疼痛、那苦本身邀請慈悲現身。慈悲的智慧帶來一種仁慈，這種仁慈不會試著要脫離苦，它與自我的願望背道而馳，自我只想免於疼痛，慈悲卻向疼痛敞開。

我們有一大堆可以用來避免不愉快的情緒、和痛苦保持一定距離的策略。我們的防禦措施使人盲目，且可能讓人看不清苦的真正來源。恐懼、憤怒、罪惡、擔憂、悔恨、羞恥，這些都是痛苦且被動的症狀，心理上的防禦措施會蓋過我們心靈更深層的動力，讓我們無法理解苦的更根本理由，於是，我們沒有意識到的這些防禦經常讓人陷入受苦的循環。

當慈悲出現時，我們便能放鬆防禦。當我們放下防禦，就可以客觀地觀看自己的情況，並看到苦的真正源頭，然後巧妙地介入解決真正的原因而不只是消除症狀。所以慈悲的另一面就是有能力與苦難共處，以此來體驗更多的真實和更大的自由。

伯尼·格拉斯曼有一次在德國演講時，提到大慈大悲觀世音菩薩，祂有一千隻手臂，每隻手都長了聆聽世界哭喊的耳朵，一千隻手臂都會回應。伯尼提出慈悲是對苦難自然且適當的回應。

一個男士站起來說：「這樣真好，但我沒有一千隻手臂，我只有兩隻，我要怎麼做才能減輕世間的苦呢？」

伯尼停下來，然後非常優雅地說：「你錯了。」

男士很堅持：「不，我很確定我只有這兩隻手臂。」

伯尼請在場的每個人將手舉到空中，出席者有五百人，他說：「你看，一千隻手。」他的意思是，我們以為自己是獨自一人在做這件事，但這是錯覺。事實上，一切都在一個相互依存的巨大網絡中，緊密連結在一起。我們所有的想法、感覺和行動都會影響這個網絡中的其他一切。偉大的博物學家約翰．繆爾（John Muir）曾說：「我們在試著找出任何一個單獨存在的東西時，總會發現那東西總是與宇宙中其他的一切相連。」⑱

這帶我們回到之前提到的大海比喻，我們每個人都是一道道海浪，獨特，卻不能脫離整體而獨立存在。

如果站在「自我是單獨存在的」的觀點來看待實相，我們會不斷尋找可以區別自己與他人的事物，我們看到的一切事物都在分崩離析，只看得到苦。但如果我們轉而從「彼此連結」的觀點去看，便能感受到和諧。我們沒有完全拋棄自己的個性，而是採納了更具包容性的觀點。

慈悲使我們能貼近苦，並透過親密關係了解苦。貼近苦難之後，「我與他人」的幻覺就會消失，我們知道自己是整個互連網絡的一部分，智慧告訴我們，我們自己所認定的小而有限的單獨自我，不過是一個充滿限制的故事。當隔閡消失，我們會認識到我們便是一切。面對萬事萬物，慈悲是一種適當的回應，是幫助全部自我、熱愛自我的自然方式，也是表達自由的方式。

第四個邀請

在過程中找到安歇之地

安歇，是一場關於我們想做的事和我們想成為的人的對話。①

——大衛・懷特（David Whyte）

阿黛爾是一個固執、不苟言笑的八十六歲俄羅斯猶太婦女。她在禪安寧療護計畫中心去世的那一晚，我很榮幸自己能待在她身邊。她坐在床邊，呼吸非常困難，每一口氣都是掙扎。

當時，我坐在角落的沙發上，一位善良的護佐坐在阿黛爾旁邊，試著安慰她，她說：「妳不必害怕，我就在妳身邊。」

阿黛爾打斷她的話：「親愛的，相信我，要是這種事發生在妳身上，妳也會害怕。」那位護佐開始輕撫阿黛爾的背，「妳身體有點涼，需要毯子嗎？」她問。

阿黛爾又吼回去：「我當然冷，我快死了！」

我一直待在角落。

我對她的直白感到好笑，突然我看清了兩件事。一、阿黛爾想要的是有話直說的坦誠關係，她不想處理自己的死亡過程，或是談論什麼往光裡走的事，她對感傷的想法沒有興趣。二、即使已經給予所有適當的介入，阿黛爾還是很難受，死亡很辛苦，就像生產很辛苦一樣。

我拉了張椅子靠近阿黛爾，和她四目相對，我問她：「阿黛爾，妳希望不要那麼辛苦嗎？」

「是的。」她點點頭。

「我注意到在妳吐氣的最後，會有個小小的暫停，妳能把注意力放在那個暫停上一段時間嗎？」我建議道。阿黛爾不懂也不在乎什麼是佛教，這輩子也沒冥想過，但她此時非常想要不再受苦，所以她願意試試看。「我會和妳一起呼吸。」我說。

過了一陣子，阿黛爾已經可以將注意力放在呼氣和吸氣之間的小間隔，她這麼做的時候，臉上的恐懼漸漸消逝，我們又繼續一起呼吸了一段時間。

最後，阿黛爾將頭躺回枕頭上。不久，她平靜地離世了。

我們經常認為，「安歇」是生活的其他一切事情都完成之後才會出現的東西：我們在一天結束前的洗澡時光；當我們去度假，或是完成所有的待辦清單時。我們以為，只有改變自己的處境才能安歇。

第四個邀請將教導我們像阿黛爾一樣，在沒有改變生命現狀的情況下，在自己心中找到安歇之地。畢竟，阿黛爾的生命現狀沒有改變（她呼吸沒有變化、她快死了），然而，她找到了安歇之地。

這片安歇之地一直在那裡，我們只需要轉身面對它。當我們對此時此刻、對這個行為投注全部的注意力，不要分心，就能感覺到它。經過一段時間的用心練習，我們可以知道這種廣闊性是生命中常存的一部分，是我們的一個面向，而這個面向的我們從來不會生病、不曾出生，也不會死亡。

十二、暴風雨中的寧靜

在自然偉大的安詳中安息的這疲憊心靈，
無助地受到因果報應和神經質的想法攻擊
就像在輪迴的無盡海中
洶湧浪濤殘酷無情的憤怒。②

——紐修堪仁波切（Nyoshul Khen Rinpoche）

在某個禪宗故事中，一位僧侶正在辛勤地清掃寺廟的庭院，此時另一名僧侶走過來指責他：「你太忙了。」

那僧侶回答道：「你應該知道，沒有人是太忙的。」

這則故事的寓意是，雖然掃地的僧侶在一般人的觀察看來是「太忙」，但這個積極執行每日職責的僧侶，他的內心並不忙。他能意識到自己內心狀態的平靜，這部分的他在過程中安歇。

多數人都覺得自己太忙，我們或許是太忙吧，但我們怎麼思考這件事也很重要。我小學三年級時，為了等待兩點的下課鐘聲，覺得學校的大圓鐘前進得特別緩慢，而暑假似乎能持續到永遠。現在我卻感覺時光飛逝，假期永遠都不夠長。怎麼回事呢？每天都一樣是二十四小時。這表示「時間不夠」的感覺不等於客觀的實相。

當人陷入追趕時間、認為時間匱乏的心理狀態，或是對時光的流逝無知無覺時，人就成了思想的囚徒，陷在自己建構的牢籠之中，甚至不知道獄門並沒有上鎖，只要選擇打開它，便能走出去。

找到安歇之地不是要你在已經冗長的待辦清單中再增加另一項任務，也不是指上班日午睡久一點（雖然這可能有幫助）。它是一種選擇，選擇保持警覺，將注意力集中在當下。同時做很多事是一種迷思，這樣做只會佔據我們的注意力、耗盡我們的精力，讓人在過完一天之後，既不樂在其中，也沒有產出。承認吧：這種超能力沒人有，我們一次只能活在一個當下。

聖雄甘地曾說：「我不想看到未來，我只關心現在，上帝並沒有給我控制下一刻的能力。」[3]這個想法讓我們感到挫折。我們想轉盤子又要玩球，想一次實現兩個夢想，其他一切聽起來都很無聊，我們會說：「等我死了再來睡。」

因此，我們沉浸在忙碌裡，以為休息就是沒有生產力、就是懶惰，「沒時間浪費了！」我們這樣責備自己，要自己快速從一件事奔向下一件事。但我們做所有的事情都只用了一部分的注意力，以為自己做了更多事，但事實上卻是更沒有在過活。

我們最忠實的夥伴智慧型手機，就是這種心態的光榮典範。近來針對舊金山居民進行的研究發現，隨便哪一天，多數人和智慧型手機的互動都超過他們與其他人類的互動；受訪者中，有半數的人承認自己利用手機逃避社會互動，接近三分之一的人說他們手邊沒有手機就會感到焦慮。④

還記得嗎？當初電腦的行銷口號就是能為人們創造更多的休閒時間、更多人際連結。我想退貨。

事實上，很多人都害怕安歇。醫生和護士常告訴我，他們所受的訓練有多累人，以及他們如何驅使自己鐵了心地投入工作。他們害怕如果停下奔跑的腳步，他們所目擊的巨大痛苦就會擊垮自己的防禦。眼淚一旦流出，就無法停止哭泣。

我們在心靈周圍打造的盔甲或許可以將疼痛阻擋在外，但它同時也讓溫柔進不來。我們害怕自己將遭到遺忘，害怕如果停止前進的腳步，我們所恐懼的寂寞和空虛感便會浮出表面。所以我們打造虛假的安全感，迷信不斷做這做那就能逃避不確定性。

我們用這樣的方式來讓自己精疲力竭。在和健康照護從業人員的討論會上，我喜歡請他們探討違反直覺的問題：「疲憊有什麼好的？」一開始，他們否認疲憊有任何好處。然而，隨著時間過去，誠實的答案一一出現了，有人說：「人們會相信我工作很努力，我會因為全心投入而得到認可。」還有人說：「加班到累壞自己代表我很重要。」有一、兩個人則承認：「人們會因而覺得我很可憐，這讓我覺得有人愛。」往往，我們不是因為做得太多而精疲力竭，是因為沒有全心投入。

剛被診斷出癌症的人中有一種常見的現象，我的朋友安吉·史蒂芬絲（Ange Stephens）稱這種現象為「祕密的感激」，安吉從事治療師工作很久了，對象是罹患致命疾病的人們。許多病患在最初的衝擊平息下來之後，偷偷地表達出自己鬆了一口氣的感覺：「以前覺得自己非得同意的事，現在我可以拒絕了。現在我終於可以休息了。」

我們非得一死才能安歇嗎？

人只有活在當下，而不是讓頭腦毫無目的地在恐懼、擔憂和焦慮的長廊中漫步，才能安歇；人只有少做一些、只有不再讓緊急事件排除了重要事件，才能安歇。安歇是心靈清除了雜物、擺脫了固著想法之後的結果。安歇像是安息日，我們停下來，轉身去欣賞每一個新片刻的種種可能性。

放空不是一種放縱，也不是罪惡，因為它是不可或缺的。幾乎所有植物到了冬天都會冬眠，某些哺乳動物也是，以此大幅減緩自己的新陳代謝，並且在內在時鐘的指引下、在時機和條件成熟時，重新出現。休息的時間對牠（它）們的存活很重要。

我們也是，我們需要聽從本能找到一個安歇之地。已故的安潔樂絲・亞利安（Angeles Arrien）是我的朋友，也是慈心禪工作坊的教職人員，她喜歡說：「大自然的節奏是中到慢，許多人都活在快車道上，這脫離了自然節奏。在快車道上有兩件事絕對做不了：我們的經驗無法加深，也不能整合。」她經常鼓勵我們的學生每天到戶外走一個小時，而且每天保持至少半小時沉默不語。她說：「當我們失去與自然節奏的接觸，就會失衡。為了全心地存在於自然中，我們必須和周圍的土地保持平衡。」⑤

與生活原始節奏脫節會對我們造成傷害。

※　※　※

我喜歡潛水，我藉由這樣做來接觸大自然要教我的事。潛水時，我最喜歡緩慢地沉到水底，然後坐在海床上。大多數導遊對我來說移動太快了，他們想帶你看這片珊瑚礁、那條沉船等等，但我喜歡靜靜地待著，看著水中生物從我面前游過，聽著自己在無限寂靜的海裡規律地呼吸。

有次我去印尼參加了一次夜潛，那晚的美驚心動魄。我們在夕陽時分出航，天空燃燒著橙色的條紋，雲朵散發出粉紅色和紫色的寧靜。我們乘坐的木製長船很質樸，船身漆了朱紅色、亮黃色和海洋的青綠色，天空映照在平靜的海面上，狹長的地平線像融合了兩個世界。

我們進入水裡後，唯一的照明工具只有用膠帶簡單包裹住的手電筒，沒有特殊的夜潛手電筒。我和潛伴一起游進黑暗中的時候，我有一股衝動想關掉手電筒。燈光一滅，我馬上知道周圍有多黑暗，那是我從未體驗過的黑，讓人分不清上下左右，不知道旁邊有沒有人或物。在一陣焦慮之中，我可以感覺到自己胸口發緊，但這種感覺很快就過去了，就像小孩的惡夢一樣。

當我再次打開手電筒，潛伴和我正游過一個巨大的珊瑚礁。最後，我們來到最底層，那比平時的夜晚更加寂靜，就連那些魚似乎也在休息。海洋環抱著我們，我感覺到如夜空般寬闊的寧靜感。

時間快要到了，氧氣也快用完了，潛水來到尾聲，我們開始上升到表面。上升時，速度必須十分緩慢，並且不時暫停一下，才不會生病。我們在半途中感覺到洋流的力量，就像穿越海洋、來自遠方的河流想把我們帶走。等我們來到水面，才知道一場巨大的暴風雨正在肆虐。傾盆大雨，雷電交加，海浪狂野地不停翻湧。

待在狂風暴雨肆虐的外海，可是一點都不安全，但我卻因為純粹的歡樂而在水面大叫出聲。這場混亂沒有嚇到我，那份在海床上得到的滿足感和我一起浮上水面。沒有什麼特別的事，沒有戲法花招，我只是在海底，以我內心的平靜為基礎，全心地感受了當時的一切。

幸運的是，我找到我們的船就在不遠處，潛伴、我和其他潛水者那晚都上了船，安全回到家。我永遠也忘不了這次經驗帶來的興奮感。

在教導冥想時，我經常使用海洋來比喻心靈的各種層次。在表面層次，我們的想法經常有非常大的波瀾，我們受當時吹起的風、日常生活的條件、一天的繁忙、壓力和焦慮影響。多數人都活在這個層面，有許多心理激盪、情緒風暴威脅要淹沒我們。我們覺得一切都和自己有關、自己是宇宙的中心。我們的求生本能導致這種痛苦的自戀心態，讓我們以為世界虧欠自己，或是自以為該為發生的大部分事情負責。

透過冥想，讓思緒沉靜一些後，我們便可以開始感覺到更多的宇宙洋流——水面下那些讓表面產生波瀾的河流。我們與更深層的人性傾向、本能驅力、原始力量、舊有習慣連結，每個人都受制於它們，但它們卻不受個人情況所限制。這些根深蒂固的心理狀態試圖從持續不斷的變化中，建立一個固定的自我意識和穩定的世界。它們形塑我們的行為，創造我們的習慣，扭曲我們的信仰，而這一切招致了苦。

運用正念，我們開始了解到：「喔，這些洋流在我心中流動著，推動著我，它們以恐懼、憤怒、控制欲、對刺激做反應等樣貌展現，但它們不是屬於我個人的，它們流經我們所有人，這就是人的條件。」

而且，我們意識到這些無關個人的條件早在我們出生之前就已存在，它們不是我們的錯。不是我選擇出生在一個酒鬼家庭，我尚未出生的靈魂沒有在天堂等著跳進一個會在十三歲遭到性侵的身體裡，但我確實必須學習如何面對發生在我身上的事。重點是我們要知道，雖然這些條件會對我們生命帶來怎樣的影響，是我們必須負起責任來的，但我們並不需要為它們的出現負責。

從這裡，我們開始從自我意識中解放，進入對生命更寬廣的理解，意識到我們都受限於自己無法控制的條件中。了解了過去未曾意識到的洋流，人會產生更多的同理、慈悲和接納，不只對自己，對他人也是。

如果更深入我們的思緒之中，會看見廣大且安寧的平靜感。我們認識到，雖然人的條件會流經我們，但我們卻不必陷入其中，不必給這些宇宙洋流帶著走。這樣做的我們不是在逃離生活的滄桑，只是找到一個自然的安歇之地，彷彿坐在海底，像觀察穿梭在珊瑚之間的魚那般觀察我們的思想和心靈活動。

在這種開放的覺察中安歇的我們，將自己從調整周圍條件、尋求控制的舊習慣中解放出來，不再將之視為離苦得樂的方式。於是我們擁有更多的空間、應對時也有了更大的自由度。我們不否認、不做評斷或去合理化什麼，只是允許。當它是**這樣**的時候，我們知道它就是這樣；當它是**那樣**的時候，我們知道它就是那樣。用這種方式去欣賞生而為人的真理，溫柔卻堅定又勇敢。

這過程聽起來或許有點複雜，但它從基本的覺察開始，然後落實在簡單的日常事務之中。我曾和一家市值數十億美元的科技公司主事者合作過，他當時因為壓力出現許多嚴重的症狀：皮膚癢、腸道問題和失眠，他每天有大部分時間都待在沒有窗戶的會議室，和各個負責開發和推出新設備的工作團隊開會。團隊來來去去，但他很少離開會議室。

我們的第一步是達成非常清楚的共識：他每個小時都去上個廁所休息一下。然後，我們逐步在會議進行過程中、前往廁所的走廊上，增加幾次有意識的深呼吸。慢慢地，廁所成為他臨時的冥想小屋，他在那裡可以重新連結上自己的冷靜中心，然後再沉著地回到一場場商務會議上。

※　※　※

如果想找到真正的安歇，我們必須看清那些擾亂我們的洋流。然而，認清那些洋流只是開始，想做出真正的改變，我們需要潛得更深，去理解生活是如何受到種種制約，如此才能解決內在壓力或難以活得安寧的深層原因。

在佛教的傳統中，有一個意象是「輪迴之輪」（wheel of samara），輪迴（samsara）代表物質世界裡不可避免的生死循環。輪，是種比喻，代表情況持續循環，讓人不停旋轉。驅使輪子轉動的引擎有時候被稱為三個毒藥，這些是苦的根源：渴求（貪）、厭惡（瞋）和無知（痴）。乍看之下，「毒藥」一詞似乎顯得有點強烈，直到我們開始認識到這些痛苦狀態的毒性，了解它們如何污染思想、掩蓋我們天生固有的開放性。然而，我更喜歡用一種較為現代且發自內心的方式來命名這些普遍的障礙，那是法國穆林德查維斯靜修中心（Moulin de Chaves retreat center）的駐院佛法講師馬汀・愛華德（Martin Aylward），在某次聊天時和我分享的，他稱這些障礙為「要求」、「防備」和「分心」。

第一種毒藥「貪」，是「要求」我們渴望的東西能帶來永久的滿足，使我們感到充實和完整。它是一種想依附某人、某事、某種想法的傾向，且牢牢地依附其上。貪婪創造內心的飢餓，讓我們總是努力想要實現一個無法實現的目標：新工作、新伴侶或小孩、新車或新家、新身體、新態度。我們錯誤地相信自己的快樂建築在達成目標、得到想要的之上，但問題是，即使我們真的得到了，卻無法從成就或擁有的東西得到持久的滿足。因為生命中的一切都受無常法則限制，情況會改變，又或者我們習慣了生活中的新角色、新的人事物，因此快樂無可避免地變淡了。

不幸的是，「要求」的本質就是認為現在這一切、我們擁有的一切都不夠好。我們可以感覺到身體內這股渴求的動力，成為一種能量的牽引，急切地渴望找到什麼來填補潛在的不足感。

第二種毒藥「瞋」，是對厭惡的「防備」，可能以憤怒、仇恨、欺凌、寂寞、不容忍或恐懼等方式表現出來。我們習慣性地抗拒、否認且避免不愉快的感覺、情況和人——任何我們不喜歡或不想要的一切。防備讓我們陷入四處尋找衝突和敵人的惡性循環，它強化了我們認為自己獨立於一切人物事的錯誤看法。以能量來說，我們知道體內的這種動力和拉力相反，它是一股推力。諷刺的是，無論我們推開了什麼，反作用力只會更強。

第三種毒藥「痴」，是「分心」的無知。它蒙蔽了我們的雙眼，讓人看不見實相的運作方式，而傾向去拉近（要求）或推開（防備）生活中的某些事物。我們誤解了事物的本質，不明白事物是相互依存且無常的。我們迷失在分心的迴圈之中，想藉此脫離痛苦，酒精、購物、大吃、賭博、性、社交媒體、電動，甚至是冥想，都能作為讓自己分心的習慣和策略，這些都可以不受質疑地進行。我們失去自我、變得困惑，而且緊抓著無用的觀點不放。我們的生活陷入一片迷霧，無法看清那條可以穿越痛苦的道路。痛苦要人轉身面對它，但我們卻試著避免它，因而不斷受苦。我們精力充沛，卻是精神恍惚、遲鈍或是幾乎沒有自覺。

這三種潛伏在我們意識表面之下的毒藥不是某些人所獨有，它們影響人們的日常行為，讓人無法得到安寧。有些人喜歡將它們戲稱為邁爾斯—布里格斯（Myers-Briggs）性格分類的佛教版本。你可以想像一下派對場景，要求（貪）類型的人會直接走到餐桌，防備（瞋）類型的人會抱怨裝潢、食物和音樂，分心（痴）類型的人則搞不清楚自己是不是來對了地方。這種方式能讓人輕鬆認識這些形塑人格的客觀條件。

一般來說，我們感覺得到這些條件的存在，但我們寧願不知道它們對自己有多大的影響。它們是攻擊我們思緒的宇宙洪流，而我們就像大海裡的小船。

正念是這三種毒藥的解毒劑。了解「要求」、「防備」和「分心」這些痛苦狀態，並意識到它們會影響**所有**時候的**所有**體驗，就能帶來療癒。苦不是隨機發生的，也不是對我們個人失敗或道德缺陷的懲罰；苦是我們忽略生命的真理（也就是那不斷變化的因緣和條件）所自然招致的結果。假裝貪、逃避和分心這些與生俱來的偏好不存在，並不會使之消失。相反地，它們需要被看見、被理解。當我們了解它們會帶來多少痛苦，就比較不容易聽從它們的命令。

在佛教的傳統中，我們說「障礙會成為道路」。我們在要求、防備和分心時誤踩的腳步，也是通往內在固有美好的途徑。當我們允許自己安歇在天生的開放性中，就能認清這些毒藥，並理解它們對我們人生的有害影響。一旦拿下眼罩，我們就不會再遭到愚弄了，我們清楚覺察到自己所受的制約，和自己如何對這些毒藥產生認同。於是我們覺醒，明白了一件事：始終想忽略真相的那股驅力如何加劇了我們承受的苦。

這是解放的時刻。模糊了的真相一直都在，如今它讓我們獲得自由。這有點像我們的視力會隨時間不知不覺地改變，讓人看不清楚美好的事物，後來終於配了適合的眼鏡，突然間，世界不再是扭曲變形的，它的壯麗變得更加清晰。

除了認識到這三種毒藥的存在之外，培養能維持平衡的各種條件來緩和這些毒藥的強大力量，並將其轉換為更正面的事物，也會很有幫助。舉例來說，我們可以培養內在的寬厚與平和，來平衡我們強烈的需求、找到滿足感。這麼做時，我們會發現自己更能享受早已存在於生命中的美好與愉悅。而且，我們開始認為自己只是「暫時照看」而不是「擁有」被給予的事物，因而能更大方地分享我們的禮物。

仁愛、感恩和慈悲的行為可以讓我們的要求軟化，放鬆人的防備傾向。我們透過關懷他人、投注心力在療癒與連結，便能利用這些能力挑戰不平等、環境破壞和社會不公等問題。

智慧能克服分心，清楚的理解能取代無知。當我們利用洞察力去擺脫自我中心的魔掌，便能了解自己的所有行為都有其後果。於是，我們會感覺到不得不採取行動去減少世間苦，讓一切生物更加快樂。

今天，我不小心把水潑到筆電上，驚慌得不得了。我跑到電腦店，維修人員說它修不好了。我必須買台新電腦，重新安裝所有檔案。

第一個小時我覺得壓力很大，第一反應是「防備」：我想把這個經驗推開。螢幕上的小藍線顯示了距離安裝完成還要多少時間，我感覺自己只能任其宰割，**五個小時？感覺還要很久。**後來變成：**等等，什麼？剩十四小時？這是怎麼回事？**

這條小藍線讓人抓狂。有那麼一段時間，它將我吸到另一個世界中，在那裡，科技是我的敵人。我把自己的焦慮感和挫折感怪罪到電腦故障身上，是它引發了我對可能無法趕上截稿日的恐懼。

然後我停下來，做了幾次深呼吸，在過程中找到安歇之地。我明白了自己正在用自己偏愛的方式訴說整件事的緣由，和已經發生的事做沒有意義的對抗。只要簡單地改變心態，我便能用感激的心去讓原本的直覺防備反應平衡過來。我了解到自己其實是很幸運的：因為前一晚有備份舊電腦，所以我做好的沒損失太多，不只如此，我還有財力可以馬上購買新電腦。事情不見得都會照這樣發生的，誰知道以後再發生一次時會是什麼結果呢？此時此刻，我提醒自己要對擁有的心懷感激。

一切都是好的，感激之情充滿我的內心。我又感覺到自己處在當下，我已重新發現了思緒的寧靜。

安撫我們喧鬧活躍的思緒，有點像是在馴服一頭野馬——不簡單，但絕非做不到。慢慢地，被馴服的馬會冷靜下來，然後拿來發揮用處。於是，我們便能休息並享受某種程度的平衡。

你也可以這樣處理人際關係——無論是面對臨終之人，或是你的老闆、配偶或小孩——你都會發現自己能以完全不同的方式去經歷人生。你可以看見這個處境的起因和現況，並有技巧地與之互動，減輕你自己和他人的痛苦。你可以是這場暴風雨中的寧靜中心。

有時候，刻意去改變你生活中的某些條件和起因可能是必要的，甚至必須有技巧地去做，而不光是當一個隨波逐流的倒楣乘客。我不是說你不該採取行動，你應該行動：例如把工作留給虧待員工的老闆，或者找人幫忙解決自己的成癮問題。但如果你只停留在思緒的表層，那麼你就只能一個刺激、一個動作。你像艘小船在狂野的海洋中被拋來丟去，完全任暴風雨宰割。但當你來到平靜的深處，你將能從智慧與慈悲出發行事。

哲學家布萊茲．巴斯卡（Blaise Pascal）曾寫道：「我常說，人不快樂的唯一理由，在於他不知道如何安靜地待在自己的房間裡。」[6]我們愈是深入自己的內心，心就能變得愈廣闊。我們會允許一切事物現身，即使是原本沒有意識到的事物。對於我們的情況、我們自己或他人，任何不想要的部分都不必壓抑，因為我們明白，一切都是因為不斷變化的自己、自己的過去和反應而產生出來的——而且一切都是「人的條件」的一部分。我們可以允許思緒、感覺、想法來來去去，但不被它們牽著鼻子走。

當我和家人朋友在一起，或是在病床邊時，我會努力創造一種溫暖、開放且不帶評價的空間，容許任何需要發生的一切發生。我先成為自己的避難所，暫停片刻召喚自己本質中美好的那一面，用它來抵擋慣性的防備、反應或神經質的傾向（因為這些傾向會讓我招架不住周圍的混亂）。艱難的處境並不總有解決之道，但我們可以利用學到的技巧將障礙變為機會，我們可以成為房裡那個冷靜的人。

這麼一來，我們就能成為他人真正的避難所。

山繆是我們安寧病房的住民，他得了愛滋病，瘦弱得像隻小鳥，二十八歲的他體重只有八十九磅（約四十公斤）。他的朋友決定為他舉辦一場生日派對，他們帶來香檳、松露、草莓、汽球和音樂，還有很多可以助興的東西。他們正在重溫過去的美好時光，但山繆卻沒有，他似乎在床上愈縮愈小，原本瘦小的骨架幾乎要消失不見了。朋友本意是好的，但山繆好像快在這些刺激中溺死了。

就在那個時候，一位名叫雷的按摩治療師志工走進房間。他拉了張椅子到床尾，做了幾次深呼吸，然後帶著淺笑對山繆點點頭，一個介於「很高興再次見到你」和低頭敬禮之間的動作，傳達出他現在把注意力放在山繆身上，並請山繆同意自己碰他。

山繆的朋友似乎都沒注意到雷的存在，按摩治療師的手在被子下找到了山繆的腳，我看不到他的動作，但想必很輕。我不知道雷是否正在按某個特別的點，或是在進行反射療法，但這種足部按摩也沒什麼神祕的地方，重點是透過碰觸本身達到深度的接觸。這兩個男人之間的連結是無法否認的。

接下來的半小時裡，雷一句話都沒有說，但他「聆聽」、安撫、探索並回應著山繆。房裡的嘈雜聲仍在持續，但現在山繆不再陷溺而是漂浮著。雷緩慢小心地伸回自己的手，靠回椅背上，暫停了動作。山繆給了他一個飛吻，然後閉上眼，躺回枕頭靜靜休息。

周圍環境沒有改變，派對仍在進行當中，人們仍然吃著松露、喝著香檳，雷和山繆甚至沒有對彼此說一句話。然而雷以充滿關懷的碰觸，幫助山繆降低他的情緒音量，讓他的身體不再激動。我們經常低估靜默的慰藉，以及單純地陪在一旁的價值。

還有一個類似的情況。在我心臟手術的術後恢復過程中，我的老朋友同時也是禪安寧療護計畫創辦人之一的瑪莎．德巴洛斯，經常來我家幫助我做靜坐冥想。每次的冥想尾聲，她會用一個非常美好的儀式作結（多年來，她一直教導監獄裡的受刑人這個儀式）——她請我將右手放在心上，左手放在肚子上，然後重複這句：「我現在在這裡，我們現在在這裡。」

此時，此地，就是唯一的安歇之地。

※ ※ ※

心臟手術後的某一晚，我在清晨兩點從疼痛、斷斷續續的睡眠中醒來，還做了惡夢，我覺得很害怕，也抗拒當時的苦難。然後我聽到一個聲音，來自我靈魂的聲音，它指引著我，用我自己的話告訴我，「在過程當中找到安歇之地。」它說。

我心想，好，法蘭克，試著安歇吧。

然後我笑了。

問題是，試著安歇並不是安歇，只是更多的嘗試。努力在人生中是必要的，如果不用點力，你無法提起袋子放進後車廂。然而，當我們將這份努力用在追求安歇時，卻會造成反作用力。若是努力改變事物的樣子，反而無法得到最深層的安寧。我們能做的，只有放鬆那些會干擾我們安歇的活動。

若仔細觀察，我們會發現人的欲望幾乎是連續不斷的，它是我們內在不斷燃燒的火焰，點燃並強化我們的追尋行為。當一名追尋者——有時我會為披上這樣的身分感到驕傲——是走在靈性道路上非得跨出的一步。但追尋很容易成為一種阻礙，積極的追尋會讓人感覺躁動不安，它暗示著我是有所不足的，我和生命本質中的某事某物失去了連結。我認為有什麼不見了，這樣的想法令我不斷追尋。

躁動不安的找尋絕不會讓我們與真正的本質相連，而試圖擺脫欲望、不再找尋也沒有用，那樣只會引起更多找尋、更多努力和更多嘗試。

靈性生活真正的矛盾之處在於，能救贖我們的東西，同樣也能將人逼瘋。別誤會，追尋自有其存在的道理，它不全是壞的。為了開始我們的靈性旅程，我們把尋求更好的人生當作動力——一個能更深入與自我、與他人連結的人生、找到能解釋我們存在本質問題的理由，並且從受苦和疼痛中解脫。然而，我們追尋平靜和實踐時卻往往太用力，我們讀書、找老師、找同伴，在尋求解答的過程中累積練習、信仰、執行策略，我們不斷向外求，但事實上，我們已經擁有所需的一切，就在這裡，在我們心裡。

我覺得有一種追尋的方式是有用的，我稱它為「健全欲望」（wholesome desire）。這種欲望追求的是自由、是去了解什麼是真實的，以及做完整的自己。

健全欲望不會有躁動不安的感覺，事實上，它會移除焦躁感，因為我們不再尋求外在的認可或滿足。它的感覺更像是愛，我們愛自己真正的本質，我們愛存有；也因為愛得如此深，我們想更靠近它，想和它變得親密。有點像是和真理談戀愛，像是我們和伴侶在一起時，我們總希望看到他們穿的衣服愈少愈好，我們想看到他們真正的樣子、裸體的樣子。在靈性生活中也是如此，我們想看到赤裸裸的真理，不受個人偏好或自己珍視的種種信念所阻礙。

「我現在在這裡，我們現在在這裡。」

一個真正開放的思緒擁有深層的寧靜。想達到這種寧靜狀態，人要接納並理解自己的欲望，而非拒絕它們。我們要臣服，上繳自己的應對策略和抗拒。

那個躺在床上的早晨，當欲望翻湧、不停說著自己想要這個想要那個時，我感到灰心，我努力想安歇，它卻逃避著我。然後，我想起自己探望臨終病患數千次後學到的事：我總會先在房門口暫停片刻，因為那陣暫停會打破慣性，讓我們有時間做選擇。

那個選擇，也是我們擁有的唯一選擇，就是「開」或「關」，對正在發生的一切敞開心胸，或者選擇性地接納。事實上，我甚至不喜歡「接納」一詞，這裡頭帶有太多道德的言外之意。「容許」這詞比較符合我正在描述的東西，它比較柔軟，讓我們同時超越「接納」和「拒絕」的概念，讓我們從比較、好惡、希望和恐懼這一切想法中解脫。它是真正的安歇之地。

因而，我發現自己安歇在容許之中。在那一刻，連結是存在的、沒有什麼是失落的，因此也無須找尋。我躺在床上，感覺自己像一顆石頭，穿過一層厚厚的液體不停向下沉，來到黑暗、靜默的海底。我讓自己完全安歇。身體安歇、心靈安歇、思緒安歇、意識安歇。

停止找尋不是因為找到了，它就只是結束了，當人的覺察心在自己的本質深處安歇時，找尋就結束了。於是，我們就像那個掃地的僧侶，可以在執行每日活動的同時仍然保持內心的平靜。

十三、注意間隙

我的終點即是我的起點。⑦

——T・S・艾略特（T. S. Eliot）

想知道死亡教我們的事嗎？那就從觀看終點開始，吐出的這口氣的終點，一天的終點，一餐的終點，以及，這個句子的終點。

你如何面對生命中的各種終點呢？是無意識地迴避、繞過那些終點嗎？你的情緒和思緒會在事件真正結束之前就先飄到別的地方了嗎？還是，你會留到最後，看著最後一位參與者離開？終點讓你感到難過、熱淚盈眶嗎？還是焦慮？或者，你漠不關心，躲進保護繭裡將自己隔離起來呢？你是否在結束之前就不再和他人說話？傍晚下班時，你是否向同事、客戶道別呢？你是否會等其他人也了解結束到來了再走，還是你會搶先行動呢？你會去探視臨終的朋友嗎？你是否認為自己有沒有道別無關緊要呢？

在某次探索「無常」主題的密集靜修營期間，有一個學生注意到，所有的經驗都有結束的時候。步道上一株凋萎的玫瑰讓她想起那花幾天前才剛盛開，而且開得那麼美麗。她和我面談時，抱怨道：「萬物都會死！真令人難過。」

我回答：「沒錯，一切都會改變。但『難過』是妳告訴自己的故事。」

我們結束一個經驗的方式，形塑了下一個經驗產生的方式。執著舊有的，新的經驗便會難以產生。

呼吸讓我們有機會親密地研究自己與終點的關係。呼吸是一個活的過程，不斷地變化，並且循環運作——**吸氣，暫停，吐氣，暫停**，每次呼吸都有開始、中間和結束，每次呼吸都貫徹了出生、成長和死亡的過程。呼吸是生命的縮影。

呼吸從鼻尖開始，一路經過喉嚨進入腹部，在那裡，我們可以感覺到微妙的轉變發生了，吸氣變成了吐氣。然後我們注意到呼吸展開一趟漫長旅途，它向上走，逐漸離開身體。在吐氣的終了有個間隙、一個暫停。那可能是個讓人恐懼的時刻，或一個信仰的時刻：呼吸離開了身體，我們不知道它是否會歸來，你相信下個吸氣會自己發生嗎？在吐納的間隙之間，你能得到平靜嗎？

經過六小時的三重繞道手術後，護士將我推進了醫院的冠狀動脈加護病房，這個高科技區域就像科幻電影場景，充斥了電子監測儀器和沒完沒了的嗶嗶聲。我胸口貼了接著線的軟墊好追蹤心跳，抗凝血藥物靜悄悄地滴進手臂的靜脈，另一手則有嗎啡注入，一根導管插進我的膀胱，另一根塑膠管則從我的脖子排出液體，一根長長的插管將肺部連上一台幫助我呼吸的呼吸器。與此同時，工作人員一直在悄悄地進進出出。

我的意識緩慢地從深度麻醉中甦醒過來，我覺得自己像行駛在大霧瀰漫的路上，這房間的細節和家人朋友的臉孔從這片迷霧中浮現然後又消失，或是和夢境混在一起。我在漂浮，有好幾個小時的時間置身在兩個世界之間的含糊狀態。

傍晚時分，我兒子蓋伯和摯友尤金坐在我的床邊，這時，一位呼吸治療師突然走進房間，興致高昂地宣布：「我們來把這些管子拔掉，看看你能不能自己呼吸吧。」我嚇了一跳，對自己能否呼吸覺得很沒把握。我顫抖地揮手要他走開，因為我覺得自己左邊的肺好像有哪裡怪怪的。

但呼吸器讓人無法言語，我只能在記事本上潦草地寫下：「我害怕。」

尤金是個聰明、務實的冥想老師，他直覺地知道現在應該怎麼做。他先引導我感覺自己的身體，但我做不到。在我沮喪得快要放棄之前，終於感覺到自己某部分的軀體。然後，他要求我找到自己的呼吸，而這更難了。我已經從事靜坐冥想許多年了，但突然之間，我無法分辨那是自己的呼吸或是機器的呼吸。我像溺水一般慌張地動來動去。

在那一刻，我想到與鈴木禪師有關的一則故事，這故事我聽過許多遍了。這位溫和的日本男士是美國最受人尊崇的禪宗大師之一，是舊金山禪修中心（禪安寧療護計畫的發源地）的創辦人。雖然我們素昧平生，但他是我最主要的人生導師之一。他全心全意地投入靜坐冥想的實踐與教學已經數十年了，然而，他去世的前一晚，當他最小的兒子乙廣（Otohiro）把他放進浴缸裡時，這位禪宗大師卻開始害怕起來，他覺得自己可能會當場死在那盆熱水裡。他開始用力喘氣、十分急促地呼吸。

乙廣在他耳邊小聲地說話：「父親，冷靜下來，慢慢呼吸，慢慢呼吸。」乙廣自己則開始刻意地大聲呼吸。

鈴木禪師聽著兒子的話，感覺他呼吸的節奏，於是得以穩定住自己，再次平靜下來。我告訴自己，**如果鈴木禪師可以害怕，那麼我也可以**。我讓自己去感受千瘡百孔的心發出的恐懼。我曾花了那麼多時間與自己的呼吸相處，我相信自己終究可以再次重拾這份能力。

蓋伯直覺地將手放在我的心上，它就像是愛的泉源，大大地穩定了我。

我將尤金拉到我面前，將耳朵放在他的臉旁，他明白了，我想要跟隨他的呼吸。

「只要呼吸就好，」他平靜地說：「讓呼吸帶領你。」

他呼吸的聲音以及那穩定、平緩的呼吸節奏成為我的救命索。我借用尤金的呼吸，直到可以找到自己的頻率。慢慢地，我愈來愈平和，愈來愈放鬆，一段時間過後，我便讓呼吸治療師執行他的任務，拆除了我的呼吸器。

帶著愛和呼吸，我找到了回家的路。

從猶太基督教在《創世記》中描寫的創世故事，我們知道，第一天，神說：「要有光。」於是有了光。這個比喻繼續下去，在之後的幾天裡，上帝用說的創造了水、地、豐富的植物和移動的生物，在第六天，上帝以自己的形象，用大地的塵土創造了人，然後上帝賦予這個人生氣——不是透過話語，而是靠吹氣進入這全新人類的鼻孔裡。⑧

有次，我已故的朋友亞倫．劉（Rabbi Alan Lew）拉比在慈心禪工作坊授課時提到，我們可以理解這段敘述的另一層意義，那就是：人類和天國最親密的連結就是呼吸。他解釋，呼吸是達到這種超驗（transcendent）的載具，呼吸能帶領我們去感受比言語、想法、形式更深層的經驗。

呼吸賦予且維持人類的生命。它出現在思想和言語之前，與概念無關，且不透過言語表達。它不能被描述，只能被體驗。我們不用說話就能呼吸，但說話時卻一定要呼吸。

在冥想時，我們利用呼吸將注意力集中在當下。呼吸永遠是即時的，總是發生在此時此刻，因此它才會成為直觀的強大工具。我們常常以為此刻只是通往未來目標的墊腳石，但事實上，生命只能活在當下，不在過去，也不在未來。此刻，就是我們能安歇的唯一地方。

正常情況下，呼吸並不是一個主動的過程，而是在人沒有自覺到的情況下、自顧自地以它自己的步調進行。我們走路時呼吸，睡覺時呼吸，呼吸一直存在，不受干擾地運作著。這或許是件好事，想像一下，如果我們必須管理呼吸、記得要呼吸，那會是什麼狀況？多數人可能都維持不了太久。

不過有趣的是，冥想時，我們最先做的卻往往是試圖影響自己的呼吸。我們呼吸得更深、更靜，好像有哪種是所謂「完美呼吸」似的。在佛教修行中，深長的呼吸和淺短的呼吸沒有孰優孰劣，重要的是注意到自己正在呼吸。

呼吸邀請我們進入身體。優秀且瘋狂的愛爾蘭詩人約翰・奧多諾休曾寫道：「我們需要回到自身感官的殿堂，身體知道它們的歸屬……是思緒使我們無家可歸。」[9]當我們感覺到呼吸的質地、節奏、步調，還有每次吐納的不同長度時，我們就能找到歸屬。時間加上練習，我們學會如何配合自己的呼吸做一舉一動，讓呼吸呈現其自然的深度和流動。每次呼吸都帶領我們來到自己的歸屬。當我們放棄指揮它時，我們便能逐漸感覺到呼吸在呼吸著我們，這是個很好的訓練，讓人放下控制，了解如何與生命合作。

與呼吸同在一點也不無聊，雖然我們或許不相信如此。當我們對呼吸的奇蹟敞開心胸，直接去感覺那氧合作用的過程，我們便能透過與血液嶄新的合作方式，了解到空氣如何到達身體的每個細胞。每一刻都是全新的一刻，每個呼吸都是獨特、有目的的，且對生活很重要。與呼吸同在就像是和情人在一起，我們有意識地呼吸，展開一場探索，溫柔地發掘生命，每次呼吸都充滿驚奇。當我們的心充滿感激時，我們的思緒也會忍不住充滿好奇。

呼吸也是一扇窗，讓我們看見自己在世界上如何運作。吸氣時，我們將這個世界納入體內，宣稱它是「我」或「我的」，建構出一個單獨的自我意識形象；或者，透過一次單純的吐氣，我們能辨認出自己處在所有生命彼此連結的複雜網絡之中，我們可以理解自己所思考、所說、所做的每一件事都會在網絡上形成漣漪，影響到其他事物，不管明顯或不明顯。

呼吸邀請我們安歇、修復，並且重拾活力。我們因而從狂亂的日常中脫身，平衡自己面對危機時的本能反應。《創世記》提醒我們，「神賜福給第七日，定為聖日」，停下一切工作並安歇。[10]當我們把注意力完全集中到當下的時候，無論是坐在冥想的墊子上，或是走在大自然的步道上，或是躺著沉浸在一本好小說裡，當我們不奮鬥、不分心也不掙扎時，就會發現輕鬆自在慢慢浮現。

我冥想課的學生傑佛瑞形容自己的思緒亂成一團。他最近剛失業，男朋友劈腿和他最好的朋友在一起，曾經熟悉的世界如今亂糟糟，頭腦困在不停計畫東、計畫西的喧鬧中，但沒有一個計畫能減輕他的痛苦。

我建議他呼吸。

幾天後，他告訴我，藉由完全地將心思放在呼吸上，他得以安歇。他說：「我發現到，當我完全專注在呼吸上時，外在世界可以不斷旋轉，而我不需要阻止它或解決什麼事。故事一再重複，就像我腦中無限循環播放的錄影帶，它讓我想起《綠野仙蹤》的龍捲風——房子、馬車和風滾草不停地繞來繞去。但我沒有什麼需要做的。呼吸，並且靜坐在一切的中心，讓我對混亂有了全新的認識，呼吸成為我的安歇之地，一個安全的港灣。」

※　※　※

覺察呼吸，是進入當下最直接也最簡單的方式之一。將我們溫暖的注意力放在呼吸上可以連結身體和思緒：呼吸使身體平靜，身體轉而使思緒平靜。

有了正念，我們的腦子就會充滿感知力和沉穩的接納，會敞開心胸並接受當下如是，不去堅持或拒絕任何事情。我們暫停、放鬆，並且容許一切。我們的想法可能亂飄，煩惱可能展現，但這一次我們不試圖去控制、改變、贊同或拒絕它們。

我們若是將注意力集中在特定某個物品或經驗上，並且在該物品或經驗改變時也不移開，我們便能發展出專注力，以及某種心理上的適應力。愈來愈穩定的正念，讓我們傾向超越事物的表面，去穿透經驗、深入探查，以獲得更深層的理解。我們逐漸開始明白這些想法、感受和情緒最早為什麼會出現。但正念不只是內省，它還能引導我們的外在行為。

有了清晰的理解，我們明白人與經驗的關係能如何害人受苦或培養智慧。這使我們下次在面對難搞的情況、人或想法時，能發展出不同的、更有用處的回應方式。它也幫助我們在與小孩、鄰居、老闆或夥伴發生爭執時，在面對疾病，在面對親友死亡時，能保持冷靜，我們可以利用這份培養出的平靜，獲得更明智的內在指引。

我的學生「梁」是大型科技公司的總經理，也是個新手母親，即使她已經回到高壓的上班環境中，半夜還是得起床餵小孩好幾次。她覺得精疲力竭且壓力極大，只要寶寶在凌晨時分尖叫，她就馬上覺得很不耐煩。哺乳時，她會倒數計時自己何時才能再回去睡覺。

後來，梁開始在哺乳時練習正念呼吸，她的經驗完全改變了。她不再希望哺乳時間盡快結束，而是開始有意識地專注於自己的呼吸，注意到身體產生的感覺，這讓她與寶寶的連結加深了。梁覺得快樂、平和，感激當下能有機會和她的寶貝女兒在一起。她說，回到工作崗位時她的身體依然很疲累，但不再感覺不勝負荷，她對人生重新燃起了熱情。

現在，你會看到電視在宣傳正念，廣播在行銷正念，手機應用程式在銷售正念，連大眾雜誌也以正念作為雜誌封面。人們對生產力的崇拜，使得職場正念已成為最新、最熱門的僱傭兵，保證投資正念必然得到良好的回報。將正念應用在商業、醫療、教育、神經科學、成癮問題和社會正義等領域的興趣正在爆發當中，可能讓我們誤以為正念是某種新發現，但其實它比宗教、也比魔術更古老。

有些人或許認為正念是一種新風潮，一個在所有場合都能解決一切問題的適合答案。關於正念的研究報告成千上萬篇，指出正念對減輕壓力、疼痛管理、心率變異、焦慮、基因表現、戒煙、疾病進程、憂鬱症復發、人格異常、劇烈悲傷，甚至死亡焦慮都有正面影響。正念的未來似乎一片光明。然而，與正念及神經科學相關的研究仍在發展階段，比較謹慎的作法似乎還是對流行療法抱持質疑，才能確保安全，並且避免有過度簡化的期待。

人們很容易誤解信仰傳統的教義、甚至對無關宗教的正念練習有所誤解，然後以偏離其初衷的方式應用它們。我們一聽到專家鼓勵人要展現慈悲、不要有負面情緒，就以為這代表自己永遠不應該生氣。但這種目標不僅不太可能實現，還可能使我們看不見在處理困難事件時所需的內在力量。為了努力創造新的「靈性身分認同」，很快地，我們開始排拒一部分的自我。我曾經那樣做過，我所認識的每個人都在某個時候做過這樣的事。

重點是，正念講的不只是心理健康、生產力，或是達到某種特定結果。它的確能讓我們健康，並對人生有正向的改變，然而，若只追求這些目標，便無法完整地理解身為完整的人的深刻美好。

我們總是把自己搞得一團糟。我們告訴自己該經歷什麼、不該經歷什麼，我們努力工作來定義自己，希望自己以正確的方式行事。持續這樣做讓人精疲力竭，個人的發展過程很容易變得沒完沒了又費力。我們似乎停止不了地努力想變得更好、想變成一個特別的人。在這種所謂的自我提升中，存在著某種侵略性。我們最好回歸冥想的真正目的——那就是放棄奮鬥，擁抱事物的本來面目，然後平靜地發現自由。

我有個醫師學生名叫坎蒂絲，她參加完為期一週的正念冥想訓練營後，寫信給我：

> 我以前以為正念是某種必須做到的事，專注在呼吸的程度決定我有沒有成功。我常為自己花在冥想上的時間評分，像是「那堂課爛死了，我的精神一直神遊，我太坐立不安了。」我也發現自己在冥想時，會將每個進入腦袋的事物貼上標籤，將它們分成「好」或「壞」。我相信使用記分卡能幫助我在冥想時「做得更好」，讓這次練習更有收穫、更有效率。我不知道其他人有沒有這種感覺，但當我環顧房內四周，他們似乎都很會靜坐冥想，有時候我會懷疑自己為什麼要報名這堂課程，我從來就不愛練習（問我媽鋼琴課的事就知道了），但我想要得到成果，所以還是撐著。
>
> 然後有一天，你的話引起了我的注意：「正念的成果是不帶評判的存在方式。」這句話是改變我世界的催化劑，我不需要花費這麼多精神去評判一切（包括我自己），這種徹底的解脫是自由、寬廣且擴展的。我整個身體都冷靜了下來，肩膀放鬆了，脖子不痛了，也不用一直活動我的手肘。我開始培養出真正的正念，了解它的開始和結束都是簡單的選擇，只要注意事物的原貌即可，就是這樣，沒有記分卡，沒有分數，沒有標籤，沒有壓力。
>
> 現在，在做正念練習時，我會敞開心胸接納事物，不為它們指定價值，無論是痛苦、愉悦、悲傷或焦慮。過去、現在和未來全都變得相同，是可以同時存在的。有空間可以容納萬物存在。我來這裡是為了注意和學習，不是為了逃避最具挑戰性的情感，或是渴望得

到某種狀態、不要另一種狀態。事實上，當我逃避、渴望或給予評價時，我承受很大的痛苦，因為我希望事物不是現在這樣，而是另一種樣子，真是的！

雖然對正念有了這樣的理解，練習正念有時還是很困難。但愈來愈多時候，當我靜靜地坐著，我知道自己就在那裡，真的，我知道我在那裡，我感覺到自己的身體，這很重要：我真的感覺到自己的腳在地板上，空氣從我的鼻孔進出，身體裡還有些小事正在發生，像是我的脈搏、咕嚕作響的胃和疼痛的背。

慢慢地，在這週內，我感覺到悲傷浮現——在我腦海裡多年的悲傷、判斷、批判和分析。冥想時，我偶爾還是會為此哭泣，但我能靠著呼吸度過這過程，而且事後緊繃感會消失。正念是（也永遠是）回到呼吸本身，讓人感覺那是個非常安全的降落處，是家，是愛的擁抱。

我不再覺得被迫對自己的表現評分，我了解正念的用意不在達到某種完美狀態，或是成為某件事的第一名。正念是關於做真實的我，不完美、脆弱的我，以及生而為人的我。

冥想不是萬靈丹。即便我們經常練習正念，我們也可能對生活的某些面向有深刻的見解，卻對其他面向視而不見。我知道有些經驗豐富的冥想者很熟悉自己的身體，但卻與自己的情感生活脫節。我也可以想到，有些長期練習冥想的人能安靜地坐上好幾天，人際互動的技巧卻很差。還有些人對眾生有大愛，在私人的生活裡卻無法愛他們自己或他人。

我的朋友約翰・威爾伍德（John Welwood）是發明了「靈性逃避」（spiritual

bypassing）這個詞的心理學家，他曾說：「我們經常以覺察或解放為目標，來合理化過早的超驗，換句話說，就是在自己完全面對人性的原始和凌亂面、並與之和平共處前，就試著超越它。」⑪

我承認，一開始我也利用冥想來逃避過去糾結的關係帶來的痛苦。冥想很有效，能繞過我不堪的過去，就像酒精之於我父母，或是藥物使用之於我弟弟亞倫。

每次練習冥想時，我都很刻意、很努力。我發展出巨大的專注力，在密集的靜修過程中產生難以置信的狂喜與平靜感，我對自己達到的成果非常驕傲。但靜修結束後，我很快就知道自己並沒有變得更快樂。我很失望地發現，等我回到家之後，那些未癒合的傷口、未探索的創傷和我生命中的衝突都還在那裡等著我。

專注，即使是強烈的專注，本身並不能帶來領悟。在佛教教義中，我們用專注來平靜身心，藉由控制身心來發展出智慧。但緊抓著平靜不放，可能導致我們忽略、埋葬或否認大量的生活體驗。

理想主義是走在靈性道路上的職業風險之一，它可能讓所有練習劃上句點。當我們設下某種靈性理想，我們會對自己應該走到哪種境界有所執著，但也會因為那個想法而不去處在自己真正在的地方。舉例來說，我們答應自己每天早上都要靜坐冥想一小時，但一個禮拜過後，我們漏了幾天沒做，所以就乾脆徹底放棄冥想了。

人的個性會為了自己的目的，以這種狡猾的方式來綁架我們的精神修行。如果我有自戀傾向，我或許會拿自己的冥想習慣來說嘴，以便感覺自己很重要且與眾不同。如果我傾向逃避內心遭遇的困境，我或許會受「不依戀」和「出離心」這類的教義吸引。如果強烈的感覺讓我害怕，我可能會贊同「一個修行人不應該顯露出不安、沮喪」，因而主張人應該「超越自己的情緒」。這些防禦機制把人的注意力從當下直接的經驗中抽離，讓我們與內在能力失去連結。

在靜修營期間，我喜歡個別與學生們面談，聽他們分享自己的冥想體驗，這就像讓自己的瘋狂思緒穿上不同的衣服走出門去。瑪姬的個性會嚴厲批評自己的每次冥想練習，堅稱自己是史上最糟糕的冥想者。貝瑞明顯帶有一種優越感，而且在靜修營間，做所有事情都試著比其他人更刻意、更用心。傑森的日記裡寫滿了精彩的想法、幽默且繁瑣的軼事，而且用一個思考的「金鏈」來代表行走冥想。珍奈特迷失在拖延之中，迷失在「全有」或「全無」的思考模式裡。夏洛特承認自己蹺課跑出去買冰淇淋，她的個性堅稱自己應該得到休息。耶利米抱怨冥想沒有幫助他解決和妻子的婚姻問題。

他們全都是我。

即使你是這方面的老師，你的思緒還是有一定的習慣。我曾在某次的靜修活動中，與一個同樣是冥想老師的朋友一起靜坐。有時候，我們也會彼此較勁。在和我們老師面談時，我的朋友說：「法蘭克的慢步冥想做得比我好，但我的正念飲食做得比他好得多。」面對「靜坐」這個簡單的指令，人的思緒會做出怎樣的反應真是驚人。個性相信我們必須有某種作為、必須解決什麼問題。

在佛教圈中，我們常說：「冥想不能解決你的問題，它只是消融問題。」我們的思緒很野，不能試圖用停止想法、壓抑情緒，甚至是解決問題來馴服它。我們對生活的控制比自己想像的少得多。鈴木老師常在禪修中心朗誦一條非常好的冥想指導：「給你的牛一片又大又寬的草地，那就是控制牠的最佳方式。」⑫

人的思緒不會因為開始練習冥想而變野，正念只是讓你注意到環境中發生了什麼，注意到你的個性在對什麼做出反應、試著處理什麼。

我要提出一個違反直覺的建議，那就是「允許一切」。無論是想法、強烈的情緒或相關的能量模式，別受它們的影響，讓它們自己停止，你的牛就會更快樂。

「這麼多年過去了」，我們「還是很瘋狂」。冥想的目標並不在改變自己，不在拋棄舊有、帶來新事物，而是在與自己做朋友，帶著好奇心和熱情與生命的每一部分相遇。這不代表我們必須忍耐冥想過程中出現的困難，而是代表我們必須探索它，以便更加熟悉我們的內心世界。

一位多年來罹患類風濕性關節炎和癌症的禪師達琳・柯恩（Darlene Cohen）說：

> 人們有時候會問我療癒的能量從何而來。在這樣的疼痛之中，身處這種無法緩解的緩慢跛腳過程，我如何鼓勵自己和他人？我的答案是，我的療癒來自我的憤怒、絕望和恐懼本身，它來自陰影。我一次又一次地鑽進那片污穢物之中，然後便充滿了療癒的能量。儘管它能給我新生和活力去面對最深層的恐懼，我還是無法心甘情願回應它的呼喚。
>
> 我已經走過那個循環一百萬次了：首先我感到絕望，但有幾天的時間我會否認自己的

絕望，然後，我抗拒的力道有多強，絕望的力道就有多鍥而不捨，最後，它打敗了我，將我一路又踢又叫地拉到谷底。顯然我被困住了，所以最後放棄了，我接受了自己在調適痛苦和失去時的黑暗面。⑬

想從這種人性經驗中解脫，我們必須納入生命中個人的、心理的和情緒的那些面向，也必須超越個性，走向更全面的覺醒。我們必須願意面對自己的痛苦、揭開隱藏的陰影、承認神經質的行為模式、療癒童年的創傷，並且去擁抱自己排拒的東西。以我個人的經驗，我除了精神修行，還必須搭配好的心理治療、按摩治療、悲傷諮詢和其他方法。那些治療師和我之間建立了良好的治療關係，這對我來說十分寶貴，幫助我將自己在靜默中發現的東西統統整合在一起。

※　※　※

現在，我都將「正念練習」稱為「親密練習」。若隔著一段距離，我們便無法了解自己、了解彼此、了解死亡。這件事必須是近距離且與個人密切相關的，冥想是學習如何與自己、與他人、與這世俗人生的一切面向變得親密，讓充滿愛的覺知帶來療癒力，如此一來，我們便有了能力去面對那些可怕、悲傷和赤裸的事物。

當我們看穿自己的慣性行為和思緒所受到的制約時，就會明白自己是如何為自己招致不必要的苦，這就是修行的真正自由所在。它不會幫助我們逃離生活，或是減少我們的疼痛，相反地，我們和萬事萬物變得親近，了解自己不是置身其外、單獨存在。

傑克・康菲爾德（Jack Kornfield）是一位美籍佛法教師，同時也是暢銷書作家，他在一本書中提出一句很有名的話：「狂喜之後，還是要洗衣服。」此句也成了該書的書名[5]。⑭這句話的意思是，即使擁有「開悟」的超越經驗，我們仍然必須處理各種日常瑣事，像是烹飪、打掃以及照顧一家老小。我經常納悶，為什麼我們不能把洗衣服當作一種發現狂喜的方法呢？這個想法強人所難了嗎？

有個冥想課的學生家裡小孩很多，她發現，自己身為一名單親媽媽，根本沒辦法安靜坐在墊子上做正式的練習，會一直被打斷。她為此覺得絕望。

老師來訪時，這位母親問：「我該怎麼做呢？」

「妳大部分時間在做什麼？」他問。

「洗衣服、洗碗。」她回答。

所以，他在她洗衣服、洗碗時站在一旁指導她要如何時時保持正念，那便成了她的練習方式，等到孩子長大之後，她再回到較正式的靜坐冥想。

我們所作的每件事都能用來培養正念：開車上班、吃飯、養育小孩、和我們所愛之人在一起。這一切全都可以成為我們的「精神修行」，緊密地整合到日常生活的所有面向。能在新的一天醒來是神聖的，每一道門廊都可以成為通往新可能性的門檻，樹木就是樹

5 英文書名是*After the Ecstasy, the Laundry*，中譯版書名為《狂喜之後》（橡樹林出版）。

木，一切都可能帶來支持和覺醒。試圖區分什麼是神聖、什麼是普通的，只是在創造錯誤的二元性。

多年來，我一直很欣賞印度非二元論大師室利・尼薩加達塔（Sri Nisargadatta）的教誨，他曾說過一句很有名的話：「思緒（mind）創造深淵，心靈（heart）則能穿越深淵。」⑮一般認為，這句話指出了「會思考的心智」和「人的情緒心靈」有何分別，以及愛何以成為兩者之間的橋樑。

這些年來，我愈來愈了解尼薩加達塔的意思。在佛教傳統中，思緒和心靈是一體的，只有在我們將思緒和心靈一分為二時，才會產生深淵。這就像我們去區分神聖和普通，讓它們分別屬於深溝的兩側。尼薩加達塔要提醒我們的是，無限且巨大的意識空間是超越思想和情緒的，這個空間不會分裂。當思緒和心靈覺醒時，你會看見其中每個獨特的細節，甚至看見自己的問題，而這一切都安歇在愛和智慧之中。

這也是魯米的金句中所說的：

在是非對錯的界域之外
有一片田野，我在那裡等你。
當靈魂躺臥在那片青草地上時，
世界的豐盛，遠超出能言的範圍。
觀念、言語，甚至像「你我」這樣的語句，都變得毫無意義可言。⑯

是的，每個呼吸、每個想法之間都存在空隙，但也被空隙所串連。這有點像是那個老婦人圖片的視覺實驗，如果仔細看，我們也可以看到一位年輕小姐。心靈和思緒、普通和神聖，其實是一體。

當思緒專注時，我們會注意到那個空隙，我們就是在這空隙中找到安歇之地。德布西（Claude Debussy）曾說：「音樂，是音符和音符之間的空間。」⑰這一頁留白的部分讓你的眼睛能落在字上；在藝術作品中，負空間（negatvie space）和影像本身一樣重要，讓整個結構平衡。不管我們的生活有多活躍，不管存在多少形式，總是處處有暫停和空隙邀請我們安歇。

現在，我會讓自己溜進這些空隙之中。這些空隙不是敵人，我在人生的轉變期、中介空間裡找到平和與寧靜，找到純粹覺察帶來的活力，找到靜止點，也找到一個角度去欣賞一切事物的神聖性。

注意間隙，你可以在普通的事物之中發現神聖，在過程中找到安歇之地。

十四、勇敢地存在著

我意識到，如果要等到我不再害怕採取行動、書寫、說話或存在的那麼一天，我大概只能從另一個世界，透過通靈板送出神祕的悲嘆。

——艾德烈．洛爾德（Audre Lorde）

對查爾斯來說，勇敢存在是指，陪伴父親前往史隆．凱特琳癌症研究中心（Sloan Kettering），討論他那已經無法用手術治療的癌症；對史堤夫來說，是為他摯友正值青春年少的女兒主持追悼會，她在海邊墜崖身亡；對崔西來說，是坐在臨終的母親床邊，懷中抱著自己剛出生的兒子，感覺自己遭到悲傷和愛撕成兩半；對傑克森來說，是到守備森嚴的監獄，和謀殺母親的兇手面對面而坐；對泰瑞來說，是在冥想靜修營釋放過去的性創傷，任由身體顫抖和搖晃三天之久；對瓊安娜來說，是以為自己永遠不會再談戀愛，卻在七十五歲高齡擁抱新的同性戀人。

當恐懼發聲，勇氣就是心的答案。

我認識珍奈特二十年了，她是學生、是朋友，提醒了我們「人性本善」。

幾年前，珍奈特和先生、好友艾伯特及他們的家人在後院烤肉。院子四周都看不到她的三歲半兒子傑克和艾伯特兒子丹尼爾的身影，她有點擔心，說自己要去找找那些男孩，但她先生和艾伯特叫她回來，他們說：「妳總是這樣大驚小怪的，跟我們一起坐一坐，放輕鬆點。」他們再三保證孩子沒事，可能只是在屋裡玩。

過了一陣子，他們全都聽到撞擊聲和一聲尖叫，小丹尼爾朝大人跑過來，珍奈特經過他跑到屋子前，看到傑克奄奄一息地躺在平時寧靜的街道中央，撞到她兒子的汽車已經逃逸無蹤。

珍奈特抱起傑克，全部的人都跳上卡車，用最快的速度駛向急診室，艾伯特是醫生，所以一路上他竭盡所能想讓傑克恢復呼吸。珍奈特被罪惡感和羞愧感淹沒，不過她最擔心的是傑克的腿顯然斷了，她怎麼能讓這種事發生呢？一路上她一直想著這個問題。

結果，傑克的傷勢遠比斷腿嚴重多了，醫院裡的醫生盡全力想拯救這個男孩，但他們也解釋，他頭部的傷和腦傷實在太過嚴重。傑克沒能活下來，他們夫婦最後決定拔除他的維生系統，然後他幾乎是立即就斷了氣。

大家都嚇壞了，凍結在那個時刻，不敢置信。珍奈特緊緊抱著她的寶貝，像許多個夜裡，唱著甜美的搖籃曲哄他入睡般地搖晃著他，只是這個夢再也不會醒來了。

拂曉前，這對父母在極度恐懼下開車回家。鄉間小路緊挨著附近的河流，珍奈特注意到河裡映照出天空的滿月，和外界的事物接觸幫助她感覺到深層、清晰的自己，一瞬間，一股平靜的覺知克服了罪惡感、悲傷情緒和難以置信的感受，內在的指引告訴她：「如果我要紀念傑克的生命，我不能讓這場意外毀了我。」

不過，隔天警察打來確認這場肇事逃逸的案件時，她整個人還是怒火中燒。然後，到了早上十一點，另一次轉變發生了。有人來敲他們的紗門，那是一個陌生的老男人，他出現在門外，珍奈特直覺地認為他是那輛車的司機。他臉上的痛苦暫時沖走了她的憤怒，然後，這位悲痛的母親請他進入家門。

詩人亨利．沃茲沃思．朗費羅（Henry Wadsworth Longfellow）曾寫道：「如果我們能閱讀敵人不為人知的過去，就應該會發現，每個人一生中經歷的悲傷和苦痛足以解除一切的敵意。」⑱

司機道歉並承認了自己的罪責，他解釋他不知道自己的車撞到人了。珍奈特的內在指引想起沿著河流行駛的那趟路程，它再次向她顯現內心的力量。她憐憫地看著那個人，不帶任何虛假的同情，非常誠實地說：「傑克的死，我們四個大人都要負責。」

珍奈特和那個意外殺了她兒子的男人又說了一會兒話，她一邊哭，一邊說著她自己、她先生、她朋友如何因為忙著其他事而沒有注意小孩子的狀況。司機則解釋他女兒要結婚了，所以他趕著去參加婚禮排練。在珍奈特的心中，是因為他們四個人在那個當下全都心不在焉，所以才造成了這個災難性的後果。就這麼一時半刻的疏忽，僅此而已。

人往往喜歡單純的事發原因，單純的原因能把生命的不確定性整理得整整齊齊的。我們想將這種意外視為人為所能控制的，想要有人出來為此負責。我們希望自己的憤怒和無法置信有人能理解，好減輕無助感。但生命不見得以正確或合理的方式呈現，事實上，我們很少能控制這類的災難、命運的曲折，還有尤其是我們自己的死亡。

在謙卑之中，珍奈特明白只有接受這個莫名其妙的恐怖事件，才能從中活下來。她對自己說，**我需要擔起自己的責任，才不會活得滿是羞愧悔恨**。她找到一個中間地帶，沒有不必要的內歸因（都是我的錯）或是外歸因（都是他的錯）。

珍奈特知道，未來的許多年裡，她還得繼續走過悲傷、感覺疼痛，對司機、自己、甚至是傑克感到憤怒，這一切都需要考慮在內，這一切都需要勇氣來直接面對。但珍奈特明白，如果自己還想擁有美好的人生，直接去承受這份痛苦有多麼重要。這個鄉間社區裡的摩門教徒、門諾派教徒、老人和嬉皮人士也療癒了她，不時會有鮮花或一籃新鮮雞蛋出現在門口。

珍奈特後來告訴我，和自己的悲傷共處開啟了新層次的愛。有一段時間，她隨時都覺得生命岌岌可危，會提醒其他年輕母親注意那些她們可能沒有注意到、孩子可能遭遇的危險。然而，隨著時間過去以及自我覺察，她的心大大地敞開了，她和生命的不確定性有了不一樣的關係，她心懷感激，有一種全然活著的感覺。現在，她不會逃避生活的任何一部分。

珍奈特的婚姻沒有撐過傑克的死亡，但她個人撐過去了。她成為我所認識的人之中最棒的臨終關懷者，輔導了數百名志工和家庭照顧者面對悲傷和死亡。如果那個社區有家長得面對孩子突然或意外的死亡，他們會請她站在這些家長身邊。是傑克成就了這一切，他真是個力量強大的小傢伙，改變了這麼多人的人生。

古老的佛教經文曾提到「偉大而勇敢的菩薩」。這些人就像珍奈特那樣，能堅毅地忍受我們其他人承受不了的苦。並非因為這些人無所畏懼，而是他們在害怕時還能保有勇氣。他們對恐懼敞開心扉，願意接受它、學習它，並被它改造。恐懼因而成了一種催化劑、一條通向慈悲的道路，一條恐懼者的改變之路。

珍奈特在面對巨大悲傷和痛苦時所採取的行動告訴我們，不只少數幾個菩薩、勇敢的士兵和德蕾莎修女才能勇敢地存在著，平凡人的每一天也都以渺小而美麗的方式勇敢地存在著。

我認識一個名叫胡立歐的勇敢男子。他是一家大型都會醫院的約聘助理人員，負責清理急診室。當醫療團隊對心肺功能停止的病人進行過電擊和心肺復甦都宣告無效，當腎上腺素停止輸送，團隊也離開了，一切急救混亂結束之後，胡立歐會在此時走進房間。

他會在那裡看見病人一動也不動地躺在擔架上，除了醫院長袍之外一絲不掛，嘴裡突兀地插著插喉管。地面是斑斑血跡和手術過程中丟棄的紗布，急救車的紅色抽屜像技師在汽車修配廠忘了收好的工具箱一樣垂掛著，房間裡還充斥著殘存的活動雜音，急救團隊在幾分鐘前叫喊指示和報告狀況的聲音似乎被牆面保留了下來，遲遲揮散不去。

胡立歐會安靜地走進去，花點時間理解這片混亂，讓眼睛和耳朵在房裡移動，確定自己需要做些什麼。然後，他的目光會優雅地落在剛往生的病人身上，這人的名字他並不知道。他會靠近這個人，滿帶敬意地彎下腰，好像在對此人的高貴身分鞠躬一般，並且輕輕地在他耳邊低語：「你已經往生了，沒事了，我會盡力洗去所有塵土和混亂。」

等到胡立歐將房間整理乾淨、關上急救車的抽屜、撿起沾了血的紗布，也把地板擦乾淨之後，他會洗洗自己的手，然後開始為病人淨身。剛上任的護理主管探頭進來大喊：「這房間要盡快處理好。」胡立歐沒有理她。醫院裡的其他員工都了解也尊敬他的工作，他們會保護這個神聖的時刻，胡立歐可以放心地花時間向這位死者致敬。

※　※　※

願意和恐懼共處，就是一種勇敢的行為。

恐懼既是一種心理結構，也是一種不容否認的生理功能，因受到刺激而產生種種反應，包括釋放腎上腺素和皮質醇進入血液中、心跳加快、使某些肌肉收縮、產生雞皮疙瘩以及瞳孔擴張。恐懼是正常的人類反應，有時也是面對威脅時必要的生存反應，它會產生特定的行為模式。

恐懼可以分為理性和非理性，但所有恐懼都是主觀的。舉例來說，大地震襲擊加州的可能性，或許只會讓我感到緊張，但或許會讓另一個人陷入徹底的恐慌。讓你嚇得退避三舍的東西（例如蜘蛛），可能對我來說完全沒有影響。恐懼可能來自對某個狀況的正確認識，或是來自完全扭曲的觀點。

人們對劍齒虎的恐懼是真實的，或者說，至少當劍齒虎還在地球上漫遊時，那恐懼是真實的。現在，那份恐懼是虛構的故事，一個活在我們想像中的老故事。然而，想到我們一直是被狩獵的一方，或是想到天黑後必須躲起來以策安全，我們就覺得害怕。甚至，我們會為了未來劍齒虎可能再次出現而感到焦慮不安。

恐懼不必以事實為依據就能對人產生影響。無論恐懼的成因是什麼，那感覺都很真實。因此，我們最好不要把恐懼當作絕對的真實。

活在恐懼裡可能會使我們的視野受限，讓我們的人生侷限在舒適且熟悉的環境中。我們很容易變得只想預防危險發生、恐懼不確定性，總是緊張地四處張望。想保護自己和心愛的人，這是很合理的事，但是，如果一切的出發點是恐懼，就會讓人失去正常的判斷力，做出不明智的決定。我們會變得不再願意冒險，不願面對衝突或責難，甚至可能為了獲得掌權者所保證的安全而屈於順從。

對某些人來說，恐懼會以相反的傾向表現出來。他們從事危險、高風險的活動，不斷測試自己的極限或他人的忠誠度。為了掩蓋自己的恐懼，或否認它對生活的影響，他們變得咄咄逼人，甚至出現霸凌行為。當人將重點放在克服恐懼，就會沒完沒了。

不管是過度順從或反抗，未解決的恐懼終究是一種自我放逐，是我們自己製造出的監獄。

我們總是有恐懼的事物，想像自己什麼都不怕是很愚蠢的。我有很多恐懼，它以自我懷疑、拖延、多疑，以及尋求別人的安慰等方式顯現出來。目標不在於擺脫恐懼，而是不再讓恐懼箝制我們的生活，學會如何勇敢地存在、面對自己的恐懼。

蓋伯五歲時開始出現典型的孩童恐懼：害怕衣櫃裡會有怪物跑出來。有天他又睡不著，我和他一起爬進他的床，將被子拉到我們頭上，這樣我們就能躲過那些怪物。

「你覺得他們在外面嗎？」我非常真誠地問他。

「對，爸爸，他們在衣櫃裡。」蓋伯回答，眼睛張得像碟子那麼大。

「你這麼認為嗎？你想去看看嗎？」

「不要！」他邊說，邊把被子又往上拉。

我們躺在那裡咯咯笑了一段時間，營造出一種淘氣且舒適的氣氛，然後我建議：「你確定你不想去看看？我們可以帶著枕頭防身。」

「好吧。」他說。

於是我們抱著枕頭，踩到地板上，非常緩慢地爬向衣櫃。我把衣櫃門打開一個小縫，然後又迅速關上。我不斷重複這個動作，誇張地往裡頭偷看、尋找怪物，然後又爬回安全的地方，這些動作讓蓋伯笑了。

過了一陣子，我完全打開衣櫃門，然後把所有枕頭統統丟進衣櫃裡。幾件東西掉到地板上，那是一雙運動鞋、一顆足球、一個空盒子，但沒有怪物。蓋伯開始歇斯底里地笑了起來，他愈笑，氣氛就愈輕鬆，而他也就愈好奇，後來還爬進衣櫃探索裡頭有些什麼東西。雖然慢，但他的恐懼確實逐漸消散了。

從那之後起，蓋伯不再害怕怪物了，他不再害怕它們，因為他已經自己去找過一回，他直接面對了自己的恐懼。如果我只是告訴他：「沒有，別傻了，你的衣櫃裡沒有怪物，現在快睡吧。」然後就關掉電燈，他只能相信我的話。現在，他已經知道怪物並不存在，它們只是他腦子裡的故事。

事實證明，成年的我們並沒有那麼不同，我們所面對的怪物可能比住在兒時衣櫃裡的怪物更大、更醜、更有挑戰性，但我們的恐懼和蓋伯的怪物一樣，歸根究柢都只是我們告訴自己的故事。

把恐懼當作老師，並學著巧妙地面對它，可以讓我們擁有某種程度的內在自由。我們很快就會發現，心懷恐懼行事，代表我們對實相欠缺信任。我們的預設立場是：自己是脫離其他人而單獨存在的，是與那可能的團結脫離的。在佛教圈中，自我隔絕感有時候被稱為「恐懼的身體」，它就像一副由緊繃感構成的外殼一樣包住我們，讓我們的身體僵硬，加強我們對恐懼的防禦。於是，我們的思緒變得僵化且混亂，心靈也關閉了。

做出區隔確實有必要，但不是我們一般想像的那種。將我們的「情緒狀態」和「恐懼的事物」做出區隔，能幫助我們好好處理恐懼。當我們滿腦子都是自己害怕的事物時——例如昆蟲、身分盜用、遭人拒絕、恐怖主義、在大庭廣眾下發言——我們會避免和情緒本身接觸。我們害怕的事物就像衣櫃裡的怪物，可能根本不存在，但我們對它的注意力會將幻想轉變為現實。

辨別了情緒和恐懼對象之間的差異，我們便能看見自己在這個過程中扮演的角色，因而能夠開始擺脫那些壓垮人的東西。我們放鬆、暫時把恐懼放在身體這個容器裡，再輔以穩定的呼吸，於是，我們便能檢視思緒的運作，檢視那些支持恐懼的信念、假設和故事，藉此開始降低對恐懼的反應。

小時候，我經常被叫到校長室，在學校裡，這通常代表你麻煩大了。然而，我不是因為行為不良才被叫過去，而是我母親經常打電話到學校叫我回家。

通常，找我是因為她患有肺氣腫所以呼吸困難需要我幫忙。到家時，我會在後陽台發現喘不過氣來的她，遞給她吸入器，要她用噘嘴吐氣法增加呼吸氣流，然後把霧化器裝好，讓她放鬆。若是她呼吸特別困難，我會協助她使用輕便氧氣瓶。奇妙的是，我對於她健康狀況這麼差，或是協助她完成這些醫療程序，並不會感到害怕。

但在其他時候，如果爸媽喝得太醉，家裡就會變成一個充滿恐懼的地方。母親會嚷嚷著要自殺，父親也會變得暴力，我不確定自己踏進家門會遇到什麼樣的情況。我清楚記得開門時冰冷銅製門把傳來的感覺、門鉸鏈的吱吱聲，推開門所需的力道，以及踏進大門所需的勇氣。我會憂心忡忡地走過屋裡的一個個房間，可能看到廚房爐子還沒關，可能看到母親昏倒在地下室地板。走過一個個門口時，我的大腦處於高度警戒狀態，身體也非常緊繃。

許多年後我開始練習冥想，有位老師教我要如何在所有行為中保持正念，目的是減少我們的自主反射行為，增進存在當下的能力。其中一個練習特別要我們在進入一個新的空間時，仔細留意自己開關門的方式。很意外地，我非常擅長這項練習，我發現自己能敏銳地覺察到自己走向門去、感覺門把的溫度、感覺門的重量，並且有意地打開門。但在情緒上，我卻是置身事外。

所以，當我在門前停下腳步時，我除了感覺門把，也開始練習感覺自己的身體。我感覺腹部緊縮，並且注意到一陣似乎與手頭上的事無關的不安。突然間，我開始大哭起來，哭到走不進那扇門。

老師提供了許多支持，協助我將這狀況與我過去人生中經歷到的恐懼連結起來。他解釋說，我有這樣的成長過程，所以做這項練習會有這種反應並不奇怪。

有一段時間，開門成為我生活中最核心的練習。透過練習，正念慢慢地取代了我原先習得的高度警戒狀態，且對我舊傷口的療癒過程有重大幫助。表現「勇敢存在」的方式之一，就是練習用正念、帶著憐憫與溫柔去觸碰那些，我們原先只能帶著恐懼觸碰的一切。

※　※　※

要全然投入生活、直視死亡、找到真正的自由，人需要三種勇氣：戰士的勇氣、堅強內心的勇氣和脆弱的勇氣。

關於「戰士的勇氣」，我們最常聯想到的畫面，是在緊急或危險情況中表現出的英勇行為。我們或許會想到那些展現生命力和毅力的軍人，他們的信念、受過的訓練以及腎上腺素的作用，讓他們可以接下任務、克服恐懼，或者至少學習不受恐懼阻礙。醫師和健康照護人員也受過類似的訓練來幫助他們免於筋疲力竭。對某些人來說，光是早上起床就需要戰士的勇氣了；對其他人來說，戰士的勇氣則用來承受混亂的情緒、開始一份新工作，或是與慢性病、憂鬱症和絕望共存。對多數人來說，每天的生活都需要一定程度的勇氣，勇氣或許是選擇做我們相信正確的事。

健康的戰士勇氣是在榮譽、對戰友的忠誠、服務精神，或為了履行承諾的驅動下而產生的，而且在執行時必須善用智慧、取得平衡。然而，戰士的勇氣仍有其陰暗面，它也可能在羞恥感、外力脅迫、控制欲，或對獲得贊同的渴望等因素的刺激下激發，導致我們顯現出防禦心或自以為刀槍不入。

我在佛教修行時，聽過許多有關「精神戰士」的事蹟，這些故事都是從亞洲傳統中流傳下來的。佛經中使用了大量的戰場意象，其中一則建議冥想者想像自己受到千軍萬馬包圍，文中提到，征服這支軍隊比馴服自己的思緒更容易。這些教義從來沒有引起我的共鳴，我覺得這些意象激發強烈的掙扎和排拒，對自我厭惡和自我批評的人來說，這些教義的價值和用處都十分有限。

然而，在我們的生活和冥想練習中，還是有戰士勇氣的位置，它幫助我們在困難面前堅定不移、面對人生的苦、願意冒未知的危險，並且面對無知。它讓我們不被自滿的習慣和不確定性所誘惑。我們能在身體裡感覺到這種勇氣的基石。

這個武士和僧侶的故事，說明了放下執著和直接面對恐懼時，所需要的不可動搖的戰士勇氣和正直。

有個武士爬上山來到一座小廟，他在那裡看到一位僧侶正在靜坐冥想，「僧侶，」武士大喊：「教教我天堂和地獄的事吧。」並且預期對方會照著做。

僧侶抬頭看了看武士，然後非常不屑地答道：「教你天堂和地獄的事？我不能教你什麼，你無知、骯髒，是武士階級的恥辱。離開我的視覺。」

武士怒不可抑，他在憤怒的驅使下拔劍，準備殺了這位僧侶。

僧侶直視武士的眼睛說道：「那就是地獄。」

武士一僵，了解了僧侶甘心冒著生命危險為他上這堂課的慈悲心。他放下自己的劍，恭敬感激地鞠躬。

僧侶輕輕地說：「而那就是天堂。」

無所畏懼並不是消除、忽視或驅趕恐懼；而是發展出即使面對恐怖，也能勇敢地與我們強大的心智狀態共存的能力。

「內心的勇氣」要我們放下防備。這種勇氣是要人去感覺、去允許美好與恐怖觸碰我們。它需要的是另一種無懼，這種無懼所需的熱情不比戰士的勇氣少，甚至更多。當我們勇敢地全心全意與自己體驗到的真實同在，當我們不排拒經驗，而是面對發生在此時此地的一切，就會發現這種勇氣。

堅強內心的勇氣讓我們無所恐懼地接受正在發生的事，而這樣做創造出了一片空間，容許人們去了解、探索並整合自己的恐懼，於是，我們能夠接納過去自己曾經想排拒的一切。不只如此，這種勇氣也能使我們敞開心胸，對全人類的苦難懷抱深刻的慈悲。我們明白了人人皆有恐懼，然後我們就像菩薩一般，與眾生一起站在他們的恐懼之中。

現在大規模殺人的新聞事件頻傳，關於「堅強內心的勇氣」的故事很少有人報導，很容易就錯過了。珍妮斯·法根（Jencie Fagan）是內華達州的一名體育老師，她曾冒著生命危險阻止了一位帶著手槍來學校的十四歲男孩。男孩走進校園後開了三槍，第一枚子彈打中一名男孩的上臂，第二枚子彈打到地上彈起來，傷了一個女孩，子彈卡在她的膝蓋裡，還好第三槍沒傷到任何人。

珍妮斯冷靜地靠近那名男孩，朝著他和他的槍直直地走過去。經過一陣子的對談，成功說服男孩放下槍。如果只有戰士的勇氣，一切就在這裡畫下句點——無可否認，這是很勇敢的行為，而且救了大家的命。

但珍妮斯還展現了堅強內心的勇氣，她後來出人意表地擁抱了槍手。她一再向男孩保證自己不會丟下他一個人，她會陪著他到警局，也會陪著他走法律程序，確保他是安全的，並保證警察不會傷害他。

後來，有人問她為何對槍手那麼慈悲，同樣身為母親的珍妮斯回答道：「我想其他人也會做一樣的事，我把那些學生看成自己的孩子。」⑲

第三種勇氣是「脆弱的勇氣」，它是通往內心本質最深層面的通道。大多數情況下，我們會把脆弱聯想成軟弱、暴露情緒、容易受到傷害。受傷、被傷害，因此我們害怕脆弱，想不計一切代價避免它。但人的脆弱不只是一種詛咒，也是祝福。

脆弱的勇氣讓我們可以和剛因車禍失去孩子的朋友坐在一起，感覺她的痛苦，不帶一絲偏見地敞開心胸聆聽。因為人是脆弱的，所以我們能夠承認自己害怕展開新的冒險、可以與他人分享自己離婚的消息，可以在流產後還渴望再次懷孕。

脆弱並不是軟弱；它是沒有防備的。因為沒有防備，所以我們可以對經驗敞開心胸；防備少了，我們不再那麼晦澀難解，變得更加透明。我們能更敏銳地感受此生的萬千悲傷和喜悅。如果我們不容許脆弱，不容許疼痛、失去和悲傷傷害我們，我們也將不再能敏銳地感受到慈悲、愉悅、愛和基本的良善。

人需要脆弱才能有勇氣去愛。還有比付出愛更脆弱的狀態嗎？它充滿了危險、不確定性、衝突，那感覺是強烈的、親密的，並且揭露了真理。脆弱代表我們是敏感、易受影響的，更容易接受他人和自己內心的指引。我們明白了握有控制是一種幻覺，認識到受苦無可避免，要我們不再緊抓不放，進入無法解釋和不可預知的狀態。

脆弱的勇氣可通往我們堅不可摧的本質，這種堅不可摧並不是要人逆來順受，或代表從此人生沒有起伏。在我們的文化中，堅不可摧通常暗指一種反對情緒起伏的立場，一種以為自己無懈可擊的錯覺，以為這副身體是不會受傷或不會死亡的。但本質的堅不可摧是一種純粹的開放性，是一種不設防的開放性，在這全然的開放性之中，我們可以後退一步，讓恐懼的風吹過我們。恐懼無處附著，也無處降落，我們可以放下掙扎，放鬆不必要的努力，在沒有防備的狀態下休息。我們會明白，自己和任何事、任何人都是不可切割的。當我們意識到我們是誰的基本本質絕不會受到損傷、不會生病、不會死亡時，恐懼便會退散。

接受心臟手術前一晚，我很焦躁不安，擔心自己從此變成廢人、懷疑手術的必要性，數不清的問題在我腦海裡盤旋不去。

我的朋友沙達來看我，她是一個佛教禪修老師，而她也沒有答案。

她坐在我身旁，握住我的手，沒說什麼話，我們沉默相處了一段很長的時間，病房裡只有我們兩個，每隔一陣子，我會說：「妳知道，我很怕這個手術，我怕我會死。」

她點點頭說：「嗯。」然後繼續沉默。她散發著愛，清晰地映照出我內心最深處，那是比恐懼更廣大的地方。在她臉上，我能看到自己慈愛本質的倒影。

人與人之間的關係是變動的。爭論發生後，你能感受到房間裡負面、緊繃的能量；反之亦然，你能感覺到房間裡存在勇氣。

沙達的停留時間不是非常久，大概半個小時，然後她平靜地站起來說：「我得回家了。」

我說：「對，我知道。」

她說：「我愛你。」

而我說：「對，我知道。」然後她離開了。

她探訪過後，我平靜了下來，我對手術、對自己和對這世界的信心也恢復了。感恩滋養了一種幸福感，我感覺到與其他受苦之人的連結，使我超越了折磨我的恐懼。

那晚我睡得很好。隔天一早，當他們來病房接我時（醫院都這麼做，在天色將亮未亮的時刻來接人），我覺得很放鬆。我兒子蓋伯和太太汪達跟著我的輪床一起走到手術室前。那一天，我都很平靜。

進入一種脆弱的狀態，讓人可以敏感地體驗肉體上的快樂和痛苦、感受情緒，並且注意到自己的想法。要感受這一切或面對苦的源頭並不容易，因為我們相信那個嚴密建構出的自我。但脆弱的能力也讓我們有機會體驗到各個層面的實相，感覺到自己其實是多麼容易被滲透——我們的身分不是固定的，沒有任何東西是永恆的。我們看清強迫行為和固著心態多麼空虛無意義。我們不加防備且脆弱，對一切、對人類存在的所有可能性（包括更微妙的、更深層次的自己）都敞開心胸。矛盾的是，脆弱的勇氣帶領我們安歇在最終堅不可摧的開放性中。

※　※　※

只是索然無味地在思緒中翻找，並不足以了解自己的恐懼。為了將恐懼轉化成勇敢地存在著，我們需要愛。悲傷專家伊莉莎白·庫布勒·羅斯是我最重要的老師之一，她曾說重要的情緒只有兩種：愛和恐懼。我不確定是否真的那麼簡單，但我們可以肯定的是，愛和恐懼是一體兩面。恐懼是限縮的那一面；而愛是廣闊的那一面。

我們能與恐懼為友嗎？我們能用正念和它相見，用深切的慈悲觸摸它所招致的苦，並培養充滿關愛的平靜，讓人與恐懼共存嗎？若能如此，我們即使面對恐懼，也能找到安歇之地。

拉姆·達斯曾經說過：「經過這麼多年的精神分析、教授心理學、擔任心理治療師、吸毒、到印度、成為瑜珈修士、尋得導師，而且還冥想了幾十年，據我所知，我還是沒能擺脫精神問題，完全沒有。唯一改變的是那些精神問題不再能定義我了。我投注在個性上的精力變少了，因此個性變得容易改變。我的那些精神問題不再是巨大的怪物，現在它們就像我邀請來喝茶的小矮人。」⑳

我們可以學著去愛我們的恐懼。選擇愛而非選擇恐懼，代表我們信任仁慈、信任實相的基本善良，信任比恐懼更大的東西。但我們需要感覺安全才有辦法擁抱恐懼。

卓越的英國兒科醫師兼心理學家唐諾・溫尼考特（Donald Winnicott）提出了「護持的環境」（holding environment）的概念，該概念是當代精神分析中依附理論的基礎。他認為母親的擁抱是孩子健康成長的先決條件——以讓孩子感覺安全、理解、受到關愛和持續疼愛的方式去愛孩子。受到這樣護持的孩子能發展出對母親的信任感，然後這份信任會延伸至他人和世界。如果獲得的護持不夠理想，孩子可能會比較被動，認為這個環境不值得信賴。㉑

你可以試著觀察和主要照顧者有較健康依附關係的嬰兒，看他們如何與世界互動。如果孩子的生活中有「夠好」的護持，他會比較願意冒險嘗試新事物。或許他嘗試走路時跌倒了，母親就會上前擁抱這孩子，用愛關懷他，如此他便有勇氣再嘗試一次。每一次，這小嬰兒都能獲得勇氣往前冒險，超越原有的界線。

蓋伯出生後幾天，我體驗到「護持的環境」的力量。有天不知為何，他開始失控地一直哭，他媽媽試遍所有的安撫方法，已經精疲力竭，我們請曾養大四個孩子的助產士朋友前來幫忙，連她也哄騙不了蓋伯。

最後我說：「我知道我是男的，但讓我試試吧。」我抱起蓋伯，將他放在我的胸前，帶他到戶外去，我深深地呼吸，然後小聲說：「我愛你，你知道的，我會一直愛你。」然後我唱了他還在母親肚子裡時，就唱給他聽的歌。

這是我和孩子之間很簡單但非常親密的接觸，和冥想的經驗一樣深刻。某種程度上，我把自己的神經系統借給了他。我沒有憂慮，不因為他的痛苦狀態而煩躁，也不去評判他的感覺。我只是將他放在手臂和胸口圈成的安全容器裡，讓他宣洩自己的不快，將之蒸發到寬廣的天空裡，直到他冷靜下來，慢慢陷入夢鄉。

如果我們將覺察本身視為這種護持環境呢？想像我們在冥想時，我們先是擺好姿勢，將注意力放在身體和呼吸，然後喚起自己充滿愛的注意力，培養信任。有時候，我在靜坐時，喜歡想像我是自己的「好媽媽」，去想起典型母親或祖母的溫暖存在。偶爾，我會重複《慈經》（*Metta Sutta*）裡的一句話：「就像母親用生命來保護她唯一的兒子一般，對一切眾生，散發無量的慈心，對整個世界也散發無量的慈心。」[22]

我相信，當人感覺到覺察那安全的護持環境圍繞四周時，恐懼、疼痛、醜陋就可以現身面前，並且受到不帶評判的對待，如此它們便能獲得療癒。我們感覺到支持和勇氣去超越過往那些限制人心的信念，這使我們能夠優雅地面對那看似走不過去的關卡，比如我們自己或孩子的死亡。覺察本身即是最終的安歇之地。

第五個邀請

培養不知心

人的思維好比降落傘，要打開才能發揮功能。①

——湯瑪斯・羅伯特・杜瓦（Thomas Robert Dewar），

由法蘭克・札帕（Frank Zappa）複述

禪宗公案是一篇篇的故事、對話或語句，意在幫助我們處理根本人性的問題。公案往往顯得矛盾，但它們並不是需要解開的謎語或謎題，相反地，它們幫助我們領悟，藉由將我們推向直接的體驗，讓人能從平常看待世界、認識世界的方式中解放出來。

「培養不知心」這個公案一開始或許讓人困惑。我們為什麼要變得無知？但這並非鼓勵我們拒絕知識，「不知心」具有感到好奇、驚奇和想知道原委等特點，它是樂於接納的，準備好面對任何發生在眼前的事。

在我動心臟手術之前，快三十歲的兒子蓋伯來醫院的心臟科加護病房看我，我們很溫柔地對談，回憶著兩人之間的關係，這些分享充滿了愛、善良和笑語。

突然間，蓋伯不說話了，他變得非常嚴肅。「爸，你會撐過這次手術嗎？」他問。我對兒子的愛無法言喻，就像所有父親一樣，我想向他保證自己會活下來、會沒事的。但我停了下來思索合適的答案，在回答前先去感受自己的經驗，然後我聽到自己說：「我不選邊站。」

這回答讓我們倆都大吃一驚。我的意思是，我不選擇要生或要死，不管怎樣，我相信一切會很好。我不知道那句話是哪裡來的，沒多想就這麼脫口而出。我不是想表現得像個聖人，或是一個好佛教徒，但我們倆都因為這樣的回應而感到安心，我想這是因為我們知道自己是站在用愛說出的真理面前。

我們互相擁抱，蓋伯答應早上會再過來，然後回家去了。

在日常生活中，我們靠的是知識，相信自己有能力想通問題、釐清事情。我們受過教育，受過特定學科的訓練，讓我們可以把自己的工作做好。我們從經驗中累積資訊，邊走邊學。若想平順過活，這一切都是有幫助且必要的。

一般人以為「無知」是缺乏資訊、沒有覺察。悲哀的是，無知不只是「不知道」，它更表示，人知道些什麼，只是知道的東西是錯的。無知是誤解。

「不知心」所代表的卻截然不同。它超越了知道和不知道，它超越我們一般對知識和無知的理解，它是「初心」（beginner's mind），禪宗大師鈴木俊隆曾說過一句著名的話：「在初心裡有許多可能性，但在專家之心裡可能性卻不多。」②

不知心不受計畫、角色和期望所限制，它可以自由探索。當我們塞滿了知識，當我們的思維方式已經固定下來，視野便會縮小，模糊我們看清全貌的能力，也限制了我們行動的能力。我們只能看到我們所知事物允許我們看到的。智者既慈悲也謙卑，知道自己不知道什麼。

在我們面前的這一刻、正在解決的這個問題、正在死去的這個人、正在完成的這項任務、正在建立的這段關係，以及正在面對的痛苦和美麗——都是我們以前從未體驗過的。我們帶著不知心進入一個情境之中，就是單純地願意去做這件事，不去依附某個特定的觀點或結果。我們並非拋棄了自己的所知（我們的知識還是一直存在於背景之中，會在我們需要時提供協助），我們放棄的是定見、放棄的是控制。

不知心是個邀請，邀請我們帶著全新的目光走進生活、清空我們的思緒，並且打開我們的心靈。

十五、記憶喪失的故事

記憶是個複雜的東西，它接近真相，卻不完全一樣。

——芭芭拉．金索沃（Barbara Kingsolver）

我和勒魯瓦初次相遇時，他已經七十幾歲了。他成年後一直是個工人，大多數時候都在鋼鐵廠工作。勒魯瓦塊頭又大又黑，很有氣勢，他習慣用自己的方式做事。現在他罹患肺癌，已經轉移到腦部，經常意識混亂，沒有時間感。

有一晚，我到病房餵他吃馬鈴薯泥，他吼著說：「露辛達，可不可以再給我一點肉汁？女人，妳知道我愛吃妳的肉汁，我喜歡把肉汁倒在上面，再一口吃下。」我花了一點時間才弄清楚他不是在和護士說話，而是和另一個女人——他已經去世的妻子。

下一刻，我們則是坐進他五三年的龐帝克汽車，開上鄉間道路，前往他最愛的冷飲店。勒魯瓦開車開得飛快，大叫著要我把收音機的聲音再調大一些。

參與勒魯瓦想像出來的旅程一開始很有趣，但後來我卻感覺有點害怕，可能是勒魯瓦搞不清楚自己在哪裡引發了我本身對失智的恐懼，但似乎又比那更根本，我認為那和我的存在不受到認可有關，不知道自己的位置，對我的真實感有破壞性的影響。我開始覺得應該提醒勒魯瓦他是個住院病患，我們不在他的龐帝克汽車裡。當勒魯瓦開著他最愛的車，悠遊在鄉間道路時，我卻感覺迷惘，只想離開。

頭頂一陣廣播傳來：「傑佛瑞醫師，你的車擋住出口了，請立刻前往卸貨區。」

我轉身面對勒魯瓦，然後說了謊，我對這個男人撒謊了。我說：「勒魯瓦，很抱歉，但他們在呼叫我，我得馬上去移車，不能留在這裡了。」我飛也似地踏出房門。

在我意識到自己的行為有多可笑之前，我已經站在星空下的停車場，讓那不舒服的感覺填滿了我。

陪伴意識混亂的人是件令人困惑的事。他們顯然欠缺理性，而且不合乎我們常見的社會模式，這讓人感到不安，我們都期望人是合乎常理的。

我們對自己理性思維的心智有如此強烈的認同感，因此，大多數人想到自己可能失控，都覺得非常害怕。我們對脾臟功能的關心程度，遠不及我們擔心大腦能否建構出一句讓人聽得懂的句子。我們對親朋好友說：「怎樣都好，不要痴呆或無法清晰思考就好，我痛恨那樣。」而這種對失控的厭惡感，促使我們和那些意識混亂的人保持距離。在恐懼之中，退縮的人其實是我們，甚至從我們所愛的人身邊撤離。

面對自己的無助，我們會有這樣的反應：如果罹患阿茲海默症的父母忘了吃藥，我們可能會感到挫折；我們聽不懂中風患者含糊不清的話語，所以我們把他們表達出的擔憂當作是在亂說話；我們不再試著與在病床上蜷曲得像個嬰兒的祖母建立連結，因為我們很容易以為「她沒有意識」。

我的阿姨米米八十歲時，我去護理之家探望她。她曾有過幾次小中風，且因老化而有愈來愈嚴重的失智現象，腦子很不清楚。她懶洋洋地坐在輪椅上，不停自言自語，偶爾會把衣服掀起來翻過頭頂。她用很多名字叫我，以為我是她過去認識的許多人，像是哥哥、老師或同事，我們根本不可能有什麼真正的對話。

我很好奇，非常納悶米米阿姨為何從未結婚，「妳有沒有談過地下戀情？」我問。話一出口，米米阿姨惡狠狠地盯著我，輪椅上的她挺直身體，雙手抱胸，清楚地說出：「有些問題太隱私了不能問！」

我對她突如其來的清醒神智感到訝異，所以只是同意地點點頭。在那之後，我們又安靜地坐在一起，整個下午都牽著手。

我們得先了解自己，才能了解別人的意識混亂與搞不清人時地。從試著去感覺無法和他人產生連結是多麼辛苦的一件事，是很好的出發點。失去時間感、不知道發生了什麼事、無法和人連結，會是什麼感覺？

帶著仁慈和接納面對這種經驗，讓我們可以想像，那些無法讓他人理解自己的人有多麼孤立無援；我們可以同理他們的孤寂感、他們會有多害怕；我們可以感受到那因為自己行為「不正常」而有的羞恥感，還有想對他人隱瞞自己有病的傾向；我們可以理解，為了重新拿回生活的掌控權，我們會憤怒地做出什麼攻擊行為，或是拒絕照顧者的付出。

罹患阿茲海默症或失智症的患者經常無法控制自己的行為，即使他們很努力嘗試也辦不到，這表示不論是你或他們都無法預防問題發生。然而，你在相處時的態度會對他們的行為產生影響，你的安適感通常決定了他們的安適感，如果你行事匆忙，或是暴躁易怒，失智症患者也可能會感受到這些感覺，他們經常像小孩一樣，變得焦慮抗拒。你平靜地與他們同在、慈悲地觸摸他們，經常能在混亂之中帶來秩序感，取代他們失去的內心結構。光是以這樣的狀態坐在這些患者身邊，幾乎必然能讓他們感到安心。

吉莉安將失智的母親接回家同住後不久，她有天走進客廳時發現自己喜歡的書（包括神聖的佛教經典）全部散落一地，她母親說：「我受夠這些又舊又髒的書了，我要把它們送給我的牙醫。」

吉莉安一時陷入憤怒之中，開口斥責母親的看護：「妳怎麼能讓這種事發生？」看護沒讓自己也掉進這場鬧劇之中，她答道：「夫人，今天我會整理好這些書，明天我會再把它們拿下來，如果這樣能讓已經失去這麼多的女士找回一絲控制感，那麼我沒關係，沒什麼大不了的，我喜歡和她在一起。」

吉莉安突然意識到自己那股想控制整個局面的強烈需求，而這也讓她對母親所感受到的無助充滿了慈悲。吉莉安在客廳的地毯上坐了下來，花了一下午享受陪伴母親的時光，就在這片混亂之中。

隔天，吉莉安走進客廳時，發現看護的確已經把書全放回架上了。

我和罹患失智症或阿茲海默症的人相處時，都很努力想看穿表面、看見這整個人。我會坐著不動，不像平時那樣忙東忙西或列出待辦事項，而是單純地與他同在。我努力帶著接納心和這些人相處，用心傾聽，不對他們的舉止或意識混亂做出任何評價。我在培養自己的不知心。從那樣的情況中，我發現自己能夠去享受這樣有趣的對談，而不去擔心邏輯通不通、字義的詮釋，或是用詞正確與否。有一段時間，我們的互動不再受到理性之神的控制，而這讓我感覺很放鬆。我也會擁抱那經常出現的強烈內在情緒，即使它像颶風裡可怕又不可預測的暴風。

這讓我能以新的方式看待人際關係的完整本質。我明白了「自主性」和「單獨存在」這類的想法錯得離譜，並再一次了解到我們是不可分離且相互依賴的。我覺得自己更像人了。

還有，如果你像我一樣，有時候把事情搞砸了，發現自己站在停車場、給焦慮淹沒，請對自己好一點，我們只是人，我們都會犯錯。做幾次深呼吸，重新感受一下自己的身體。照顧一個意識混亂的人時，我們面對的是自己最深層的恐懼，而這很消耗情緒和體力。放過自己吧。培養對自己的寬恕和接納，這樣我們才能擴展到其他人，同樣寬恕並接納他人。

※　※　※

我們都害怕失去記憶。但我發現，承認自己其實一直都不斷在失去記憶，是很有用、甚至令人安心的。

我記得五歲時在花園種了蘿蔔；我記得隔年從雞舍屋頂上跳下來，摔斷了一根肋骨；我記得陶瓷工作室的拱形天花板，父親總會在樓下的車庫裡洗車，還有自己多麼喜歡那些五彩繽紛的釉罐；我記得母親白色的蓬裙，但我好希望自己也記得她的笑容；當然，還有些但願能忘、但始終難忘的回憶。

在理性的世界中，我們堅定不移地相信理性的效用，我們認為清晰的思維代表有能力、有價值，記憶就該準確，而準確代表事實，事實又代表正義。你曾有多少次和伴侶爭辯，誰對某一事件的記憶是正確的？

丈夫說：「我們第一次約會時，妳穿著紅色洋裝，看來好美。」

妻子說：「謝謝你，但我的洋裝是紫色的，我知道是紫色，因為我在日記上寫紫色成了我最喜歡的顏色。」

丈夫說：「那我記得妳穿著高跟鞋，真不知道妳穿著那雙鞋要怎麼走路。」

妻子說：「我確定我穿的是涼鞋，你一定是記成其他女朋友了。」

事實上，記憶喪失發生在我們每個人身上。不見得要得到失智症或阿茲海默症才會忘記事情，只是，隨著人逐漸老化，這毛病確實比較經常發生。我們會心不在焉地走進一個房間，然後很費力才想起自己為什麼要進房間；或是短時間的記憶空白，害我們赴約遲到。不久前曾聽到一個笑話，車鑰匙和夢一樣容易遺忘。我們所知道的開始一點一滴失去，然後甚至連曾經對我們很重要的事也溜走了——我們珍視的記憶、所愛之人的名字。隨著歲月流逝，我們忘記愈來愈多的細節。或許最讓人感覺害怕的，是面對其他人的健忘：我們發現不只是自己的記憶、甚至連我們的生命也很快會遭人遺忘。

我們的大腦不是電腦硬碟，人類的記憶不是簡單的「精確資料的輸入和輸出」，而是更加複雜、細微且美麗的過程，遺忘其實也是這個系統內建的一部分。記憶的特質就是「不用便忘」，腦科學家說記憶易逝——大腦會清除沒在使用的記憶，才能有空間容納新的記憶。罹患嚴重失憶症的人經常無法形成短期記憶，幾乎轉頭就忘記得到的資訊，但其實我們每個人平時也都會定期清出大腦的空間。

這表示記憶不是客觀、真實、精準的，而且絕非永久，我們的記憶是具有延展性的結構。有項研究指出，我們每次回想某件事，大腦的網絡便會改變，影響我們對該原始事件的記憶，就像小時候玩的傳話遊戲，每次回想都會產生一些小小的誤差，這些「錯誤」成為我們經驗的一部分，最後，對該事件的記憶可能變得非常不準確，甚至完全是錯的。[3]

心臟手術完，我出現了明顯的認知缺陷和記憶喪失。我會忘記簡單的事實、把名字搞混，還有記錯日期。我的護士朋友說，這對裝了心臟繞道裝置，或是經歷長時間麻醉的人來說，是很常見的副作用。

一開始，失憶讓我覺得很尷尬，我會用手指敲自己的腦袋，希望這樣能讓我想起些什麼。我也會試著隱藏自己的錯誤，而且搞錯時，我會在心裡不停批評自己。

然而，最後我還是為自己的記憶喪失找到了一方接納之地。當我不帶羞恥或責備地說出自己失憶的事實，我感覺輕鬆多了，我已經接受自己的思緒或許再也無法像手術前那麼敏銳了。

說實話，其他人不見得都對我這麼溫柔。有些朋友和同事對我的失憶、我無法理解他們引用的學術內容，或是我需要在演說時使用筆記，都覺得惱火，他們想要過去那個可靠的法蘭克回來。

但我提醒他們，我們每個人都一直在忘記事情，我們的記憶一直被改寫、一直出錯，這是活著的一部分過程。那麼，我們最好專注在記住最重要的事，不是日期或對話的細節，而是我們是被愛的，也有愛其他人的能力。只有完全接納我們的不知，而不是恐懼，只有不再堅持現實應該是哪個樣子，我們才能在事物原有的樣貌中放鬆自己。

※　※　※

當記憶被視為真相時，人們便不會去質疑。那樣做通常會導致僵化的假設、全有或全無的思維，可能為日後的決定帶來意想不到的影響。對這些假設抱持好奇心，不帶預設地去探究，或許能幫助我們發現新的方式來理解舊故事。

禪安寧療護計畫中心裡，曾住著一位非常溫柔的義大利老婦，名叫蘿絲。她入住時被診斷出只剩七週可活，但七個月後，她還住在這裡。

日復一日，志工和蘿絲重複同一段對話。他們會走進她的房間，說道：「蘿絲，妳今天如何啊？」

她會帶著放棄的語氣說：「我只想死。」總是同樣的回答。

這成為療護中心裡反覆出現的笑話，直到我告訴志工：「我們必須認真對待蘿絲。我們應該仔細聽聽她到底在表達什麼，而我們卻在笑她。」

隔天早上，我走到她床邊說：「蘿絲，妳今天怎麼樣啊？」

她又回答：「我只想死。」

所以我又問：「妳為什麼覺得死比較好呢？」

她看著我的表情好像在說：「對一個八十歲的女人來說，你問這是什麼問題？」

但我追問：「妳知道的，蘿絲，妳不能保證另一邊比較好。」

「至少我離開了。」她回答。

「離開什麼？」我問。

那個問題打開了閘門，蘿絲開始告訴我她和她先生的故事。很顯然，五十年的婚姻生活中，蘿絲所能記得的就是自己一直在照顧她丈夫——為了他買菜又做飯、管他的帳、買衣服給他、幫他洗衣服，還有包容他的情緒。現在她病了，蘿絲無法想像她的先生怎麼可能照顧她，她不想成為負擔，認為最好讓陌生人來照顧她，所以她搬進了安寧療護機構。

她說完故事之後，我們又聊了一段時間。我建議她或許可以考慮和她先生分享自己的感受。他們對話時，我不在場，但三天後，蘿絲搬出療護中心回家，她又在家裡住了六個月才過世，期間她先生一直盡心盡力照顧她。

我沒為蘿絲提供解決方法，我只是了解她的過去，而這段過程幫助她去質疑自己的假設。蘿絲後來對自己的生活情況有了全新的認識，她明白了她過去是多麼執著地相信自己必須照顧丈夫。只有放開她對這種想法的堅持，培養不知心，新的選擇才會出現，一個在過去不被允許考慮的選擇，也就是請求她先生照顧她。

有句古老的意第緒諺語是這麼說的：「有時我們對故事的需求更甚食物。」敘述我們的故事給其他人聽，是種強而有力的方式，讓我們能對人生獲得新的理解和觀點。

在明白記憶的準確性並不可靠之後，我們便可以自由訴說我們必須訴說的故事。分享自己的故事不在於說出事件的真相，或是精確地回憶當時情況，故事的重點在於在訴說的過程中，將我們生命中分離、獨立、破碎的片段拼湊出完整的時刻。

我們在分享故事時，會不再堅持自己必須以特定方式去詮釋生命中的事件。我們對不知心敞開心胸，允許更深層的自己走上前來說話，如此一來，說出口的便是我們靈魂的故事。

人不能改變導致自己痛苦的起始事件，但絕對可以改變應對的方式。我們會明白，當我們一再重提某個故事、對它耿耿於懷，這段未經質疑、盤旋不去的記憶便會讓過去受過的苦更深植我們腦海，讓過去定義了現在的我們。若我們以慈悲來看待目前的反應時，就可以讓自己擺脫舊傷口的束縛。觀看自己對事件的詮釋，改變自己的理解方式，發現新的意義，便可以影響我們對那些事件的想法，我們可以覺察到讓人裹足不前的記憶，然後放下。

說出我們的故事，讓我們可以退一步看到全貌，用不同的方式記憶事物，並且更能覺察過去沒注意到的細節。我們接受現況所需的力量，經常埋藏在老故事裡。光是改變故事起不了療效，但說故事可以是療程的起點。當我們訴說故事時，我們得到療癒，當有人聆聽我們的故事時，我們得到療癒。

麥可是禪安寧療護計畫的志工，同時也是一個英文老師，他明白故事的力量。他喜歡陪伴病患，鼓勵他們分享人生的片段。他們會告訴麥可自己童年的故事，或是死去親人的故事並且表達自己的愛意；他們會訴說悔恨、分享隱藏的祕密；他們會談論如果再有第二次機會，可能會有不同的做法。有些人則會在想像中和上帝對話。

麥可會錄下這些分享內容，回家後再將這些錄音帶打成文字，接著他會做美麗的手工故事書，加上皮革封面，鑲上照片或能突顯故事中某個元素的圖像。最後將這些書包裝好，放進盒子裡，綁上紅緞帶，然後送給故事的主人。

這些都是很棒的禮物，這些書成為病人留給親朋好友的遺物。有時候，如果他們沒有家人或朋友，他們在死後會將書留給麥可，因為他明白，優雅地接受他人的故事有多麼重要。

※　※　※

有天，一名頭髮染成綠紫色、手腳有刺青、鼻子耳朵和臉頰都有穿洞的年輕人出現在洪達湖醫院。他告訴志工辦公室，他想來這家以治療老年人為主的醫院「幫助老人家」。保守的志工管理師看了他一眼，給了他一張長長的表格要他填寫，然後說：「如果有適合你的工作，我們會打電話給你。」一企圖要他打消念頭。

這個年輕人遭到拒絕，頭垂得低低的，轉身正要離開時遇到我們安寧病房的醫師，醫師問這名男孩要去哪裡，男孩說：「我想當志工幫助老人家，但這裡的人不要我。」

醫師很好奇，他問年輕人想怎麼幫助「老人家」。

年輕人從背包裡拿出一台小型攝影機，然後說：「我想拍電影。」所以醫師決定邀請他來參觀我們的安寧療護中心。

結果證明，事情發展永遠不是人所想像的那樣。這個龐克孩子極其熱心，而他所打造的介入性治療方法也是我所見過最神奇的（即使我很確定他不知道自己在做什麼）。

這個年輕人問病房裡的三十八位住戶一個簡單的問題：「如果你可以離開醫院一天，去到任何地方，你會去哪裡？」

葛蕾絲說：「我要去沙灘，我喜歡鷗鳥。」

莎莉說：「我要去提奇鮑伯的鋼琴酒吧，我以前曾在那裡唱歌，我要去看我的老團員。」

徹斯特說：「我要回到自己長大的家。」

所以這小子拿著他的小攝影機，去了那些地方。在海灘，他錄下海浪如何將他的腳趾捲進沙裡，也錄下小鳥沿著浪緣奔跑；在酒吧裡，他問有沒有人記得莎莉，然後他錄下鹽海狗的老團員突然表演起〈低地朋友〉（Friends in Low Places）這首歌；他到徹斯特兒時的家，成功說服屋主讓他進屋，現任屋主一開始對這個模樣怪異的年輕人充滿戒心，但後來讓他錄了他們的客廳、徹斯特以前的臥房，還有現在仍屹立在後院的樹屋。

幾週後，我們在醫院舉辦了一場電影節，每個人都來看這個年輕人製作的七分鐘影片。技術上來說，那些影片不是非常好，音效品質很差，成色也不好，有時候拍攝時還會切掉人們的頭。但這無傷大雅，我們的所有住民都看到自己的影片了，在那之後，我們邀請他們分享自己的故事，其他人都專心聆聽。我們在他人的故事裡找到自己故事的絲絲縷縷。

這孩子隔天就消失了，我們再也沒看到他。菩薩也是那樣，他們來了，做了事，然後就走了。

故事是我們找到意義的一種方式，但意義很少只有一個，通常，意義有好多層次。事情或許是如此，但也或許不是，這是**不知心**能幫助我們更加理解自己與他人的地方。如果我們沒有那麼僵化的觀點，故事便能帶我們走過過去的情節、甚至事實，讓我們看見一般的思維模式可能看不到的真相。多數真實人生的故事沒有清楚的開始與結束，但這些故事的確能幫助我們釐清生活，並擁抱它的神祕。透過故事，我們將自己編進了家庭、社區、文化之中，讓我們加入更大的人類故事裡。

※ ※ ※

許多精神傳統和大多數超個人心理學家都指出，心智的維度超越人們一般對記憶的理解、超越過去對神經網路和突觸的研究，也超越「人只是思考機器」這種受限的觀點。古老的佛經提到，我們極微妙的心智具有連續性，會從此刻連結到下一刻，沒有開始也沒有結束，稱為**心相續**（Mind Stream）。但即使是當代科學家也同意，人類的心智並不簡單，有某種更微妙也更複雜的東西，我們經常稱之為**意識**（consciousness）。

※　※　※

哈里森．霍布利澤爾（Harrison Hoblitzelle）是比較文學教授、心理治療師，也是佛法教師，人們常親切地叫他霍布，他是一個非常仁慈又幽默的人，也非常享受思考。

即使被診斷出阿茲海默症，霍布還是持續講授佛法，有時候在上課時，他的記憶就會崩盤。

傑克．康菲爾德曾提過，霍布某天傍晚在佛經講座上發生的事。那天傍晚，他發現自己站在一群禪修團體前，忘了自己是誰，也忘了自己為什麼在這裡，所以他只好開始全心地大聲承認自己感受到了什麼：「腦子一片空白……好奇、緊張、冷靜、腦子一片空白、充滿愛的感覺、溫暖些了、顫抖變少、還是不確定。」就這麼持續了好幾分鐘。他只能做這件事，然後他停了下來，安靜地休息，最後向觀眾鞠躬。他們全都起立鼓掌，向他的存在及勇氣致敬。有好幾個人說，「這是我聽過最棒的一堂課。」在那一瞬間，就連阿茲海默症也被霍布轉化成了自由。④

霍布的病讓他意識混亂，他失去了某些認知能力，但在那一刻，他在意識中找到了安歇之地。多虧了數十年來的正念冥想訓練，他可以舒舒服服地在不知心中安歇。他不必知道自己是誰、在哪裡，或是在做什麼，就能回復覺察力，觀察當下的情緒和經驗。他可以帶著好奇與求知慾去觸碰當下的經驗。

培養不知心並非要人拋棄所知。霍布一輩子的經驗讓他能置身「不知」的強烈狀態中；他正在利用他的所知，卻不受限於知或無知。

人們似乎都對「意識」很熟悉，但它既難以描述、無法找出它在大腦何處，而且爭論頗多。如果我問：「你現在有意識嗎？」你可能不假思索就回答：「有啊。」即使我們罹患失智症或阿茲海默症，如果被問到：「你有意識嗎？」我們還是會回答：「有啊。」

那麼，我們是什麼意思呢？

我們說「有」，是基於我們直接、切身且立即的經驗。我們不只是自己所想、所說、所做，當然也不只是我們所記得的那些，那些經驗不能完全定義我們是誰，我們不只如此。覺察，是我們見證經驗的能力，它不只是一種認知功能，覺察超越了想法、超越感覺，也超越行為。關於我們是誰的故事、關於我們知道些什麼，都只是意識的濃縮。見證或覺察永遠發生在當下。體驗事情時，我們可以是有立場的，可能有某種情緒或某種評價；但或許，我們也可以選擇站在不隨之起舞的覺察之中。

如果可以，請記得：一切都在覺察中來去，那就是我們的基礎，其餘的都只是迷霧幻境。

十六、不知最親切

智慧說我什麼都不是。
愛說我是一切。
我的生命在兩者之間流動。⑤

——尼薩加達塔・馬哈拉吉（Nisargadatta Maharaj）

不知心的概念起源於古中國兩個僧侶的故事：雲遊四方的年輕人法眼，和他的老師地藏。

地藏看到法眼著衣準備出行。

地藏問：「你要去哪裡？」

法眼回答：「行腳去。」

地藏又問：「你行腳的目的為何？」

法眼回答：「不知道。」

地藏說：「不知最親切。」

作為一個公案，這個故事討論的不只是古中國的行腳。行腳是日常生活的隱喻，它說的是我們的旅程，我們可以漫無目標地散步，或是鎖定某個目的地。我們可以輕易重新組織地藏的問題：「你的人生將走向何方？你為何認為在別處會比現在更好？這一切尋找的目的是什麼？」

從我們還是小孩的時候，人們就問過我們類似的問題：「你長大後要做什麼？」身為成年人，當我們和某人第一次見面時，最先被問到的幾個問題之一便是：「你是做什麼工作的？」回答時，我們希望自己聽起來很有條理，希望別人認為我們聰明且有目標，所以我們會事先擬好答案，能簡潔有力地說明自己已經有哪些成就，以及還計畫要達到哪些目標。重點是顯示我們是「有料的」，而在我們的文化中，知識就是力量。

法眼是個很聰明的人，是個成熟的學生，讀過許多經典，多年來不斷禪修，比起「不知道」，他當然可以給老師一個更高尚或令人印象更深刻的回答。但這故事令人愉悅的是，法眼以一種不設防的方式回答，他像個孩童般無知地說：「但願我知道，但老實說我沒有答案。」或許他希望他的老師有答案；或許，他和我們許多人一樣，都想像自己有某種命運需要去實現，想像有智者可以為他指點迷津。但一位好老師不會告訴你要知道什麼，而是讓你知道如何去看。

這位老師的回答讓人完全卸下心防，他說：「太棒了，法眼，你不知道真是太好了，不知最是親切。」

在禪宗裡，「親切」（intimate）一詞是「覺醒」、「了解」或「領悟」的同義詞，但那些字眼似乎代表某種遙遠、特殊的心理狀態，或是超自然、形而上的超然體驗，把人帶離日常生活問題，進入另一種層次。

我比較喜歡**親切**這個詞，因為它邀請人去靠近、完全擁抱自己現有的生活，並且熱愛它，而不是試圖去超越它。它是去承認我們已經有所歸屬。對我來說，「親切」一詞更能表達出我對「領悟」的想像，它是放鬆的、接納的，甚至是平凡無奇的。它不存在於其他地方，不在生活之外，而在生活之中。還有一句禪宗教義說：「路就在你的腳下。」「親切」鼓勵我們和鳥叫、微風、彼此、現在的生活，和此時此刻相連在一起。

我們都曾有過不必去「釐清」什麼，就發現問題解答的時候。我們說這種感覺就像「突然間，一切都明朗了」，或是「答案就這麼來到我面前」，或是「我對自己必須做什麼毫無疑問」。只要我們放慢腳步，慢到能夠仔細聆聽，就能聽見貴格會（Quakers）所說的「心中平靜的小聲音」（我們常稱之為「直覺」）。這種心理特質能在不單依靠理性的情況下，感知所需要的事物。

如果不知道自己要去哪裡，我們就必須完全留意當下，小心翼翼地感受我們的道路，一吋接一吋，一刻又一刻。我們必須親近自己實際感受到的經驗。當我們不知道時，一切都有可能，因為不受舊有的思維習慣或是他人的觀點限制，我們看到更大的樣貌。「不知」留下了空間，讓智慧得以出現，讓情境自己說話。

在親切的最深層次，主體和客體都不復存在，再沒有堅實固定的界線，「我」與「你」不親密，你我之分也消融了。我們經歷到沒有防備的開放性、完全的結合，這就是不知心的核心和美麗之處。

我朋友約翰臨終前幾天，進入一種半醒的昏迷狀態。他的表情非常緊繃，頭往後縮，脖子肌肉緊縮，每次呼吸都是掙扎。

有天晚上，我坐在約翰的床邊，擔心該要怎麼做才好。有個知名的佛法教師也有過這種經驗，他告訴我，約翰的靈魂正在試圖離開他的肉體，我應該觸摸他的頭，告訴它該往哪裡走。我照做了，但一切都沒有改變。約翰的醫生打來說，我應該增加一點嗎啡用量，好放鬆約翰的呼吸。我照做了，但一切都沒有改變。

那天晚上，有個健身教練來了。他鼓勵我握住約翰雙足兩個特別的點，指壓能讓他放鬆。我照做了，但一切都沒有改變。

所有知識都沒有幫助，所以我轉向內心，我放下所有人的建議和自己的恐懼，然後做了幾次深呼吸。

我開始感覺內心升起一股強烈的衝動。我發現自己發自本能想抱住這個正在受苦的男人，這不是我平常會做的事，但我相信自己的直覺。於是我爬上床，讓約翰靠在我的臂彎，前後地搖晃著他，我自然而然地開始為約翰唱起搖籃曲。不是各種童謠，而是你邊唱邊編出來的那種，字詞和旋律隨意地組合在一起，完全沒有任何意義，我稱它們為愛的聲音，每個父母都為自己生病或害怕的孩子唱過這種歌。我在約翰的耳邊輕柔地唱，親吻他的額頭，雖然心裡沒有任何目標，但我的手知道要怎麼做，我用手指溫柔地撫摸他的脖子，輕撫他的臉，在他的胸口非常輕柔地劃圈。

我們完全失去了時間感，我可以感覺到約翰沉到我身上，我的身體支撐著他骨瘦如柴的身體，最後，他的脖子放鬆了，頭也往前傾。他的眼睛開了一下，看起來很放鬆，然後他睡著了。

後來，我曾經短暫懷疑自己是否做了正確的事，我是否太快將約翰從瀕死狀態拉回來，阻止靈魂的釋放過程？我不知道，但我知道，任何人想要獲得自由，必須有一顆柔軟的心。

回想起來，我明白了在單純地擁抱約翰之前，我所採用的那些專家策略出了什麼問題：他們都認為發生在約翰身上的不是好事。那些方法主要都是為了減緩他的症狀，卻似乎自始至終忘了約翰這個人。直到這些無效的策略讓我精疲力竭，我才願意臣服，放下原本自認為應該發生的事。然後我的思緒放鬆了，我開始聽從心的帶領，我可以看到以前沒看出的可能性，允許自己自然地動作，不受已知心的任何干擾，我只需要傾聽，不要阻礙自己。如此一來，我便能尊重約翰，並與他連結，知道那個時刻裡，他究竟是誰、真正需要的是什麼。「不知」最是親切。

有時候，願意不知是我們最偉大的資產。我們有多麼活在這個不斷更新的當下，決定了我們真正能夠提供多少幫助。

湯姆是禪安寧療護計畫裡的一位可愛志工，有天他想把住民ＪＤ從床上移到馬桶上時，徹底搞砸了。ＪＤ牙籤般的雙腿突然失去支撐力，整個人摔倒在地，他躺在冰冷的磁磚地上，睡褲掛在腳踝附近，尿布掉了下來，雙臂扭成一團。ＪＤ身體沒事，但一切都糟透了。湯姆覺得身心俱疲，他打電話給我，尷尬又自責地請我重新檢視一下他搬動體弱者的護理程序是否正確。他想用更多資訊來武裝自己，這樣他「下次就不會搞砸了」。

湯姆是我親自訓練的，我非常確定他知道那些程序，而且我感覺再多資訊也無法平撫他腦海裡猖獗的恐懼與質疑。所以，我試圖用一個簡單的指令來解決他所關心的問題。「下次你移動ＪＤ之前，先看看自己的肚子，看看它是不是緊繃的，等到它放鬆了再開始動作。」

湯姆不耐地回答：「對，對，那個我知道，但我要怎麼交叉他的腿？應該要先移動下半身，還是上半身？」

我堅持：「先看看你的肚子，感覺你的肚子，等它放鬆了再動作。」然後我叫他值班完再打電話給我。

那天稍晚，湯姆回了電話，熱切地說：「我去移動ＪＤ時發生了最神奇的事。當我靠近床邊時，我想了想你說的話，我注意到自己的肚子像石頭一樣硬，我發現自己很害怕，有那麼一陣子，恐懼似乎傳遍全身，然後我做了幾次深呼吸，恐懼開始消散，肚子也變得柔軟。然後我想都沒想就用手臂抱住ＪＤ，好像他是我的情人或是小孩，不費什麼力氣就把他移動到馬桶上了。一切過程都很優雅，我本能地知道要做什麼，真愉快。」

光靠講究概念、思考的腦袋無法了解我們本質的力量，「不知」才是通向深入理解本質潛力的通道，它帶領我們超越平時思考與觀看事物的方法，並和當下產生親密關係。

※ ※ ※

死亡能照亮所有人都具備的一項特質，那就是我們在這無常世界中對安全感的渴望。我們認為自己的自我認同和事物的樣貌應該保持固定恆常，想知道未來是什麼樣子。最重要的是，我們不希望我們所認為的自己會死去。

若我們讓個性代表了全部的自己，相信自我是單獨存在的，死亡就成了我們所恐懼的「外在他者」。長久以來，我們一直相信有界線、獨特的自我認同是最重要的，而死亡卻威脅這個信念。沒有熟悉的自我故事，「我」會是誰呢？難怪我們總是害怕放手，除了這個強而有力的「我」，其餘的我們一概不知，我們想緊緊抓住已知，害怕進入未知。

如果觀看孩子在遊戲場的單槓上晃來晃去，你會看到他們自在地移動，流暢地放開手去抓下一條橫槓。你有沒有看過成人也使用同樣的設施呢？很少看到。但就算有，你會看到他們緊緊抓著橫槓不放，直到他們已經握緊下一根橫槓。

即便只是粗淺地去反思，我們也能看出，想讓自己變得堅實、獨立的嘗試違背了現實世界運作的方式。當我們愈是錯誤地想把自己抽離改變的河流，愈會感到寂寞、孤立和害怕，這導致我們在臨終時、在每日的生活中承受很多苦。追求安全感最終只是讓我們感到更不安全。

我們在對抗自然。

實相沒有地圖、無法描述，也超越所有觀點。它不是單一的穩定事實，而是無止盡、不斷演變的謎題，它充滿活力、持續變動，且不斷透過有形和無形的方式表達。

《般若波羅蜜多心經》（*The Heart Sutra*）是佛教中最著名、最美好，也最令人困惑的經典，它最重要的內容是這麼寫的：

色即是空，空即是色；

色不異空，空不異色。

第一次閱讀時，這些話幾乎無法理解。我兒子第一次讀這部佛經時，他說：「爸，你在靜修營上跟人們講的就是這本天書嗎？你就是靠這賺錢的嗎？」我笑了。

但如果我們認真閱讀，我們會看到這部佛經相當精準地描述了實相和思緒的本質。我們無法將生與死分離，也無法將色與空分離。它們總是孟不離焦，總是一起出現。

對大部分的西方人來說，空是個很困難的字眼。我們通常會把空與缺乏、貧瘠和空虛聯想在一起。開放性、廣闊性或無限性，這類的字眼對大多數的人來說就容易理解多了。我喜歡將空想成一個開放的空間，一個不受任何概念限制、沒有邊界的領域。

回想一下，我們在走進一個大房間時，會如何先注意到房裡的物品：桌子、椅子、沙發、藝術品和檯燈。但如果我們多用點心，或許也會觀察到光線如何隨著時間變化，並且意識到物件所在的空間、環繞著物件的空間。

同樣地，如果我們觀看自己的心智，我們會最先看到裡頭的物件——我們的想法、感覺、記憶、白日夢、計畫，還有來自身體的感官感受、我們對發生在自己身上事件的理解。倘若加以反思，我們則會發現，我們之所以會在腦海中察覺到這些活動，是因為它們發生在覺察的開放空間之中。覺察一直都在；平時我們不會注意到它，因為我們總是忙著看那些物件、看自己的知覺和情緒——就像人在走進一個有家具擺設的房間時，注意力總是會放在桌椅而非空間上。所以我們可以說，人無限的覺察（那個開放的空間）是「空」，其中包含了人的想法和知覺（也就是「色」）。

有趣的是，我們經常認為形相（色）是永恆的，它們成為我們尋找安全感的對象。然而倘若仔細檢驗，我們會發現色也是空的、無常的。我們的想法、幻想和生理感受——我們或許認為這些東西是真實的，但它們不過是泡影，出現一會兒，隨即又消散了。它們生起滅去，就像我們一樣，和宇宙萬物一樣，此刻存在，下一刻又消失。每個生命、每個事件、每個感受、每次做愛、每頓早餐、每個原子、每顆星球、每個太陽系都是短暫的。每個形相都輪流出現在生死之輪上。

另一方面，「空」卻是永無止境的。事實上，「空」孕育了「色」，空讓一切都有了可能。

珍妮佛．威爾伍德（Jennifer Welwood）是心理治療師、作家，也是虔誠的修佛之人，她在一篇精闢的文章中，寫下關於色與空的「詩意之美」。她說：

在內在與外在的世界中，每當我們深入觀察空時，就會發現色；每當我們深入觀察色時，就會發現空。色和空無法分離、不能分隔，也是沒有分別的。用密宗的話說，我們可以說他們是永遠擁抱在一起的戀人——分明卻不分離，不是一個，不是兩個……

若將自己視為某種固定的形相，我們便會認為空是可能破壞或毀滅我們的東西，我們不把空視為自己的本質，而是必須避免或擊敗的敵人，並且把形相視為我們必須製造、捍衛或促進的東西。所以當我們無法認清色與空的不二性（non-duality），它們就會分裂，不再像戀人般密不可分，且成了彼此對立的敵人。我們必須避免空，還必須創造色。[6]

若我們將自己當作單獨、固定的形相，死亡就成了敵人，死亡是威脅我們形相的空。只有在了解自己真正的本質是開放、廣闊且無邊無界，了解流過空之巨谷的是一條無常的河流時，我們才能放鬆一些。

我們不必害怕空，因為它並不代表什麼都沒有，不代表我們不存在，或沒有價值，或不是一個獨特、美好的個體。我們是上述的一切，只是我們不能脫離萬事萬物存在，我們在這片廣袤無縫的空裡，只是一種暫時的表現方式。空不是某種天堂，或是遠離我們的絕對實相，它是無量的沃土，從中不斷地生成一切的色。但沒有個體或事物能獨立存在；空和所有生命緊密交織，沒有空，我們根本不可能來到這裡。

偉大的藏傳佛教大師卡魯仁波切（Kalu Rinpoche）有句名言：「我們生活在事物的幻覺和表象之中。實相的確存在，你就是那個實相。當你明白這一點時，你會發現自己什麼也不是。因為什麼也不是，你就是一切。就這樣。」[7]

湯米和母親艾瑟爾的故事，是說明世間色與空的最佳範例。艾瑟爾罹患腦癌，當家人已經無法繼續勝任在家裡照顧她的工作後，她接受了禪安寧療護計畫。她兒子湯米有唐氏症，雖然已經十幾歲，但情緒和心理發展卻和六歲孩童無異。他經常來探視母親，我們也變得愈來愈享受彼此的陪伴，幾個月下來，我們發展出一定的信任感。

艾瑟爾去世的那天早上，我打電話給她先生彼得，也就是湯米的父親，問他是否要帶家人來到艾瑟爾的遺體旁。

「那湯米該怎麼辦呢？」彼得問。我建議他也將湯米帶來，彼得猶豫了，他說他想先和湯米的治療師討論一下。

一陣子過後，彼得回電了。「治療師認為不妥，她說自己小時候也參加過家人的葬體，並被迫親吻她已去世的祖父，她覺得讓孩子接觸遺體會造成創傷。」他停頓了一會兒，補充道：「我不知道該怎麼做才好，因為湯米要求去看他媽媽。」

「你何不帶湯米來，也邀請他的治療師一起來呢？」我建議。

一小時後，中心的門鈴響起，門口站著彼得、湯米、他的治療師，還有幾個家庭成員，湯米的脖子上掛著一台拍立得相機。

「嗨，湯米，」我說：「你帶了相機，你今天想拍什麼照片呢？」

他笑著說：「你、佛祖先生，還有我媽媽。」所以我們走到客廳，湯米在那裡拍了我和大佛像的照片，然後上樓到艾瑟爾的房間。

每個人都很擔心湯米見到已經死去的母親時會有什麼反應。我們手牽著手走到她床邊，他很自然地探過床的欄杆，親吻母親的額頭，就像每次探訪時一樣，然後他轉頭看著我，臉上不帶恐懼，只有天真的好奇，他問我：「一切都去了哪裡？」

色和空。曾經生氣蓬勃、充滿生命的，現在空空如也。雖然她的身體還在眼前，但湯米可以感覺到艾瑟爾已經不在了。房裡一片寂靜，大多數成年人緊張地動來動去，努力想擠出答案。

我說了我一貫會說的話：「我不知道，湯米，你覺得呢？」

湯米想了一會兒，然後生動地描述了自己想像中可能發生在他母親身上的故事，這故事包含了蝴蝶破繭而出的畫面，還有知名電影《魔鬼終結者2》裡不斷改變外型的機器人。

大人們鬆了一口氣，他們看得出湯米並不害怕，事實上，他非常好奇那些消失的事，我們很自然地喝了茶和可樂，就像他平常探訪時一樣。

在家人離開前，我問湯米和我能不能單獨和艾瑟爾待在一起幾分鐘，我感覺到他需要最後一次和母親在一起。因為我們長久以來建立了深厚的信任，彼得同意了。

房間裡的人都離開後，湯米走回母親床邊，又問了幾個問題。

「人死了會有感覺嗎？」他問。

「我不知道死人有沒有感覺，湯米，但你能感覺到你媽媽嗎？」

「可以，我可以。」他回答：「但她不動了。」

「對，人死了之後，就不會再呼吸、吃東西或說話了。」我說。我簡單、實際的答案似乎暫時讓他滿意了，然後我說：「湯米，如果你有什麼話想告訴媽媽，或是想為她做什麼，現在是個好時機。」

我看著湯米溫柔地觸摸母親的手臂，感覺她的皮膚，還有那正在改變的溫度。過了一陣子，他做了一件最甜、最了不起的事：他靠在母親身旁，從頭聞到腳。這讓我想起自己在鄉村公路上看到的一頭白尾小鹿，小鹿的母親給車撞了，小鹿溫柔地動了動，好奇地聞著媽媽的身體。湯米的動作給人一種很類似、幾近原始的感覺。他（牠）是毫無保留的。

當然，湯米還是會悲傷，需要花時間去理解母親的死亡，但這一刻，沒有需要做的事，沒有需要說的話。湯米了解的方式是發自內心且明顯的，我懷疑有多少成年人會允許自己和死亡如此親密。

在我們的文化中，死亡對成年人來說，是否可以像湯米了解得那麼自然呢？我很好奇。

※　※　※

要是我們在日常生活中，與色和空變得更加親密呢？

十七、臣服於神聖

現在是時候明白你所做的一切都是神聖的。⑧

——哈菲茲（Hafiz）

神聖製造驚喜。

我走進洪達湖醫院三十張病床的長型安寧病房時，眼角餘光注意到以賽亞。他是非裔美國人，在密西西比長大，他快要死了，呼吸困難，汗如雨下，於是我坐到他的身邊。

「你看來很努力。」我說。

以賽亞舉起手臂，指向遠方說：「我只需要去到那裡。」

「我忘了戴眼鏡，看不遠，告訴我你看到了什麼。」

以賽亞描述那裡有個翠綠的牧場，和一片通往青青高原的長長山丘。

我問：「如果我保證自己會跟上你的腳步，我能去嗎？」

以賽亞緊緊抓住我的手，我們開始一起攀爬，他的呼吸愈來愈短促，每走一步，就出愈多汗，那是條漫漫長路，而且並不好走。

「你還看到了什麼？」我問。

他描述了一個單房的紅色校舍，門前有三個臺階。

我所受過的訓練告訴我，以賽亞已經失去對時空的正確認知。我可以告訴這個老人，他的幻覺是癌細胞轉移到腦部和嗎啡所致，也可以提醒他，我們人在洪達湖醫院的病房裡，但那是最膚淺的真實。

深層的真實是，我們正走向紅色的小校舍。

我問：「你想進去嗎？」

以賽亞嘆了口氣，說：「要，我等很久了。」

「我可以跟你一起去嗎？」我問。

「不能。」

「好，那麼你去吧。」我說。

幾分鐘後，以賽亞平靜地離世了。

了解神聖並非認識什麼新事物，而是以新的方式去認識事物。神聖並不脫離萬事萬物而存在，也與萬事萬物沒有不同，它潛藏在萬物之中，而死亡是發現隱藏事物的機會。

受人敬愛的一行禪師（Thich Nhat Hanh）利用一個簡單的練習說明了這點。他拿了一張白紙，請觀眾說出他們看到什麼。

大多數人回答：「白紙。」

孩子和詩人的回答比較有創造力，他們說：「雲朵、雨和樹。」

正如一行禪師所說的：「沒有雲朵，就不會有雨；沒有雨，樹木不能長大；沒有樹木，就不能造紙。如果繼續看下去，可以看到砍樹的伐木者，他將它帶回紙廠做成紙。我們也會看到小麥，伐木者每天沒有麵包就不能存活，因此，成為他麵包的麥也在這張紙裡。伐木者的父母也在這張紙裡。我們若這麼看，就會知道沒有這些東西，這張紙便不會存在。再看得更深入一些，就可以看到我們自己也在裡頭。」[9]

這是一種表達我們屬於一切人事物、並與一切相互依存的方式，我們理解到，神聖並非獨立於我們之外，它時時刻刻都與我們同在。

神聖總是存在，萬物都是神聖的，它是實相的本質。然而多數時候，我們像色盲一樣，帶著尋常的眼光走在神聖的世界裡，無法清楚地分辨光譜的不同色調，我們無法一直感知到或區別出神聖事物的存在。我們無法欣賞它的全部美麗，用一種被制約的方式認識世界，總是只看到生活的表面。然而，只要我們留意，就能明白神聖不斷地顯現自身。

「神聖」這個詞是一個用來表示無以名狀之物的符號。人無法完整形容何謂「神聖」，只能說出其存在的某種特徵、它對意識的影響，以及我們接觸它的方式。

從字面上看，神聖（sacred）代表「成聖」，它的字根 sacra 也表示「區分出極有價值或重要的事物」。在猶太傳統中，被稱為「至聖所」（Holy of Holies）的摩西會幕（tabernacle）是最神聖的地方，裡頭的黃金約櫃（Ark of the Covenant）收藏著刻了十誡（Ten Commandment）的聖板。一般人不能進去，只有最神聖的人（也就是大祭司）可以進入世界上最神聖的地方，而且一年只有一次——在一年之中最神聖的日子。在我曾擔任輔祭的天主教會裡，會幕擺在最高的祭壇裡，它有兩扇黃金大門，裡頭存放著聖體（Holy

Eucharist），據說那裡是耶穌居住的地方，只有被任命的神父才能打開那兩扇金色的門。

如果沒人教導我們理解這些傳統、做法或隱喻的深層意涵，我們可能誤以為自己缺乏認識神聖的資格。我們或許會以為，只有在特定時間、接受過特定訓練的特定人士，才能接觸神聖。但像你我一樣的一般人都能以各種方式及形式有神聖的體驗，包括那紅色小校舍的幻象。

烏魯魯（Uluru，又稱為艾爾斯岩〔Ayers Rock〕）是澳洲中部一塊巨大的砂岩，它非比尋常，雄偉地出現在平原之上。當地原住民崇拜烏魯魯，因為它對他們而言不只是一塊石頭，是神聖的表現。當我們心懷敬畏地站在烏魯魯之前、在沙特爾大教堂（Chartres Cathedral）前、登上馬丘比丘（Machu Picchu）的印加堡壘，或置身紅木林的寧靜中，我們可能會覺得自己正站在神聖的土地上。

我沒有辦法解釋，為何數千年來人們一直來到這些地方朝聖。也許是因為我們必須認定神聖的力量是出自某個地點、某件物品或某個人，才能讓此力量更真實、更易取得；又或許這些地方是門戶、是通道，可以讓人強化人的感知，誰知道呢？愈是重要的問題，愈往往提醒人們不要太早下結論，而是要讓問題長伴左右。

無論如何，我們顯然都會去某個地方沉澱自己忙亂的思緒，例如海邊、山頂和寺院，有時候，人不受干擾地在沙發上暫待片刻就能找到平靜。有意地去留意，能增加我們接觸到神聖的機會；但人也可能在一瞬間、自然而然地了解神聖是存在的。雅各便是如此，在聖經故事裡，他從深層的睡眠中醒來，然後說：「耶和華真在這裡，而我過去竟不知道！」⑩

我們對神聖的反應可能包含了喜悅、狂喜、大受啟發、包容其中、廣闊無邊，以及敬畏感，就好像我們遇到了生命中的聖潔，這些反應是明顯且毋庸置疑的。有時候，這種體驗的密度或強度很容易覺察，我們能感受到內在的平靜，彷彿自己不再需要依靠過去賴以推進生活的力量了。必須去做什麼、奮鬥什麼或控制什麼的衝動獲得釋放，轉為無為而治，我們了解到，自己和平靜以及平靜帶來的靜默是不可分割的。

搬進禪安寧療護計畫中心之前，柔伊在成衣工廠擔任包裝員，最喜歡的休閒活動是看電視上的摔角節目。肝病晚期引起黃疸，使她的皮膚變黃，肚子因為體液累積而腫脹，她因為不舒服失去胃口，不再進食。

不過，柔伊雖然覺得自己頗悲慘，卻仍維持樂觀自信。這種疾病會讓人非常困倦，所以她每天要睡十六個小時。生命的最後一個禮拜，她陷入了更深層的睡眠，經常連續睡上一、兩天，進行我說的「為臨終做暖身」。

柔伊回復意識後，會分享在這些夢境般的旅行中所發生的事。有次，她描述自己去到一個非常平靜的地方，說道：「如果我知道靜默是如此美好，我這輩子會花更多時間靜下來。」

深層的靜默不只是聲音與聲音之間的暫停，而是在內心感覺到的內在沉靜，就像在山中小徑初降的白雪一般安靜。這種寧靜剝去我們的信念和懷疑，讓我們超越已知、超越語言，進入神聖。

無論神聖出現在哪裡，靜默都是人對神聖存在的自然反應。透過靜默，我們能注意到平凡中的壯麗，和神聖事物的美好、團體性與深度，這些其實一直存在於我們的周遭與心中。

※ ※ ※

誕生是人所經歷的事件中最真、最誠、最平常的事情之一，是我們所有人的共同體驗。然而，任何看過嬰兒誕生的人，都不禁感受到新生命出現時的虔誠靜默，在血水、眼淚、疼痛、強烈情緒、吼叫和混亂之中，有美麗、無盡的愉悅，以及女人分娩時表現出令人敬畏的力量和本真。

分娩邀請人走進神聖，打開大門的鑰匙是愛，這份愛和我們過去所知的都不一樣，問問任何母親都知道。

死亡同樣也是個邀請。事實上，生與死非常相近，我們很難精準說出生命何時開始或結束，兩者可能都是充滿活力的時候，兩者都要求我們接納自己的弱點，對意想不到的事敞開心胸，並放下我們以為的生命。

出生和死亡都是、也都不是通往神聖的通道。

對許多人來說，死亡平淡無奇，純粹是一種生理現象、一個沒有神祕之處的物理科學問題。有些人臨終時正在看著電視上《命運之輪》（*Wheel of Fortune*）遊戲的節目，這我可以接受，我很知道要怎麼回答那些問題。對某些人來說，死亡充滿悲劇色彩；但對有些人來說，死亡是靈性轉變的時刻，讓人超越個人身分認同，讓人在面對未知時，能感覺到絕對的安全、無畏，甚至是完美。在臨終過程中，許多平凡人理解到自己是一種「不朽的愛」。一份蓋洛普調查顯示：「人們極度想重拾並發揮臨終過程的靈性面。」⑪但這不見得代表他們想要獲得更多宗教或信仰的支持，這表示他們尋找的不只是精湛的現代醫療。

靈性支持不是什麼密宗修行法門或在討論存在主義，它可以很簡單，例如仁慈、令人安心地陪在一旁，或是端上用愛熬煮而成的雞湯。在禪安寧療護計畫裡，我們認為人臨終時需要密集的照護——更多的愛、慈悲和陪在一旁。說到底，靈性支持是無畏地去支持每個人面對死亡的獨特方式。

在臨終的初始階段，人們經常在他人的幫助下發掘生命的價值和目的。沒有意義，生命只是一堆機械組成、空虛、沒有靈魂，渺小到無法存在。維克多．弗蘭克（Victor Frankl）認為，「自我超越」是生命要過得有意義不可缺少的能力，他寫道：「人們不因受苦而毀滅，卻會因受苦沒有意義而崩潰。」⑫

所有人都會死，無論我們喜不喜歡這個事實，它一定會發生。與其想避開這個事實，了解其意義會更有用。面對自己終將一死，能改變我們看待事情的輕重緩急和價值觀，並且深刻改變對實相的觀點。有時候，逆境可以幫助我們發現自己擁有的力量，就像臨終可以幫助我們發現生活中的美麗一樣。接受死亡，這個行動帶來一種責任感，能幫助我們從悲劇走向轉變。受苦就是受苦，我們無法永遠為受苦提供解釋，更別說要控制它，但我們能帶著慈悲面對它，我們可以在當下與它共處，直視它、理解它，或許在我們與它的關係中找到意義。找到意義並非歸因，意義是讓我們擁有更多力量的方式，它能打造韌性，讓我們面對苦卻不逃離。

當然，人不是非得受苦才找得到意義。有些人能透過藝術創作、聽音樂、身處大自然、寫日記和說故事發現意義，另一些人則在人際關係中發現意義，像是有人相伴的快樂、贈送禮物留下的影響、與所愛之人共同回憶舊時光，或者以寬容的心去修補曾疏遠了的友誼。然而，在某些時候，對臨終者來說，意義失去了原本的重要性。這些臨終之人已經撤離了外在世界，被拉進了比較是向內走的旅程。如果我們——身為他們好心的朋友、家人和照顧者——一直讓他們分心，要把他們拉回時間、物品和意義的世界，或許會打斷他們與神聖流動的連結。奶奶已經不想再談自己在嘉年華摩天輪上的初吻了；播放父親最喜歡的歌，不再能讓他回想起他婚禮的那一天；愛倫阿姨到南極洲的英勇遠征，曾是她人生中很關鍵的一場冒險，現在它的重要性也逐漸淡去。

記得我提過，在沙爾特大教堂或紅木林這類通向神聖之地的門戶前，我們會感覺寧靜和安靜嗎？現在，請想像有好幾輛遊覽車駛來，兩百名遊客蜂湧而入，拿著照相機大聲喧嘩。我們的注意力會被騷動所掩蓋，雖然神聖仍然存在，但我們或許會暫時失去了與它的連結。當照顧者和所愛之人帶著自己的目的、記憶和需要出現時，他們就像那些吵鬧的觀光客，會讓臨終者分心、不悅。我們其實不需要那麼做。身為所愛之人和照顧者，在臨終者展開走進神聖森林的旅程時，我們可以選擇當個安靜的同伴，或是值得信賴的嚮導。

人在臨終時，常會表現出痛苦的生理症狀、心理躁動、虛弱和情緒焦慮。為了照顧他們，我們必須有效地處理疼痛，適當地管理症狀，並且回應任何令人不安的問題。這需要熟練的能力，然而，如果我們只提供臨終者科技輔助和醫療專業，便會錯過它的神聖重要性，甚至可能打斷成長和轉變的機會。

死亡同時發生在兩個層面——身體和精神層面。身體正在關閉，意識卻正在展開。帶著慈悲陪伴臨終者時，理想的狀況是我們同時處理這兩個過程，但一個人要面面俱到是很有挑戰性的，即使我有三十年的經驗也覺得困難。因此我經常覺得房間裡多個人很有好處，一個人照顧他的生理需求，另一個人則陪伴他的精神旅程。

在經歷漫長、痛苦的肺癌病程後，珍妮佛即將死去。蘿莉是個了不起的護士，一心一意地照顧著珍妮佛的身體。珍妮佛費力地呼吸時，蘿莉在一旁陪著她呼吸，用潮濕的海棉沾濕她的嘴唇，用技巧和愛處理珍妮佛的每個症狀。

我坐在珍妮佛的床邊，端坐在我的身體裡，貼近自己，進入焦躁底下平靜無波而靜默的覺察之中。我撫平思緒，也喚醒內心的慈悲，將自己調整到珍妮佛的狀態，和她正在變化的意識一致，允許它在我的心裡留下印象。我保持在當下，清楚且冷靜，努力沉著地面對即將發生的任何事。在未被任何表面事物分心的情況下，我感覺到珍妮佛的本我已經展開了旅程。我與她同行，就像以賽亞和我一起走向校舍一般。我誠實面對自己的限制，知道自己只能陪她走到這麼遠，我讓她使用我廣闊的心智。

我不知道珍妮佛應該怎麼死，死亡是未知且永恆的，我們時時刻刻都在探索它，所以我盡全力不干涉。我相信慈悲的智慧，我相信我們充滿愛的心將成為可靠的指引，就像兩個助產士曾幫助我兒子蓋伯第一次呼吸一樣，蘿莉和我幫助珍妮佛最後一次呼吸。

那天，我坐在珍妮佛身旁，想到安東尼奧・馬查多（Antonio Machado）的一首詩。對我而言，那詩優美地呈現出那些臨終者或許外表顯得焦躁，但內心卻可能很寧靜。

我的靈魂不是睡著了，
它醒著，非常地清醒，
它不睡也不夢，只是看著，
睜大了雙眼，
眺望遠方，且聆聽著
海岸邊的無窮寂靜。⑬

從深層睡眠或半昏迷狀態中清醒的人經常告訴我，他們記得那時候有我的陪伴，他們也常謝謝我不干預地陪著他們。這種無言的接觸、人與人的接觸，就是療癒的核心。這種和另一個人共享當下的感覺，幫助我們了解到「覺察」不只是自己的，它會擴展持續到我們的個體之外。目標、經驗，甚至是人，都在覺察之中生起滅去。覺察是不變的背景，所有的變化都發生在它之上；覺察就像電影銀幕，知曉投射其上的內容。

通常，我們只看到無常的苦、持續的變化來了又走、萬物聚合又離散，卻不了解這一切都是在一個完美和諧的背景之上生起滅去。倘若我們採取禪宗「退一步」的思維，我們便能用開放的覺察去觀看，了解到自己就是這片完美和諧的背景，就是這純粹、赤裸的覺察，所有個人的、宇宙間的變化都發生在這片背景之上。我們就是要臣服於此背景。

我見過沒有靈修的普通人在本質變得透明時，人也愈來愈容光煥發，這種過程很像禪修者從事冥想幾十年後所經歷的轉變。

這些經驗對我所展現的力量是不容否認的。無疑的，死亡所能帶來的轉變可能性無與倫比，它可以激勵人心又美得令人驚嘆，也可以是激烈、混亂又複雜的。即使在死去的過程中，我們仍然受到超出自己所能掌控的情況所影響。

醫療科技大幅地改變了人的臨終經驗，「自然死亡」的概念已從我們的文化中逐漸消失，被醫療專業人員手中更具防腐性、更制度化的死亡取代。現代治療方法和介入手段有許多美好的優點，然而，也有嚴重的缺點。有了先進的維生設備，生與死之間的界線愈來愈模糊不清。

人似乎無法抗拒用科技和哲學思維去干預死亡經驗，理想化的「善終」或「有尊嚴的死亡」同樣令人困擾，它們可能讓我們看不見真正發生的事，使我們忽略不愉快，並踐踏神聖。設下武斷的標準，要求事情必須「按計畫進行」，對臨終者造成巨大的壓力，增加他們在這艱鉅過程中的內疚、羞恥、尷尬和失敗感。「尊嚴」不是一種客觀價值，是主觀經驗，帶著敬意去提供照顧，能增加對方自尊、尊重個體差異，並支持人們根據自己的願望自由地過活和死亡。

倘若去干預，我們或許會錯過，甚至打斷臨終經驗的微妙層面。不管我們有多麼高尚的目的，都需要抗拒誘惑，不能依自己的偏見行事，或是把我們好心的建議或宗教信仰強加在臨終者身上。

漢娜是基督教科學派的信徒，對神有深刻而堅定的信仰。九十三歲的她已經能接受自己的死亡，她告訴我，她對死亡的想像是「在耶穌的膝上安息」。

漢娜好心的孫女絲凱前來探視她。絲凱分享自己最近讀了幾本談瀕死經驗的書，根據這些書的內容，人們經常在死亡時看到他們已死去的親人。絲凱說：「奶奶，妳不必擔心，因為妳往生的時候，妳所認識的已經死去的人，都會在那裡等妳。」

聽了這些話，漢娜卻變得害怕死亡。她有個從未和家人分享過的祕密，她的先生艾加爾在他們婚後大部分的時間都會打她。他五年前去世了。「在另一邊」會再次見到艾加爾，還有永生都要和他在一起的想法，讓漢娜絕望不已。

凝視臨終過程的方式包括保持正念、溫暖、本真、穩定，並且敞開心胸地傾聽。這樣一來，我們就不會帶著太多既定答案來面對死亡的問題。與臨終同在，人必須謙卑、接納並放下想控制的意願。

※　※　※

在死亡的過程中，人會慢慢地覺醒。我們幾乎是在不知不覺中展開了漫長而緩慢的放下的過程，放棄我們自知不能再緊抓不放或控制的事物。

放下是通往未知領域的入口，悲傷是我們付出的代價，眼淚則是讓釋放容易一些的液體。

臨終之時，我們不能再緊抓著珍藏的財產不放。安寧療護中心的住民布萊恩邊哭邊告訴我這一點，然後優雅地送出他的名牌吉他。「我們擁有的什麼不能定義我們是誰，」他說：「反正，天堂沒有儲藏室。」

我們沒有能力再從事自己最愛的活動，必須放棄旅行、烹飪或做愛，最後甚至連「順利吞嚥」這種單純的快樂都失去了。我們放棄了自己在家庭、職場、社區裡的角色，放棄自己懷抱了一輩子卻從未達成的夢想。在臨終之時，我們甚至必須放下未來、放下我們所愛的每件事與每個人。

放下，就是我們為死亡做的準備。鈴木俊隆說，「出離」並非丟棄世上的一切，而是接受它們會消失。接受無常能幫助我們學習如何死亡，接受無常也揭示了失去的另一面，那就是，放下是一種慷慨的行為。我們放下了過去的怨恨，讓自己獲得平靜；我們放下了固有成見，讓自己保持不知；我們放下了自給自足，讓自己獲得別人的照顧；我們放下了執著，讓自己感恩；我們放下了控制，讓自己臣服。

臣服和放下不同。一般來說，我們認為放下是一種釋放，經常伴隨著不再受過去限制束縛的自由感，臣服更像是延伸與擴大。在臣服裡有自由，但那不全是放下某種東西，或是像放下那樣，讓自己與某個人或物或經驗拉開一段距離。在臣服裡，我們是自由的，因為我們擴展到廣闊、無限的存在之中，這種存在的特質可以涵蓋過去曾經定義我們、讓我們單獨存在的有限信念，卻又不受之束縛。我們不再把不斷改變的事物當作快樂的來源，放下了緊抓住那些東西不放的習慣。臣服時，我們獲得了重建，不再受過去所奴役，也不再受困於以前的自我認同，我們和自己本質的內在真實變得親密。臣服時，我們覺得自己不再遙遠，而是愈靠愈近。

臣服代表隨波逐流。我記得自己曾經看著父親漂在大西洋上，他似乎消失在海裡，我只能看到他白色柔軟的肚子隨著浪潮上下起伏。如果你太緊張，就無法漂浮。

人唯有停止抵抗才能臣服。我們不再跟自己對抗，不再跟人生對抗，不再跟死亡對抗。臣服是一種停止所有抗拒的狀態，我們不再有任何防備。

我不相信臣服是種選擇，它似乎是非自願的，我感覺它像逃不開的下層逆流或業力之索，要將我們拖回家去。促使人臣服的種種特質包括信念、愛、宗教信仰、對後天智慧的信心、敬畏感，以及更常見的——精疲力盡。

曾經，我在美國最洶湧的一條河流裡泛舟時，掉進了一個漩渦之中。所有能犯的錯誤我都做了：我努力想游到漩渦邊緣，想像自己可以像在游泳池旁一樣，把自己撐出水面。我的同伴丟繩子給我，大聲告訴我該怎麼做，但我卻一直對抗漩渦的力量，試圖想逃離。我很快就力氣用盡，最後，我被擊敗了。

漩渦將我帶入河水的混亂中，被遠大於我的力量毫不留情地拋來拋去。我完全看不見光，嚇壞了，完全陷入絕望，並且奮力掙扎求生。我覺得自己快給撕裂了。

後來，我不再有力量對抗，就在那時，臣服出現了。我體驗到許多人描述他們在車禍前一刻的感覺：時間靜止了，我可以清楚看到周圍的每個細節，即使當時我置身在擾動的泥水之中。混亂的形式變成一種可理解的秩序，我愈來愈放鬆，也感覺到某種仁慈，然後是完全的釋放。意識不再受形式所限，河流將我往下吸，將我拉到底部，又從底下的渦流中將我吐出來。等我冒出水面，我覺得自己有了新的視野，可以帶著原始的清明用清新的方式看待人生。

我不會稱此為瀕死經驗，不過，這次全然臣服的經驗卻幫助我更靠近臨終病人所經歷與描述的實相。我知道芭芭拉說「我無法再做主了」是什麼意思；當露絲告訴我：「現在我只要回到呼吸中，它會接住我」時，我能感覺到她聲音裡的放鬆；在約書亞幾乎是唱著說：「不要再擔心，我只是安息在耶穌的手裡」的時候，我能看見他眼中的微笑。

臣服比放下要深刻許多。放下是當思緒遭過去佔據時採取的策略，它是人格的活動，而人格主要關注的是自我延續。放下仍是「我」在做選擇，「自我」做不到臣服這件事。臣服是不費力氣、一派輕鬆地對我們的本質無所作為，不加干涉，只去覺察。

臣服更像是一種開始，捨去可有可無的事物，回歸本質。雖然我們可能抗拒，但事實終將證明抗拒是無用的。假象消散時自然會激起人的恐懼感，我們腦海中的聲音會叫我們撤退，但神聖如此吸引人，臣服如此令人嘆服，恐懼阻止不了我們。最後，掙扎停止了，我們的意識辨認出，我們所感覺到的力量，那曾經如此駭人的力量，其實是我們自己深刻的存在。我們臣服於不分離的真實。

臣服是二元的結束、歸一的開始。

玖、向生而死

黎明的微風有祕密要告訴你，
別再回去睡了。
你一定得去要自己真正想要的，
別再回去睡了。
人們不斷走進走出那道門檻，
那是兩個世界交接的地方。
門是圓的，是開啟的，
別再回去睡了。①

——魯米

死亡是一個剝離的過程，是釋放、是臣服，是具有深遠可能性的變化。改變就如同死亡，也是無可避免的。我們已經知道，稍縱即逝是所有經驗的本質。然而，改變本身並不能保證轉化的出現。

轉化是透過重組基本認同而達成的深層內心變化，它是一種變態，與毛蟲從蛹變成蝴蝶的變化一樣劇烈。在轉化的過程中，我們丟下原本的視野尺度，以新的方式看待和體驗一切，我們明白自己不只是我們的故事，限制個人的界線消融了，深層的平靜和普同的歸屬感注入我們的覺察之中，廣闊的自由超越我們現有的理解，幾乎達到過去的自己無法辨認的程度。

我們每個人的每日生活都可能發生這種意識的轉化，這需要我們的積極參與，我們不能只是空想，它也不是一項待執行的策略計畫。轉化需要開放的意願，完全願意承受未知經驗的影響。

就本質而言，死亡或許是最大的未知，我們與該未知的關係值得我們付出心力。有位名叫淑麗的中國女士將因為某種特別的癌症死去，我曾問她認為死後會是什麼樣子。淑麗回答道：「我年輕時，獨自移民到美國，我看過城市、鄉間、大樓的照片，在書裡或電影裡看過美國食物和美國人的生活方式，我大概知道這裡會是什麼樣子，但事實和我想像的不一樣。」她接著說：「我沒有想像了，和我這病的不確定性相處，已經讓我為死亡做好準備，在我看來，大多數人害怕死亡，是因為他們不知道怎麼面對未知。」

如果我們敞開心胸接受神祕——那個我們無法預測、測量或解釋的無形經驗或力量

——這趟轉化的旅程便能得到助力。我所說的「神祕」，與你在盛夏海灘上閱讀的推理小說不同，不是英雄警探匯整所有線索後宣告屠夫是兇手。與死亡的相遇充滿了神祕，它是抽象思考的腦子無法解開，甚至無法完全理解的。這份神祕無法被捕捉，但我們能完全將自己交付給它，就如同浸淫在一段絕美的音樂之中。我們不只觀察神祕，我們還會意識到自己**就是**神祕本身，它活在我們之中。

根據我自己的經驗，還有我所陪伴的人的經驗，與神祕的相遇經常帶有敬畏和驚奇，就像我們因為看到美得無法想像的事物而瞠目結舌一般。一般的心智活動停止了，我們的意識也得以安歇，我們浸淫在寧靜之中，謙卑地看著這一切。在這種時刻，時光不再吞噬我們的生命，我們進入了永恆，未來不存在，它還沒發生；過去不存在，它已經發生了。在這個超越時間暴政的地方，沒有死亡的恐懼。只要沒有恐懼，就有愛的存在，愛是潤滑劑，讓我們脫離身體的疆界，愛是一種渴望，呼喚著要我們回家。

在轉化生命的時刻，例如死亡、誕生、冥想、做愛、沉浸於自然之美、與藝術傑作產生連結，或是和嬰兒四目相對，都能讓人感覺到自己正望向巨大的無以名狀之物。在這裡，人感覺非常安全，沒有缺乏，我們所需的一切都存在。這種經驗的一切感受擴展了我們的愛，將我們帶向無窮，帶向那取之不盡用之不竭的神祕存在。

思考生命、死亡，以及每個時刻本身涵帶的神祕是非常重要的，不能等到生命的最後時刻才做。接受自身的恐懼，探索死亡教給我們有關活著的一切，是轉化的關鍵，這五個邀請則是轉化的呼喚，它們能帶你到門口，但是否繼續前進則取決於你，正如魯米所寫的：「門是圓的，是開啟的，別再回去睡了。」

每個智慧的傳統都提供了人們方法去駕馭死亡的轉化力量，選一條路，開始向前走，或是在做了標記的小徑上隨意走走吧。沒有哪條路是絕對正確的，最終，所有的道路都會通往開闊的原野。它們要我們放下慣性思考和先入之見，以全新且好奇的方式看待生活，正如有位老師曾問我：「你能放下過去，走進神祕中嗎？」

在佛教中，對死亡的反思是重要的精神修行，它並非為了對抗死亡所採取的意識形態，而是將死亡視為生命不可避免的一部分，一個讓人與死亡變得更加親密的機會。雖然這樣的反思對某些人來說似乎是病態的，但我發現練習對死亡培養明智的開放性，是在肯定生命。這些反思的價值在於我們能看清，自己對死亡的想法和信念對**此時此刻**的我們產生了什麼樣的影響。

※　※　※

索諾原本獨自過著社會邊緣人的生活，靠著微薄的社會保險金過活，現在她在禪安寧療護計畫中心，度過最後的日子。索諾是個直率、務實嚴肅的女士，我記得在她入住後幾天，我問過她原本對這裡的生活有什麼想像，她說：「我想一切都會很好，因為在這裡，我可以以自己想要的方式死去。」

很顯然，索諾來到這裡是為了直視死亡，我知道我們會處得很好。

有天，我們一起坐在餐桌前，索諾正在寫日記，我則在讀《日本辭世詩集》。[2]日本禪宗僧侶有個古老傳統，他們會在準備死亡時寫下短詩，傳說這些詩詞寫於一個人死亡當天，表達出他一生中發現的真理。它們大多是簡短而強烈的詩，有些很深刻，有些很諷刺，往往表現出直接的美和自然的簡單。這些詩提醒我們，人只有存在於未知邊緣時，才最是活著。

索諾要求我讀給她聽，我選了幾篇我最喜歡的。

※　※　※

這篇具有感染力的詩來自日本曹洞宗學校創始人道元禪師（Dogen Zenji），逝於一二五三年。

五十四年
照第一天，
好個蹦跳
觸破大千。

※　※　※

另一首較娛樂性的詩是守屋仙庵（Moriya Sen'an）寫的，他在一八三八年辭世，詩的內容是他對死後生活的推測。

我死亡時請將我
埋葬在酒館裡的
酒桶下
幸運的話
桶子會滴下酒來。

※　※　※

一九二六年去世的宮部寸七翁（Sunao）寫下一首堅定不移的詩，表現死亡的嚴酷現實。

吐出的血
在夢和現實裡，
都很清晰。

※　※　※

一三六〇年辭世的固山一鞏（Kozan Ichikyo）寫下了這首高雅又簡單的詩。

來時空手，
去時赤腳；

一去一來，

單重交拆。

※　※　※

聽到我大聲念出這些辭世詩後，索諾受到激勵，也想寫下她自己的詩。她問我格式和長度限制，我建議她不要考慮這些事，只要寫下自己相信的真實。

後來，索諾將我叫到她房間，「我寫好我的辭世詩了。」她宣布。

「我很想聽。」我回答。

「我希望你用心領受。」她命令道。然後她繼續說：「當我死時，我要你把這別在我的衣服上，我想和我的詩一起火化。」

「我保證會照辦，索諾。」我說，我流下淚，很榮幸自己收到這份禮物。

索諾的詩是在邀請我們打開心胸，即使面對與未知死亡的關係也要如此。她讀了幾次，然後叫我背誦一遍又一遍，確定我記得每一個字。

自此以後，那首詩一直記在我心中，直到今天之前，我從未將它寫下來，我把它作為一個美麗的提醒，讓我們知道，當人完全活在死亡之光裡，什麼是可能的。索諾找到了自己的路，我們也該找到自己的。

索諾的死亡之詩

別站著等頭髮灰白，
很快地，海水將淹沒你的小島。
所以，時間只是幻覺，
出發前往另一個海岸吧。
不必打包行李，
它無法放進你的船裡，
送出你的珍藏，
只要帶幾顆種籽和一根舊棒子，
出航前，在風中祈禱，
別害怕，
有人知道你將來到，
多為你醃了一條魚。

——蒙娜·（索諾）·聖塔克羅斯（一九二八年至一九九五年）

致謝詞

感謝許多有形、無形的存在和力量，幫助形塑了我的人生與這本書。

我要向我美麗的新娘汪達・馬洛（Vanda Marlow）鞠躬，正如我在我們的婚禮上也對妳行了禮。妳一直無止盡地表達妳的支持與鼓勵，這本書能付印，是因為妳十五年來的愛與堅持，抱歉我在寫作和沒寫作時，經常不在妳身邊，但如我所承諾的，我總是會回來。愛妳勝過千言萬語。

謝謝我摯愛的家人，你們付出、也放棄許多，鼓勵我為這個世界服務，蓋伯與凱琳，你們的愛每天都鼓舞了我。寫作時你們的信念激勵了我，在我書寫死亡時，你們讓妮可來到這世上，體現了愛，提醒了我生命的珍貴。我親愛的女兒，吉娜，妳的內心總是充滿熱情，當我讀著妳的字條，看著妳的眼神，都是我繼續寫作的動力，妳永遠可以信賴依靠我們之間的愛。兄弟馬克，我很敬畏你用如此優雅的方式迎接疾病的挑戰。前妻維琪，謝謝妳將多明尼克、尼可拉斯和吉娜帶進我的生活，一起撫養我們的孩子是很快樂的事，在早期臨終關懷工作的日子裡，妳的愛和無私的支持讓我可以全心奉獻給臨終者以及我內心的使命。

瑞秋・娜奧米・雷曼，我三十年來的心靈之交，謝謝妳為本書撰寫如此富有啟發性、深刻又詩意的前言，它對這本書非常重要，謝謝妳全心全意地投入靈性生活中。

我的合作者，也是本書寫作和編輯的支持者 MeiMei Fox，謝謝妳，親愛的朋友，從概念到誕生，是妳催生了這本書，它比我們預期的都還要耗時，謝謝妳一直保持信念，謝謝妳把不必要的東西刪除，讓這本書的本質能夠發光發亮。

深深感謝我的朋友們，你們和我進行勇敢對話、閱讀大量未經編輯的草稿、給予誠實的回饋，讓我看見最好的自己。如果沒有 Barry Boyce、Jessica Britt、Susan Kennedy、Sharda Rogell 和安吉・史蒂芬絲的協助，這本書將會是一團亂。

大大感謝 Flatiron Books 團隊，特別是總裁兼發行人 Bob Miller，他在這本書誕生前就看見了它，並耐心地等待它的到達。執行編輯 Whitney Frick，謝謝妳善用紅筆修潤了這本書，謝謝妳看見這本書裡的愛。也謝謝我的文學經紀人 Laura Yorke，你的直覺地看到這本書的潛能，並且熱心地催生它的出版。謝謝 Hugh Delehanty，早期的訪談引發了我的故事，也幫助塑造了我對這本書的想法。

我受到許多宗教朋友和老師的啟發，他們的話已經進入了我的心裡，我借用了他們的智慧和慈悲，有時在書裡也引用了他們的話。若有錯誤，請你們原諒，並接受我對你們指導的感謝。特別感謝 Hameed Ali、拉姆・達斯、Norman Zoketsu Fischer、Karen Johnson、傑克・康菲爾德、伊莉莎白・庫布勒・羅斯、史蒂芬・萊文、Kathleen Dowling Singh、Brother David Steindl-Rast 和鈴木俊隆禪師。

謝謝慈心禪工作坊的核心職員，我的夥伴們。他們的友誼、對話和智慧是我的靈感泉源，我們一起進行了用愛組成的傳奇計畫。向我的合作老師，善良和耐心的朋友安吉・史蒂芬絲致敬，也謝謝具有開創精神的安琪拉・阿爾里安、拉姆・達斯、Norman Zoketsu Fischer、Charlie Garfield、亞倫・劉拉比、瑞秋・娜奧米・雷曼醫師和 Frances Vaughan。特別感謝 Patty Winter 無私的付出、Gregg Ruskusky 如大山的善良，和 Suzanne Retzinger 用真心和希望集結了我的談話。

我的佛法姊妹瑪莎・德巴洛斯，有她才能產生禪安寧療護計畫。身為共同創辦人，我們並肩合作，創造了瑪莎口中的「和平革命，我們的口號就像兩個臨終前牽著手的陌生人一樣，寧靜但深刻。」也謝謝我們在禪安寧療護計畫訓練的上千名志工，你們永遠是這工作的核心。

謝謝許多參與培訓營和講座的人，以及過去三十年和我一起研究的人，你們的信任和洞察力讓我成為更好的學生、更好的老師。

謝謝允許讓我分享你們姓名與故事的人們，也謝謝我為了保護名字而更改他們姓名、細節的其他人，你們都知道自己是誰。

深深向那些邀請我陪著他們走過親友死去與悲傷的人致敬，最後，謝謝那些優雅地允許我陪伴走最後一段路、走過生與死珍貴的十字路口的人們。你們是我真正的老師。

NOTES

前言

① "Rainer Maria Rilke: Love and death are the great gifts that are given to us; mostly they are passed on unopened," Quoteur.com, http://quoteur.com/love-and -death-are-the-great-gifts-that-are-given-to-us-mostly-they-are-passed-on-unopened/.

② Rollo May, Love and Will (New York: Dell, 1969), 98.

③ HIV/AIDS Epidemiology Annual Report 2009 (San Francisco: San Francisco Department of Public Health, 2009).

④ John Cloud, "A Kinder, Gentler Death," Time, September 1& 2000, http:// content.time.com/time/magazine/article/0f9171,997968,00.html.

⑤ "Worktable 309: Deaths by Place of Death, Age, Race, and Sex: United States, 2005," Centers for Disease Control, http://www.cdc.gov/nchs/data/dvs ZMortfinal2005_worktable_309.pdf.

第一個邀請

① Sogyal Rinpoche, *The Tibetan Book of Days* (Canada: Harper- Collins, 1996).

② *Jack* Kornfield, *A Path with Heart* (New York: Bantam, 1993), 138.

③ "Henry Miller on Art, War, and the Future of Humanity"Maria Popova, Brain Pickings, November 7, 2012, https://www.brainpickings.org/2012/11/07 /henry-miller-of-art-and-the-future/.

④ W. Somerset Maugham, *Sheppey* (London: W. Heinemann, 1933), 112.

⑤ *Cratylus,* Plato, Internet Classics Archive, http://classics.mit.edu/Plato /cratylus.html.

⑥ "Creation and Destruction of Sand Mandalas" Dark Roasted Blend, February 2014, http://www.darkroastedblend.com/2014/02/creation -and-destruction-ofsand.html.

⑦ "Living and Dying: A Buddhist Perspective" Carol Hyman, Dharma Haven, July 31, 2016, http://www.dharma~haven.org/tibetan/mom.htm.

⑧ "David Whyte-On Belonging," Coach's Corner, http://coaching counsel.com/awareness/david-whyte-%E2%80%93-on-belonging/.

⑨ Kurt Vonnegut, *Cat's Cradle* (New York: Dial Press, 1963).

⑩ Mark Nepo, *The Book of Awakening* (San Francisco: Conari Press, 2000), 175.

⑪ T. S. Eliot, *Four Quartets* (New York: Houghton Mifflin, 1943), *3*.

⑫ Shunryu Suzuki Roshi, *Zen Mind, Beginner's* Mind (Boston: Shambhala, 1987), 29.

⑬ Shunryu Suzuki Roshi, San Francisco Zen Center tran-scriptions of dharma talks, March 23, 1967, http://suzukiroshi.sfzc.org/dharma-talks/tag/time/.

⑭ Deborah Solomon, "The Priest: *New Turk Times Magazine,* March 4 2010, http://www.nytimes.com/2010/03/07/magazine/07fob-q4-t.html.

⑮ "Hope: An Orientation of the Heart," Volunteacher, January 26, 2010, https://thevolunteacher.wordpress.com/2010/01/26/hope/.

⑯ Angeles Arrien, *The Four-Fold Way* (San Francisco: Harper San Francisco, 1993).

⑰ "Quote by Martin Luther King Jr.," Goodreads, http://www.goodreadsxom/quotes/57037-forgiveness-is-not-an-occasional-acrit-is-a-constant.

⑱ Rachel Naomi Remen, *Kitchen Table Wisdom* (New York: Riverhead, 1996).

⑲ Dhammapada, verse *5*.

第二個邀請

① Lucien Styrk and Takashi Ikemoco, ed. and trans., *Zen Poetry* (New York: Grove Press, 1995).

② Carl Rogers, *On Becoming a Person* (New York: Houghton Mifflin, 1961), 17.

③ Chogyam Trungpa, *The Collected Works of Chogyam Trungpa,* vol. 5 (Boston: Shambhala, 2004), 20.
④ Henri Nouwen, *The Return of the Prodigal Son* (New York: Double- day, 1994), 14.
⑤ "Heroes or Role Models" Dr. Laura Blog, August 11, 2011, http:*//www.drlaura.com/b/Heroes-or-Role-Models/10003.html*.
⑥ "Freud and Buddha/* Mark Epstein, Network of Spiritual Progressives, http://spiritualprogressives.org/newsite/?p=651.
⑦ Carl Jung, *The Collected Works of C.G.Jung,*Volume 16: The Practice of Psycho-therapy, trans. R. F. C. Hull (Princeton: Princeton University Press, 1966), 116.
⑧ "Facts About Homosexuality and Child Molesta-tion,"UC-Davis,http://facukysites.dss.ucdavis.edu/-gmherek/rainbow/html/facts_molestation.html.
⑨ "Tsoknyi Rinpoche quote: Life begins with love, is maintained with love, and ends . . . AZQuotes, hrtp://www.azquores.com/quote/l 141464.
⑩ Galway Kinnell, "Saint Francis and the Sow," New *Selected Poems* (New York: Houghton Mifflin, 2000), *94,*
⑪ John O'Donohue, *Anam Cara: A Book of Celtic Wisdom* (New York: HarperCollins, 1998), 11.

第三個邀請

① Ono no Komachi and Izumi Shikibu, The *Ink Dark* Moon, trans. Jane Hirshfield (New York: Vintage, 1990).
② Dorothy Salisbury Davis, *A Gentle Murderer* (New York: Open Road,1951).
③ Rachel Naomi Remen, "Helping, Fixing, or Serving?" *Shambhala Sun,t* September 1999.
④ Glenn Clark, *The Man Who Talks with Flowers* (New York: Start Publish-ing, 2012).
⑤ "Peggy O'Mara Quotes (Author of Natural Family Living)," Goodreads, https://www.goodreads.com/author/quotes/30657.Peggy_O_Mara.
⑥ Pema Chödrön, *The Wisdom of No Escape* (Boston: Shambhala,1991), 17.
⑦ Karen Horney, *Our Inner Conflicts* (New York: W. W. Norton, 1945).
⑧ Matthew Burgess, *Enormous Smallness: A Story of E. E. Cummings* (New York: Enchanted Lion Books, 2015).
⑨ Viktor Frankl, *Man's Search for Meaning* (Boston: Beacon Press, 1959).
⑩ A. H. Almaas, *The Unfolding Now* (Boston: Shambhala, 2008), 36.
⑪ C. S. Lewis, *A Grief Observed* (New York: HarperOne, 1961).
⑫ His Holiness the Dalai Lama and Howard Cutler, *The Art of Happiness* (New York: Riverhead, 1998).
⑬ Naomi Shihab Nye, "Kindness, in Words" *Words Under the Words: Selected Poems* (Portland, OR: Far Corner Books, 1995).
⑭ His Holiness the Dalai Lama, *Ethics far the New Millennium* (New York: Riverhead, 1991).
⑮ Carl Rogers, *A Way of Being* (New York: Houghton Mifflin, 1980).
⑯ "Bernie Glassman Dharma Talk: Bearing Witness"Bernie Glass-man, Zen Peacemaker Order, 1996, http://zenpeacemakers.org/who-we-are/zen-peacemakers-sangha/dharma-talks/bernie-bearing-witness/.
⑰ Norman Fischer, *Training in Compassion: Zen Teachings on the Practice of Lojong* (Boulder, CO: Shambahala, 2013), 12.
⑱ John Muir, *My First Summer in the Sierra* (Boston: Houghton Mifflin, 1911), 110.

第四個邀請

① David Whyte, *Consolations* (Langley, WA: Many Rivers Press, 2015).
② "Natural Great Peace," Sogyal Rinpoche, Rigpa.or^ https://www.ngpa.org/index.php/en/teachings/extracts-of-articles-and-publications/242-natural-great-peace.html.
③ Anthony J. Parel, *Gandhi, Freedom, and* Self-Rule (Lanham, MD: Lex-ington Books, 2000), 59.
④ Marissa Lang, "Smartphone Overuse Is Someone Else's Problem, Study Finds," *SF* Gate, June 22, 2016, http://www.sfgate.com/business/article/Smartphone-overuse-is-someone-else-s-problem-8316381.php.

⑤ Angeles Arrien, *The Second Half of Life:Opening the Eight Gates of Wisdom* (Boulder, CO: Sounds True, 2007), 140-1.

⑥ Blaise Pascal, *Human Happiness,* trans. A. J. Krailsheimer (London: Pen-guin, 1966), 136.

⑦ Eliot, Four *Quartets.*

⑧ Gen. 1:3 (International Standard Version).

⑨ *John* O'Donohue, *Eternal Echoes* (New York: Cliff Street Books, 1999), *3.*

⑩ Gen. 2:3 (International Standard Version).

⑪ "Human Nature, Buddha Nature" Tina Fossella, John Welwood's website, http://www.johnwelwood.com/articles/TRIC_interview_uncut.pdf.

⑫ Shunryu Suzuki Roshi, *Zen Mind, Beginner's Mind* (Boulder, CO: Weatherhill Publishing 1991), 31.

⑬ "Quotes from Dharma Talks," Darlene Cohen, http://darlenecohen.net /quotes.html.

⑭ Jack Kornfield, *After the Ecstasy, the Laundry* (New York: Bantam Books, 2000).

⑮ Jack Kornfield, *The Wise Heart* (New York: Bantam Dell, 2008), 147.

⑯ Czeslaw Milosz, ed., *A Book of Luminous Things* (Orlando: Harcourt, 1996), 276.

⑰ Léon Vallas, *Claude Debussy:His Life and Works* (London: Oxford Uni-versity Press, 1933), 551.

⑱ Henry Wadsworth Longfellow, *The Works of Henry Wadsworth Longfellow,* vol. 7 (Boston: Houghton, Miifflin, 1885), 405.

⑲ "'Hero' Teacher Stopped Shooting with Hug," ABC News, March 16, 2006, http://abcnews.go.com/GMA/story?id=1732518&page=l.

⑳ "Ram Dass Quotes,"Ram Dass's website, April 2, 2015, https://www.ramdass.org/ram-dass-quotes/.

㉑ D. W. Winnicott, *The Child, the Familyr and the Outside World* (New York: Penguin, 1964).

㉒ Danya Ruttenberg, *Nurture the Wow* (New York: Flatiron Books, 2016), 254.

第五個邀請

① "Lord Thomas Dewar Quotes," Quotes.net, http://www.quotes.net/authors /Lord Thomas Dewar.

② Shunryu Suzuki Roshi, *Zen Mind, Beginner's Mind* (Boston: Shambhala, 1987), 12.

③ Maria Paul, "Your Memory Is Like the Telephone Game," North-western University, September 19, 2012, http://www.northwestern.edu/newscenter/stories/2012/09/your-memory-is-like-the-telephone-game.html.

④ Kornfield, *The Wise Heart,* 181-2.

⑤ Dasarath Davidson, *Freedom Dreams* (San Diego: Book Tree, 2003), 78.

⑥ "Dancing with Form and Emptiness in Intimate Relationship," Jennifer Welwood, jenniferwelwood.com/wp-content/jw-assets/DacingWithFormAndEmptinessl.pdf.

⑦ Larry Rosenberg, *Breath by Breath* (Boston: Shambhala, 1998), 18.

⑧ Hafiz, *The Gift,* trans. Daniel Ladinsky (New York: Penguin Compass, 1999), 161.

⑨ Thich Nhat Hanh, "The Fullness of Emptiness," *Lion's Roar,* August 6, 2012.

⑩ Gen. 28:16 (International Standard Version).

⑪ George H. Gallup International Institute, "Spiritual Beliefs and the Dying Process: A Report on a National Survey," conducted for the Nathan Cummings Foundation and the Fetzer Institute, 1997.

⑫ Frankl, *Man's Search for Meaning,* 135.

⑬ Antonio Machado, *Times Alone,* trans. Robert Bly (Middletown, CT: Wesleyan University Press, 1983), 14.

跋

① John Moyne and Coleman Barks. *Open* Secret (Boston: Shambhala, 1999).

② Yoel Hoffman, *comp., Japanese Death Poems* (Tokyo: Tuttle, 1986).

死亡可以教我們什麼：圓滿生命的五個邀請

The Five Invitations: Discovering What Death Can teach Us About Living Fully

作　　者　法蘭克・奧斯塔薩斯基（Frank Ostaseski）
譯　　者　許可欣、鄭襄憶
封面設計　萬勝安
責任編輯　鄭襄憶、張海靜
行銷業務　王綬晨、邱紹溢、劉文雅
行銷企畫　黃羿潔
副總編輯　張海靜
總 編 輯　王思迅
發 行 人　蘇拾平
出　　版　如果出版
發　　行　大雁出版基地
地　　址　231030新北市新店區北新路三段207-3號5樓
電　　話　02-8913-1005
傳　　真　02-8913-1056
讀者傳真服務　02-8913-1056
讀者服務信箱　E-mail andbooks@andbooks.com.tw
劃撥帳號　19983379
戶　　名　大雁文化事業股份有限公司
出版日期　2025年9月 三版
定　　價　550元
I S B N　978-626-7752-25-8（平裝）

國家圖書館出版品預行編目 (CIP) 資料

死亡可以教我們什麼：圓滿生命的的五個邀請 / 法蘭克・奧斯塔薩斯基(Frank Ostaseski)著；許可欣, 鄭襄憶譯. -- 三版. -- 新北市：如果出版：大雁出版基地發行, 2025.09
面；公分
譯自：The five invitations : discovering what death can teach us about living fully
ISBN 978-626-7752-25-8(平裝)
1.禪宗 2.生死觀 3.人生哲學
266.65　　114010482

歡迎光臨大雁出版基地官網
www.andbooks.com.tw
訂閱電子報並填寫回函卡